SALZBURGS MUSIKALISCHE BOTSCHAFTER

Bild am Schutzumschlag:
Diese Gesamtaufnahme des Mozarteum-Orchesters Salzburg stammt aus dem Jahr 1974, in dem der Verfasser des Buches noch als Konzertmeister tätig war. Der Dirigent ist Generalmusikdirektor Leopold Hager.

Joseph Schröcksnadel

SALZBURGS MUSIKALISCHE BOTSCHAFTER

DAS MOZARTEUM-ORCHESTER

Mit einem Nachwort von
Herbert Moritz

Verlag Alfred Winter

Redaktionelle Mitarbeit:
Karl Harb
Gesamtgestaltung:
Werner Hölzl

ISBN 3-85380-038-6

Satz: Fotosatz Rizner
Reproduktionen: Repro-Studio
Druck und Bindung: Druckerei Roser
alle Salzburg

Widmung

Die bürgerliche Musikkultur in Salzburg, an deren Zustandekommen noch Mozarts Witwe Constanze regen Anteil genommen hatte, geht zurück auf das Jahr 1841, auf die 50. Wiederkehr des Todesjahres von Mozart. Damals wurde der Dommusikverein-Mozarteum gegründet. Von ihm angestellte Musiker bildeten eine Kapelle, die sich der Kirchenmusik annahm, die die Musikschule Mozarteum betreute und ein Symphonie-Orchester aufzubauen half, das repräsentative Konzerte möglich machte.
Fast hundert Jahre lang erfüllten diese Musiker ihre Aufgabe, oft in Doppelfunktion als Lehrer und Ausübende, mitunter sogar als Chorsänger: eine Praxis, die 1939, als das Mozarteum-Orchester selbständig und damit Berufsorchester wurde, nicht mehr verpflichtend war, obwohl auch weiterhin manche Kollegen beide Funktionen ausübten.
Sie alle erbrachten Pionierleistungen für Salzburgs Musikleben, ohne sie hätte es weder die Domkapelle noch die Musikschule Mozarteum, noch das Mozarteum-Orchester gegeben. Ihnen und ihrem verdienstvollen Wirken gilt diese Geschichte des Mozarteum-Orchesters, und es ist mir ein aufrichtiges Bedürfnis, dieses Buch meinen Kollegen zu widmen: den Musikern von ehedem und den Musikern von heute.

Kirchberg, im Juni 1984

Joseph Schröcksnadel

Das Mozarteum an der Schwarzstraße, lange Zeit einfach »Mozart-Haus« benannt, ist wohl eines der gelungensten Baudenkmäler Salzburgs aus der Zeit nach der Jahrhundertwende. Vom Münchner Architekten Richard Berndl im Jugendstil erbaut, galt es lange Zeit als Vorbild künstlerisch gestalteten Schulbaues.
Im Konzerttrakt befindet sich der »Große Saal«, den das Mozarteums-Orchester mit der Salzburger Liedertafel und einer Reihe von Solisten im September 1914 eingeweiht hat.

Inhaltsverzeichnis

Einleitung

Dieses Buch ist nicht die Arbeit eines Wissenschafters, sondern die eines viele Jahre in Salzburg tätigen Musikers. Er gehörte 1928 schon als Schüler dem Mozarteum-Orchester an, spielte (und spielt noch) in der Dommusikkapelle und war von 1931 bis 1937 Mitglied des Salzburger Theater-Orchesters.
Diese Geschichte des Mozarteum-Orchesters ist also zum Teil auch Augenzeugenbericht. Dem Verfasser standen außerdem noch hinlänglich Informationen ehemaliger Kollegen zur Verfügung, die bis ins vorige Jahrhundert zurückreichen.
Die Tatsache fast unveränderter Lebensumstände, die den eingesessenen Musiker hier Jahrzehnte hindurch begleiteten, und die Vertrautheit mit der heimischen Musikkultur schärften seinen Blick und erlaubten ihm, dem Wesen seiner Vorgänger nachzuspüren.
Dieses Buch ist der Versuch, den wechselvollen Weg eines Orchesters von der Abhängigkeit gegenüber den verantwortlichen Musikinstitutionen zur lang ersehnten Selbständigkeit zu verfolgen und nachzuzeichnen.
Es wäre zu leicht, das Jahr 1939, in dem das Orchester zum Berufsorchester wurde, zum Gründungsjahr zu erklären und die knapp hundert Jahre davor nicht zu berücksichtigen. Das wäre ungerecht gegenüber jenen Musikern und Liebhabern, die seit 1841 unter der Leitung des jeweiligen Mozarteum-Direktors, von Aloys Taux bis zu Bernhard Paumgartner, in idealistischer Weise dem Musikleben der Stadt gedient haben.
Die großen Anstrengungen zu ingnorieren, die man ab 1841 unternommen hatte, um die bürgerliche Musikkultur zu etablieren, mit einem Symphonie-Orchester, das wie anderswo aus Berufsmusikern und Liebhabern bestand, wäre unverantwortlich – auch wenn dieser Klangkörper nicht von Anfang an Mozarteum-Orchester geheißen hat. Aber er bestand von da an ohne Unterbrechung, und er bestand noch in der gleichen Besetzung, als es schon Festspiele in Salzburg gegeben hat. 98 Jahre brauchte es, bis aus dem gemischten Orchester ein selbständiges Berufsorchester wurde. Dafür konnten aber die Musiker nichts. Das brachten die besonderen Umstände in Salzburg mit sich.

Grab des letzten feb. Hofkapellmeisters Luigi Gatti, am St.-Sebastians-Friedhof in Salzburg.

Kleiner musikgeschichtlicher Rückblick

Zwischen der Auflösung des Hofstaates in Salzburg und dem Aufblühen einer bürgerlichen Musikkultur liegen 35 Jahre. Die fürsterzbischöfliche Hofkapelle war den Zeitereignissen zum Opfer gefallen. Die 1841 gegründete Kapelle des »Dommusikvereins und Mozarteums« stand in keiner Beziehung zu ihr, obwohl sie wiederum dem Erzbischof zu Diensten war.
Im Jahre 1800 war die Hofkapelle noch völlig intakt. Der letzte Hofkapellmeister, Luigi Gatti, der noch zu Leopold Mozarts Lebzeiten von Mantua nach Salzburg gekommen war, und der Orchesterdirektor Franz Josef Otter standen ihr vor, und auch Michael Haydn versah noch sein Amt als Hoforganist und Lehrer am Kapellhaus. Er führte die »Schöpfung«, das große Oratorium seines Bruders Joseph, erstmals in Salzburg auf. Darüber berichtet Abt Dominikus von St. Peter:
»Am Dienstag, den 19. August 1800, wurde im Universitätssaal von 95 Musikanten ein Meisterstück einer Musick, die Schöpfung genannt, von dem berühmten Josef Haidn, ersterhaz. Kapellmeister, einem Bruder des hiesigen Michael Haydn, in die Musik gesetzt, hier aufgeführt. Das zahlreiche Auditorium widmete ihren Beyfall so sehr, dass diese Musik auf den 22.ten wiederholt wurde... Die Unternehmer machten auf zwei mal eine Losung von mehr als 500 fl mit welchen sie die Unkösten bestritten, den Rest aber den Armen widmeten. Diese Musick wurde viermal wiederholt!«
Etwas mehr als drei Monate später verließ Erzbischof Colloredo die Stadt, die alsbald von den französischen Truppen in Besitz genommen wurde. In den folgenden beiden Jahren, in denen es für die Kapelle wenig zu tun gab, weil der Fürst ja nicht in Salzburg residierte, wanderten einige Mitglieder ab. Dennoch versuchten Gatti in der Kirche und Otter im Theater, das Musikleben aufrechtzuerhalten. Und wiederum war auch Michael Haydn am Werk, der am 9. Februar 1802 die »Sieben letzten Worte des Erlösers am Kreuze«, das Karfreitags-Oratorium seines Bruders, aufführte: mit einem Orchester von 35 Musikern und einem Chor, dem 25 Sänger angehörten. Eine solche Besetzung war damals die Norm; in Graz beispielsweise wurde die »Schöpfung« mit 50 Musikern und 30 Sängern gegeben.
Aus dem ehemaligen Fürsterzbistum war nach der Säkularisation im Jahre 1803 ein Kurfürstentum gewor-

den, erweitert um die Gebiete des Hochstiftes Berchtesgaden und Teile von Passau und Eichstätt. Als Regent war Ferdinand von Toscana (ein Bruder des Kaisers Franz) bestimmt worden. Der 34jährige Kurfürst verpflichtete sich zur Übernahme des ganzen Hofstaates und somit auch der Hofkapelle. Er bemühte sich, die Lücken zu füllen, die durch die Abwanderung einiger Musiker entstanden waren, setzte Pensionen für altersschwache Mitglieder aus, und versicherte sich weiterhin des bereits 66 Jahre alten Johann Michael Haydn, eine Geste, die einer Reverenz gleichkam.

Der ehemalige Konzertmeister Haydn, der längst die Geige aus der Hand gelegt hatte, versah weiterhin den Organistendienst, komponierte für seine geliebten »St. Peterer«, gelegentlich sogar für die Kaiserin in Wien, und zehrte vom Ruf einiger ausgezeichneter Schüler (Neukomm, Wölffl, Diabelli, Assmayer).

Der kurfürstlichen Hofkapelle standen damals, wie es scheint jedoch nur vorübergehend, eine Reihe herrlicher, italienischer Meisterinstrumente zur Verfügung, darunter vier von Antonio Stradivari, drei von Nicolo Amati und weitere von Francesco Ruggieri, David Tecchler oder Castellani. Zum Teil trugen sie das Wappen der Mediceer, was darauf schließen läßt, daß sie Ferdinand 1799 beim Verlassen seiner florentinischen Heimat mitgenommen hatte. Wohin sie schließlich gekommen sind, weiß heute niemand mehr.

In diesem Zusammenhang sollte nicht unerwähnt bleiben, daß die bedeutendsten Zeugnisse der italienischen Geigenbaukunst, soweit sie aus der Lombardei, der Toscana oder aus Venetien stammten, fast alle während der Regierungszeit der österreichischen Habsburger gebaut worden sind.

Diese letzte, klangvolle Blüte der Salzburger Hofkapelle währte nur drei Jahre. Denn im Oktober 1805 rückten die Franzosen neuerlich an, was Ferdinand bewog, die Stadt zu verlassen. Die politischen Verhältnisse änderten sich entsprechend den Abmachungen des Preßburger Friedens, der Salzburg die Selbständigkeit aberkannte und es zu Österreich schlug.

Der neue Souverän, Kaiser Franz I., der seit 1804 auch den Titel eines Herzogs von Salzburg führte, residierte weiterhin in Wien und ordnete daher an, den Hofstaat in Salzburg aufzulösen. Am 10. August 1806 verstarb Johann Michael Haydn. Die Musiker versammelten sich noch einmal und versahen beim Begräbnis ihres berühmten Kollegen ihren letzten Dienst.

»Heute Nachts um 10.00 Uhr starb der hiesige berühmte Konzertmeister Michael Haiden, im 68ten Jahre seines Alters, ein würdiger Bruder des esterha-

Johann Michael Haydn

zischen Kapellmeisters Joseph Haiden. Er war 43 Jahre in hiesigen Diensten, sammelte sich besondere Verdienste für die Kirche, in dem er im wahren Kirchenstil erstaunlich viel komponierte. Er war weit und breit berühmt und mußte nach Spanien, nach Schweden, und besonders für die itzige Kaiserin Ämter und andere Sachen komponieren. Letztere frimte noch voriges Jahr bey ihm ein Requiem an, er vollendete aber nur den Introitum, der auch bei seinem Requiem aufgeführt wurde. Da er in dem Klosterhause nahe am Freythof wohnte und einen geringen Zins bezahlte, so diente er in der Klosterkirche an allen Hauptfesten und theilte dem Chor alle seyne Arbeiten frey mit, welches ein wahrer Schatz ist.«

»Seine Beerdigung war rührend, der ganze Chor begleitete die Leiche, und sang mit Posaunen vermengt den Psalm ›Miserere‹. Er wurde in die Komunegruft zu St. Peter begraben. Das Requiem hielten die Hofmusikanten und acht Tage hinach führten eben diese für ihn in der Universitätskirche das Requiem von Mozart auf.«

Maria Magdalena Haydn, die Witwe des Meisters, der Kurfürst Ferdinand 1803 eine Pension als ehemalige Hofsängerin zuerkannt hatte, sah sich außerstande, damit auszukommen und reichte um eine Witwenpension ein, nicht ohne auf die großen Verdienste ihres verstorbenen Gatten hinzuweisen. Das k.k. Generaleinnehmeramt reagierte prompt und ließ ihr folgenden Bescheid zukommen:

»... Gutachten... Gehorsamt abgeben zu müssen, womit der Bittstellerin in Ansehung ihres Alters die nach dem alten Pensions-Normale einer Concertmeisterswitwe in 2. Klasse (Pensionsklassen einer Koncertmeisterswitwe sind monatlich 10, 12, 15 fl) mit monatlich 12 fl bestimmte Pension hochgnädig verabfolgen zu lassen, wodurch die Supplicantin einschlüsslich ihres selbständigen Besoldung 336 fl jährlich zu beziehen hat und mit selber, obschon sie in ihrer Bittschrift zur Belohnung der Tonkunstverdienste ihres Mannes sel. gleichsam ganz Europa aufzufordern scheint, umso mehr zufrieden sein kann, als die Witwe eines ohne Vermögen verstorbenen Rathes, oder andren Beamten höherer Klasse, der in seinem Leben die schwersten Geschäfte für den Staat zu bearbeiten, und demselben vielen Nutzen verschafft hat, nach eben diesem Pensionsvormale mit 300 fl sich begnügen muß.«

Daraus ist zu ersehen, daß Kaiser Franz damals schon tüchtige Verwaltungsbeamte eingesetzt hatte, die nun auch das Gesuch der Witwe nach Johann Michael Haydn erledigten: überaus korrekt, obwohl weder er noch seine Witwe jemals dem österreichischen Staat gedient hatten.

Diese Zeit dauerte allerdings nur bis 1809, bis die französischen Truppen zum dritten Mal Salzburg besetzten. Ein Jahr später wurde es an Bayern abgetreten.

Der jungvermählte spätere König Ludwig I. wählte das Schloß Mirabell zu seinem Regierungssitz. Er hatte gleich bei seinem Amtsantritt die Universität aufgehoben und viele Veränderungen in der Stadt vorgenommen. Graf von Spaur berichtet darüber:

»Die glänzende Hofhaltung, die er von Schloß Mirabell aus entfaltete, und sein leutseliges Wesen, das auf seinen zahlreichen Reisen besonders zur Geltung kam, blieben nicht ohne Einfluß und setzten dem altsalzburger Patriotismus der Leute nicht wenig zu.«

Aber es heißt auch: »Es ist der bayerischen Regierung nachzurühmen, daß sie sich mit Erfolg bemühte, die auf Salzburg lastenden Kriegsschulden zu tilgen, so daß die Landschaftsschuld 1816 wieder auf 4,415.000 fl zurückgegangen war.«

Mit Salzburg waren auch das Innviertel und das Stift Mondsee bayrisch geworden, Landstriche, die zum Teil von Salzburg aus verwaltet wurden. Diese Tatsache gab man Kaiser Franz zu bedenken, als er 1816, nach dem endgültigen Frieden, die Salzburger Untertanen wieder in seine Arme schloß, aber von einer eigenen Vewaltung nichts wissen wollte. Auch für den Fall, daß das Innviertel dazukäme, war ihm das Herzogtum Salzburg zu klein. Er gliederte es daher dem »Erz-Herzogtum ob der Enns« ein, wohl wissend, daß er damit das stolze Salzburg zu einer unbedeutenden Kreisstadt degradierte. Auf diese Weise hatte also das ehemalige Fürsterzbistum seine Eigenständigkeit endgültig verloren. Als wieder Frieden ins Land gezogen war und das Leben sich allmählich zu normalisieren begonnen hatte, zwang das Schicksal Salzburg noch einmal in die Knie: durch den verheerenden Brand, der 1818 einen Großteil des rechtsseitigen Stadtteils einäscherte und fast 300 Familien obdachlos machte. Unter solchen Umständen mußten alle Ambitionen kultureller Art zurückstehen.

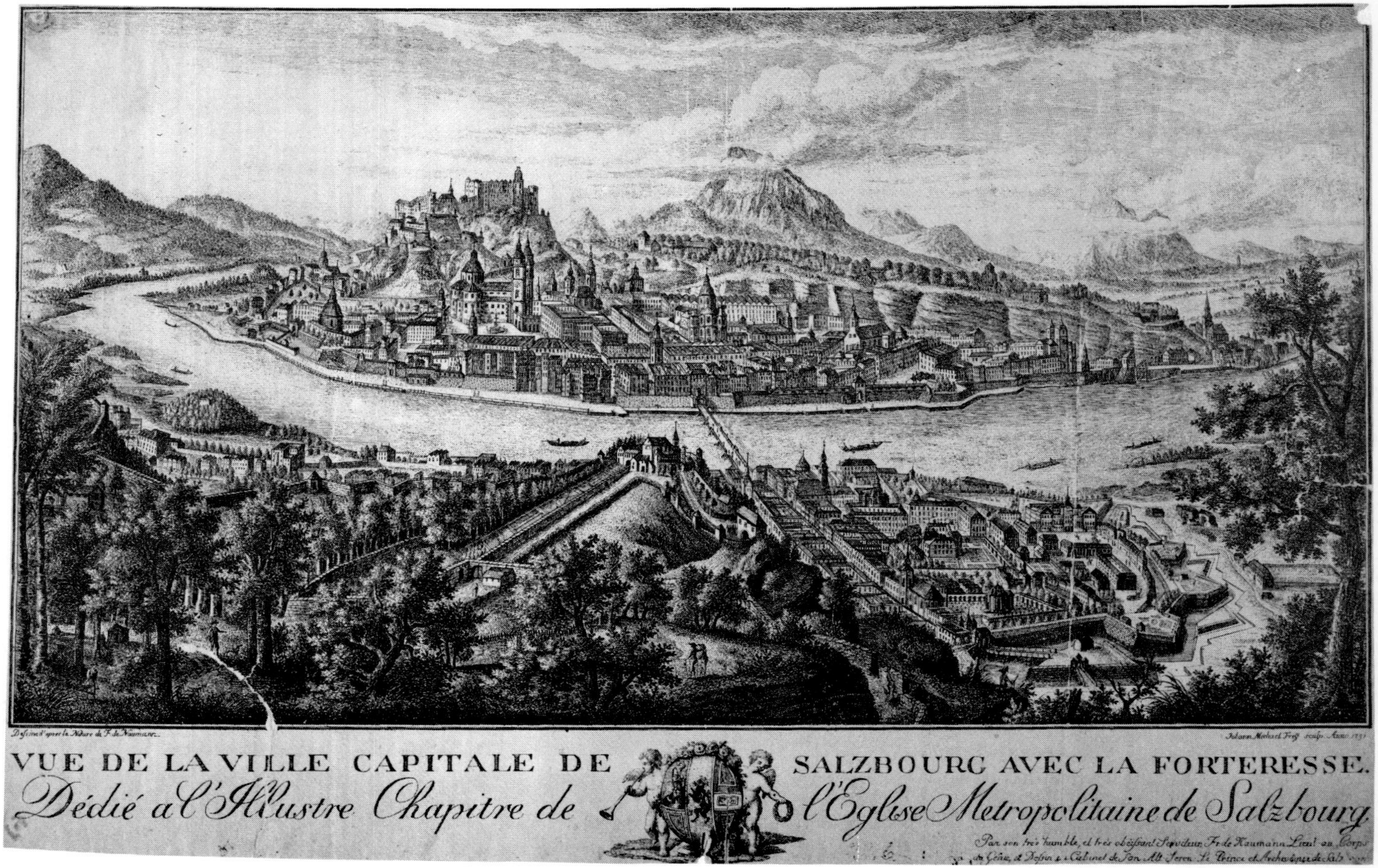

Salzburg – Stich von 1792

Dieser Stich gibt Salzburg wieder, wie es zur Zeit Mozarts und wahrscheinlich auch in den folgenden Jahrzehnten ausgesehen haben mag. Als die Stadt 1816 endgültig zu Österreich gekommen war, zählte sie knapp 12.000 Einwohner und gehörte zu den kleinsten Provinzstädten der gesamten Monarchie.

Salzburg zu Beginn des vorigen Jahrhunderts

Die große Landschaft um Salzburg und die eng begrenzte Stadt gehörten seit eh und je zusammen – sie standen zueinander wie das Haus zum Garten. Wenn man tief Atem schöpfen wollte ging man hinaus ins Freie, und wer sich es leisten konnte, hatte sogar da wie dort sein Zuhause. Wolf Dietrich hatte sein Schloß Altenau knapp vor den Toren der Stadt, Markus Sitticus seine Villa Urbana draußen in Hellbrunn – und in der weiten Ebene vor dem Untersberg lagen eine Reihe stattlicher Herrensitze mit kultivierten Parks und Kastanien-Alleen, die der Landschaft, vom Schloß Aigen bis hin zum Schloß Klesheim, herrschaftliche Würde verliehen. Auch Constanze von Nissen hatte ihr Sommerhaus außerhalb der Stadt, auf dem Nonnberg.
Im Norden der Stadt lebten vor allem Bauern. Vereinzelte Fuhrwerks- und Saumwege führten zu den weitverstreuten Gehöften, hinauf bis zum berühmten Wallfahrtsort Maria Plain, den heute noch die Salzburger gerne aufsuchen. Als 1860 die ersten Züge der Kaiserin-Elisabeth-Westbahn in Salzburg eintrafen, lag der Bahnhof noch auf freiem Feld.
In der ersten Hälfte des vorigen Jahrhunderts war die Salzach noch unreguliert. Eine üppige Flußlandschaft reichte vom Norden herein in die Stadt bis zum alten Ballhaus, dem heutigen Landestheater, wo eine Bastion, die noch aus Paris Lodrons Zeit stammte, die Stadt bis zum Mirabellschloß schützte. In dieser Gegend wurde dann von 1912 bis 1914 der Gebäudekomplex des Mozarteums errichtet. Das »historische« Mozarteum, die ehemalige Musikschule, war ja einst im fürsterzbischöflichen Kapellhaus und ab 1880 im Anatomiestöckl der Alten Universität, gegenüber dem heutigen Festspielhaus, untergebracht.
Flußaufwärts, beim sogenannten »Stein«, reichten die Häuser noch hinunter bis zum Fluß, der immer wieder Hochwasser führte – auch noch, als er längst schon reguliert war.
Die schöne Landschaft um Salzburg änderte sich erst, als die städtische Bevölkerung über die zu eng gewordenen Grenzen hinaus wollte und eifrig zu bauen begann. Im Inneren jedoch blieb die Stadt im gleichen Zustand, wie sie Mozart 1783 verlassen hatte. Alexander von Humboldt hat sie nicht anders erlebt, als Franz Schubert, Bettina von Arnim oder das Ehepaar Vincent und Mary Novello. Und auch Constanze, die 1820 mit ihrem Gatten, dem dänischen Etatsrat, Georg Nikolaus von Nissen, nach Salzburg zog, wird wohl kaum irgendwelche Veränderungen festgestellt haben, obwohl 37 Jahre seit der denkwürdigen Erstaufführung der c-Moll-Messe in St. Peter, an der sie mitgewirkt hatte, vergangen waren.
Die beiden Eheleute hatten zehn Jahre zuvor ihren Haushalt in Wien aufgelöst und waren nach Kopenhagen übersiedelt. Salzburg wurde zu ihrem Alterssitz, hier lebten sie bis zu ihrem Tod. Sie vollendeten die erste umfangreiche Biographie über Wolfgang Amadeus Mozart, für die sie mit großem Eifer alles zusammengetragen hatten, was an Berichten von Zeitgenossen und an anderen Dokumenten noch erreichbar und was an persönlichen Erinnerungen noch wach war. Damit rückte Salzburg ins Blickfeld frühester Mozart-Forschung.
Warum gingen die wohlhabenden dänischen Staatsbürger nicht wieder nach Wien zurück, wo sie einst ein so gastliches Haus geführt hatten? Legten sie keinen Wert mehr auf Gesellschaft und gutes Theater? Warum wählten sie Salzburg, wo kulturell nichts geboten wurde? Kamen sie nur wegen der Nähe zum Rheumabad Gastein, das der Etatsrat regelmäßig aufsuchen mußte? Oder bestimmte sie am Ende doch – Mozart?
Schon um die Jahrhundertwende war dessen Schwester Nannerl, die Freiin Berchthold zu Sonnenburg, von St. Gilgen nach Salzburg gezogen, und 1826 nach dem Tod Georg Nikolaus von Nissens kamen auch Constanzes Schwestern, zuerst Sophie und schließlich auch Aloisia Lange, die sich noch als 70jährige zu einer Übersiedlung von Wien nach Salzburg entschlossen hatte. Nun lebten die drei Schwestern also wieder in enger Gemeinschaft, so wie seinerzeit, als sie noch nicht verheiratet waren. Die Angehörigen Mozarts, die nun in Salzburg wohnten (außer den beiden Söhnen!) lenkten die Aufmerksamkeit auf die Stadt seiner Geburt und trugen damit nicht unwesentlich dazu bei, daß sie als erste Mozartstadt Wien den Rang ablief. Franz Schubert allerdings verspürte davon noch nichts. Als er mit dem Sänger Michael Vogl 1825 die Stadt besuchte, sah er sich wohl die Sehenswürdigkeiten an, er besichtigte Haydns Grabmal in der Stiftskirche St. Peter, nicht aber Mozarts Geburtshaus, nicht Constanze, nicht Nannerl.
»Ich musste erstaunen über die Menge herrlicher Gebäude, Paläste und Kirchen. Doch gibt es wenige Einwohner hier, viele Gebäude stehen leer... Auf den Plätzen, deren es viele und schöne gibt, wächst zwischen den Pflastersteinen Gras, so wenig werden sie

betreten. Die Domkirche ist ein himmlisches Gebäude, nach dem Muster der Peterskirche... von hier gingen wir in das Kloster von St. Peter, wo Michael Haydn residirt hat... und als uns Nachmittag das Wetter erlaubte auszugehen, bestiegen wir den zwar nicht hohen, aber die allerschönste Aussicht gewährenden Nonnenberg. Man übersieht nämlich das hintere Salzachthal...«

Für den Londoner Verleger, Organisten und Dirigenten Vincent Novello, der mit seiner Frau eine »Wallfahrt zu Mozart« unternahm, war Salzburg vier Jahre später schon ein Mozartsches Reiseziel. Der Anlaß galt jedenfalls den Familienangehörigen und der Geburtsstadt des Komponisten, in erster Linie der Schwester Nannerl, der er ein Präsent zu überbringen hatte: 63 Englische Pfund, die Londoner Musiker für sie gesammelt hatten, da sie, wie die Information lautete, »krank und völlig ohne Mittel« sei.

Schon am Tage nach der Ankunft in Salzburg begab sich Vincent Novello mit seiner Gattin in Nannerls Wohnung in der Kirchgasse 214. Ihrem Tagebuch nach lag Mozarts Schwester ruhig im Bett, aber blind, matt, erschöpft, schwach und fast ohne Sprache. Ihr Neffe [W. A. Mozarts Sohn hatte sie begleitet] erklärte ihr freundlich, wer wir waren und sie schien große Befriedigung daraus zu schöpfen. Während der ganzen Zeit hielt ich ihre arme, schmale Hand in der meinen und drückte sie mit der aufrichtigen Herzlichkeit eines alten Freundes ihres Bruders. Es schien sie besonders zu freuen, daß das kleine Geschenk, das wir mitgebracht hatten, gerade vor ihrem Namenstag eingetroffen war. Ihr Geburtstag fällt auf den 30., an welchen Tage sie ihr 78. Lebensjahr vollendet haben wird. Ihre Stimme ist fast erloschen und sie scheint sich schnell dem Reiche zu nähern, von wo kein Wanderer zurückkehrt.«

Die beiden Novello nahmen sich auch die Zeit, Eindrücke von der Stadt zu gewinnen. Darüber berichten sie:

»Gingen am Abend zu Mozarts Geburtshaus. Die Räume sind jetzt ganz unbewohnt – aber sie waren eben gesäubert und frisch gemalt worden und sollten, soviel ich erraten konnte, vermietet werden.«

Und zur Musik im Dom (noch auf den Galerien der Vierungspfeiler unter der Kuppel), heißt es: »Das Orchester war auf der Galerie rechter Hand aufgestellt, die nahe dem Altar von einem der Pfeiler getragen wird, auf denen die Kuppel ruht. Es bestand aus 2 ersten, einer zweiten Geige, Viola und Bass (kein Violoncello), drei Posaunen (Alt, Tenor und Bass) und der Orgel. Es sind sechs Orgeln: Eine an jedem der vier Pfeiler unter der Kuppel, eine kleine (gewöhnlich Positiv genannt, einem Schrank ähnlich) im Chor, nicht weit vom Altar, und eine große Orgel über dem Westeingang, die bei dieser Gelegenheit unbenutzt blieb und für die hohen Feste bestimmt zu sein scheint, wenn ein größeres Orchester benötigt wird... Der Organist war ein unauffälliger, beachtenswerter Spieler, begleitete die Stimmen sorgfältig – vor dem Evangelium spielte er ein kleines Zwischenspiel... das, wenn es eine Improvisation war, ihm sehr zur Ehre gereichte. Der Chor bestand aus sechs bis acht Stimmen mit einem Dirigenten – wurde vom Orchester übertönt, das durchaus zu laut spielte... die besten Spieler waren die drei Posaunisten – der nächste beste war der Kontrabassist – ein Mann in einer Sutane – die Responsorien wurden von den Stimmen allein gesungen – die Knabenstimmen waren reizend und sangen völlig rein... ich muß gestehen, daß ich enttäuscht war, nicht eine einzige Komposition von Mozart gehört zu haben. Während der Benediktion verließen die Sänger die Orgelgalerie und stellten sich nahe dem Hochaltar auf, wo sie zur Begleitung des vorerwähnten Positivs eine kurze Motette sangen. Es gab kein Nachspiel, und der ganze Gottesdienst war in etwa 40 Minuten beendet... das übrige war feierlich gregorianisch und in seiner Art vorzüglich, es war aber nicht, was ich in Mozarts Geburtsort erwartet oder gewünscht hätte.«

»Ich ging um 9.00 Uhr in den Dom, in der Erwartung, die Hohe Messe zu hören – aber es gab weder Chor noch Orchester – nur Choräle von ein paar Priestern gesungen, nicht einmal von der Orgel begleitet. Am Geburtsort des wunderbarsten Komponisten, der je gelebt, ist die Musik tatsächlich in einem Zustand traurigen Verfalls.«

Anfänge eines organisierten Musiklebens

Diesen beschämenden Zustand zu ändern, bemühte sich bereits seit Jahren der Wiener Advokat und Wechselnotar Franz von Hilleprandt, der seit 1826 in Salzburg tätig war. Als leidenschaftlicher Musikliebhaber hatte er sich vorgenommen das Interesse an Musik in dieser Stadt durch die Gründung eines Musikvereins zu fördern. Denn das musikalische Leben, das über zweihundert Jahre lang von den Fürsterzbischöfen auf beachtlichem Niveau gehalten worden war, hatte kaum Spuren hinterlassen. Zwischen den höfischen und der bürgerlichen Musikkultur klaffte denn auch eine große Lücke.

Während in anderen österreichischen Städten schon längst Opernhäuser, Musikgesellschaften und Konservatorien bestanden (in Laibach seit 1701 eine Philharmonische Gesellschaft, in Prag seit 1811 das berühmte Konservatorium, in Wien seit 1812 der Musikverein und in Graz seit 1815 der »Steiermärkische Musikverein«), gab es in Salzburg lediglich einen Museumsverein, dessen musikalische Ambitionen fast ausschließlich von Liebhabern gehegt wurden. Auch Franz von Hilleprandt wirkte dabei mit, gelegentlich sogar als Dirigent. Er kannte also den Verein und es gab für ihn keinen Zweifel, daß er als Träger einer bürgerlichen Musikkultur nicht in Frage käme. Hiefür mußte eine neue Organisation ins Leben gerufen werden, die auf breiter Basis sowohl die Musikpflege als auch die Musikerziehung einbeziehen müsse.

Derartige Aufgaben konnte man natürlich nicht Liebhabern, sondern nur ausgesuchten Berufsmusikern anvertrauen. Das bedingte natürlich ein Unternehmen von einigem Aufwand und erforderte ein klares Konzept, ehe man an die Erarbeitung der rechtlichen Grundlagen herantreten konnte. Hiefür hatte Hilleprandt eine Frist bis zum Mozart-Gedenkjahr 1841, in dem, Mozart zu Ehren, nicht nur ein Denkmal errichtet, sondern auch ein Musikverein gegründet werden sollte.

Für das Denkmal hatte bereits eine Spendenaktion eingesetzt, die über Erwarten gut verlief. Musikvereine veranstalteten Konzerte für diesen Zweck, Instrumentalsolisten widmeten ihre Konzerteinnahmen und sogar Komponisten wie Richard Wagner, Meyerbeer, Franz Liszt und viele andere halfen großzügigst mit.

Mozarts Witwe, die seinerzeit die Aufrufe unterzeichnet hatte, wurde nun auch gebeten, die Dankadressen abzuschicken.

Gruft des Sekretärs des Dommusik-Vereins und des Mozarteums, Dr. Franz Edler von Hilleprandt (1796 – 1871) am St.-Sebastians-Friedhof in Salzburg.

1836 erschien im »Musikalischen Anzeiger« folgende Notiz:
»Als für das Mozart-Denkmal bereits 21.000.— fl beisammen waren und man Anstalten zum Baue desselben machen wollte, unterbrach eine sonderbare Idee die Frau Etatsräthin von Nissen, früher Mozarts Gattin, dieselben. Die verehrte Dame sprach nämlich den Wunsch aus, man möge von dem Gelde ein Conservatorium in Salzburg erbauen und ihren Sohn aus erster Ehe, Herrn W. A. Mozart, zum Direktor machen. Das Comitee sah sich über diese Idee in die Situation versetzt, zu warten, bis Frau von Nissen das Zeitliche gesegnet haben werde.«
Damit war offenkundig: auch Konstanze war gegen das Denkmal. Nicht etwa wie die kleinmütigen Kreise der Stadt, weil sie den geliebten Michaelsbrunnnen dahinschwinden sahen, sondern weil es ihr sinnvoller erschien, Mozart mit einem Konservatorium, mit einer Musikschule zu ehren. Sie brachte das auch zum Ausdruck mit einer ansehnlichen Spende von 400 fl, die sie dem »Mozarteum« zudachte und nicht dem Denkmal. Sie blieb bei ihrer Haltung, auch als aus dem Bau nichts wurde und ihr Sohn die erhoffte Stelle eins Musikdirektors nicht bekam. Zu ihrer Genugtuung erlebte sie wenigstens die Gründung des »Mozarteums« und des Dommusikvereins noch, während das Denkmal erst nach ihrem Tode erstand.
Franz Xaver Wolfgang, der schon 1826 von einem Salzburger »Kapellcommandanten« geträumt hatte (wie er von Lemberg aus seinem Freund Anton Jähndl in Salzburg schrieb) fiel sicherlich der Verzicht schwer, aber er neidete die begehrte Stelle dem geschätzten Freund Aloys Taux nicht.
Nachdem die Finanzierung des Denkmals gesichert war und das Komitee den Auftrag erteilt hatte, galt das Hauptaugenmerk nur mehr dem Musikverein, der ja nicht nur gegründet, sondern auch erhalten werden mußte. Überlegungen über die Höhe des Aufwands, über die Anzahl der zu engagierenden Musiker, und auf welche Weise sie ausreichend zu beschäftigen wären, mußten diskutiert werden.
Dieses Problem wurde überraschenderweise vom Erzbischof gelöst, der, an einer Erneuerung der Kirchenmusik interessiert, bereit war, einen Großteil der Finanzierung zu übernehmen. Er wünschte nur, daß die künftige Kapelle auch den Anforderungen der Kirche entspräche und nicht nur aus Musikern, sondern auch aus Sängern und Organisten bestünde. Sie sollten nicht nur im Dom, sondern auch in vierzehn anderen Kirchen ihren Dienst tun, könnten aber darüber hinaus noch den Unterricht an der Musikschule übernehmen und öffentliche Konzerte geben.
Bedingt durch diese Verhältnisse bekam Salzburg nicht einen gewöhnlichen Musikverein, sondern einen Dommusikverein, dem eine Musikschule angeschlossen war, die man zum Andenken an den großen Sohn der Stadt »Mozarteum« nannte. Und daraus ergab sich der etwas umständliche Name: »Dommusikverein und Mozarteum«.

Am 24. April 1840 war an Herrn von Hilleprandt die schriftliche Aufforderung ergangen, einen »Verein zur Emporbringung der Musik in allen Zweigen« ins Leben zu rufen. Zwei Monate später versammelte der Salzburge Fürsterzbischof Friedrich von Schwarzenberg die Spitzen der Behörden, den Klerus und die Bürger der Stadt zur Beratung über die Statuten, die Hilleprandt ausgearbeitet hatte. Sie wurden einstimmig angenommen und ihre Genehmigung durch den Kaiser eingeholt, der sie auch am 22. April 1841 erteilte.
Der Salzburger »Dommusikverein und Mozarteum« war hiermit gegründet.
Einem Bericht vom 30. Mai 1847 ist zu entnehmen, daß der neue Verein von acht Hochwürdigen Herrn und acht gewählten »Bürgerlichen« repräsentiert wurde.
Allerhöchste und Höchste Gönner waren: die Kaiserin Mutter Karolina Augusta, Erzherzog Franz Carl, König Friedrich August von Sachsen und Fürsterzbischof von Schwarzenberg.
Unter den 127 Ehrenmitgliedern des Vereines gab es eine Reihe berühmter Künstler (Dr. Franz Berwald, Stockholm; Moritz Hauptmann, Leipzig; Dr. Franz Liszt, Weimar; Giacomo Meyerbeer, Berlin; Bernhard Molique, Stuttgart; Simon Sechter, Wien; Dr. Ludwig Spohr, Kassel; Franz von Suppé, Wien; Richard Wagner, »Kompositeur«).

250 wirklich unterstützende Mitglieder, nicht nur Aristokraten und hochgestellte Personen, sondern auch Gewerbetreibende wie Zuckerbäcker Karl Tomasselli, Seifensieder Straniak, Tischlermeister Katholnigg und Maurermeister Laschensky.
36 musizierende Dilettanten, die bereit waren, ohne Entgelt in der Kapelle mitzuspielen, als »wirklich ausübende Mitglieder«.
40 angestellte Sänger, Musiker und Organisten, die die Kapelle bildeten. Künstlerischer Leiter: Aloys Taux. Der Verein betraf also eine Anzahl von über vierhundert Leute. Ihr aller Wunsch war es, den musi-

Konstanze Mozart, geb. Weber; Ölbild von Hans Hansen, 1802.

Das Mozartdenkmal von einer Postkarte aus dem Jahre 1908

kalischen Geschmack sowohl in der Kirchenmusik als auch in den Konzerten zu veredeln.

Eine leider nur vorübergehend erfreuliche Jahresbilanz weist ein Plus von 8719 fl aus, bei Ausgaben von 11424 fl (für Besoldungen und Stipendien 39034 fl) und Einnahmen von 20144 fl.

Die Domkapelle umfaßte 1847 acht Tenöre und sechs Bässe, aber nur drei Erste und drei Zweite Geigen, ein Violoncello und einen Kontrabaß, doppelt besetztes Holz, vier Blechbläser und einen Paukisten. Dazu kamen noch zehn Kapellknaben, die im Internat lebten, aber keine Besoldung erhielten. Außerdem gehörten zur Domkapelle noch drei Organisten, drei Orgelbalgtreter, sogenannte Kalkanten, und ein Chordirektor.

Am 17. Oktober 1846 wurde der Kapitalrest, »welcher von dem Komittee zur Errichtung des Mozartdenkmals nach rühmlichster Lösung seiner Aufgabe» übrig geblieben war, einer Mozartstiftung zugeführt. Sophie Haibel, Constanzes Schwester, gab ein Legat von 200 fl und Carl Mozart vermachte dem neuen Verein ein Geschenk von 100 fl.

Die Musikschule Mozarteum hatte 1843 schon hundert Schüler. 49 in den Gesangsklassen, 23 im Fach Klavier und 24 im Fach Violine. Zudem gab es je einen Violoncello-, Oboe-, Klarinette- und Hornschüler.

Berühmte Verleger, wie Artaria und Haslinger in Wien, Breitkopf & Hörtel in Leipzig, Schott in Mainz und André in Frankfurt unterstützten den Verein. Insgesamt werden fünfzig außerordentliche Beitragszahler genannt. Auffallend ist die große Zahl auswärtiger Unterstützer. Man gewinnt den Eindruck, daß der »Dommusikverein und Mozarteum« und der daraus erwachsende Mozart-Kult zu einer Angelegenheit von internationalem Interesse wurden und alle Welt sich bemühte, zu helfen und zu spenden. Der Wiener Verleger Haslinger gab jährlich Musikalien im Wert von 30 fl, eine Frau Helmke aus Hamburg stiftete 250 fl für den Mozart-Stiftungsfonds, ein Pfarrer Kämmerling ein Legat von 200 fl für den Pensionsfonds und der Salzburger Riemermeister Sebastian Hofer sogar ein Legat von 1000 fl, womit er seine rege Teilnahme am Gedeihen des Vereins bekundete.

Das große Orchester des Vereins trat im Jahre 1842 zweimal besonders hervor. Das erste Mal anläßlich des Todes von Constanze von Nissen (es wurde Mozarts Requiem gespielt) und das zweite Mal bei der Enthüllung des Mozart-Denkmals, bei der eine Reihe auwärtiger Musiker das Orchester auf 150 Mitglieder aufstockte.

Das Nissen-Grab am Friedhof von St. Sebastian in Salzburg.

Es ist eigentlich das Grab von Leopold Mozart. Constanze eignete es sich an, als der Etatsrat starb. Als viel später das neue Marmorgrabmal errichtet wurde, ließ man die Namen der anderen weg. Dies versetzte die Stiftung Mozarteum Ende des vergangenen Jahrhunderts in große Unruhe, denn niemand wußte mehr, wo sich die letzte Ruhestätte Leopold Mozarts befindet. Eine Exhumierung, von der Stiftung veranlaßt, ergab dann folgenden Tatbestand: im Grab befanden sich sechs Särge – von Leopold Mozart, von dessen Schwiegermutter Euphrosina Pertl, von Genoveva Weber (Constanzes Mutter), von Nannerls Tochter Jeanette, von Georg und Constanze von Nissen. Dies ließ sich aus Urkunden eruieren.

Fest - Chor

zur Enthüllungsfeier des

Mozart - Denkmales

in

Salzburg.

Die Worte von W. A. Mozart Sohn sind Motiven von der Composition seines Vaters angepasst.

Allegro.

Hier seht ihn dargestellt den Meister, er ist es, den ihr geliebt und bewundert. Kann wohl noch ein ander Volk sich rühmen so hellen Sternes am Horizont der Tonkunst, weithin strahlend, er entschwand uns. — Doch seine Werke, sie leuchten immerdar, ja sie währen länger noch als Erz und Marmor.

Adagio.

Ach, dass die Parze den Faden sobald zerschnitt! den Faden eines Lebens, das uns so theuer war! Klagen entströmen aus tiefer Brust; Klagen ertönen rings im Gefielde. — Thränen, seht! sie glänzen in jedem Aug. Schmerz bricht hervor! Er zerreisset jegliches Herz. Ach! dass die Parze den Faden sobald zerschnitt! — Weh

Die Idee, dem großen Sohn der Stadt ein Denkmal zu setzen, wurde allseits sehr begrüßt, die Ausführung über alles Erwarten großzügig gefördert. Das Monument, von Ludwig von Schwanthaler entworfen, konnte aber erst ein Jahr nach dem vorgesehenen Termin enthüllt werden, da man bei der Aushebung des Grundes auf römische Mosaike gestoßen war, die geborgen werden mußten.

Das Schwanthalersche Monument wurde am 4. September 1842 enthüllt. Um 9 Uhr fand im Dom ein feierliches Hochamt statt, zu dem Sigismund von Neukomm Mozarts c-Moll-Messe aufführte. Anschließend wurde der Festakt vollzogen. Sigismund von Neukomm, der gebürtige Salzburger Musiker, Schüler Michael Haydns und später in Wien Musiklehrer von Mozarts Sohn hielt die Festrede, und nach der Enthüllung erklang eine von Mozarts Sohn arrangierte Festkantate – eine Mozartsche Melodienfolge mit dem für Chor gesetzten Marsch aus der Oper »La clemenza di Tito«.

Tags darauf dirigierte Ritter von Neukomm Mozarts Requiem, und im Carabinierisaal der Residenz leiteten der Königlich Bayerische Generalmusikdirektor Franz Lachner, wie am Tag vorher der Königlich Oldenburgische Hofkapellmeister August Pott ein Konzert, das auschließlich Werken von Mozart gewidmet war.

Der neue Verein hatte 1842 künstlerisch durchaus Bemerkenswertes vollbracht. Im Jahrsbericht ist zu lesen:

»... Herbeigekommene Hofkapellmeister und Künstler hielten die Leistungen unseres Kapellmeisters und einige bei dem Verein angestellte Künstler und Lehrer am Mozarteum für würdig... die Prim- und Solo-Partien vorzutragen... Ein Beweis, daß der Verein bei der Anstellung seiner Künstler mit der gehörigen Sorgfalt und Umsicht zu Werke gegangen ist, wozu vorzüglich die Korrespondenz mit entfernten Ehrenmitgliedern (Prag!) viel beiträgt, auf deren Urtheil der Verein Vertrauen setzen kann, und welche im Interesse des Vereins... Prüfungen mit den anzustellenden Individuen, welche zum Konkurse nicht anreisen können, abnehmen, und ihr wohlbegründtes, ausführliches Gutachten an den Verein gelangen lassen.« (Ein Probespiel im heutigen Sinn gab es damals noch nicht.)

Franz von Hilleprandt hatte schon bei der Wahl des künstlerischen Leiters einen Standpunkt vertreten, der einzig auf die künstlerische Qualität Rücksicht nahm. Er hatte allen Einflüsterungen der Etatsratswitwe widerstanden und konnte schließlich sogar Mozarts Sohn so überzeugen, daß er glaubte, »Taux wer-

de sicher nicht lange in Salzburg bleiben, sondern bald eine bessere Anstellung bekommen, dann hoffe er, dass man ihn als Kapellmeister an das Mozarteum nach Salzurg berufen werde.« (Aus einem Gespräch mit dem Redakteur Mielichhofer!)
Diese Hoffnung nahm er mit ins Grab als er 1844 in Karlsfeld plötzlich starb.
Nach den gleichen Prinzipien erfolgte die Auswahl der Orchestermitglieder, deren bedeutendste von auswärts kamen. Dabei spielte die Tatsache, daß Aloys Taux aus dem Prager Konservatorium hervorgegangen und der Direktor dieses Instituts Ehrenmitglied des Vereines war, wohl keine unwesentliche Rolle. Diesen Beziehungen verdankte der Verein eine dauernde Versorgung mit besten Nachwuchskräften aus Prag. Es wäre naheliegend gewesen, sich die Musiker aus Wien zu holen, aber wie es scheint waren die Verbindungen dahin nicht ausreichend.
Salzburg hatte dies aber nicht zu bereuen. Das Vorherrschen der großartigen böhmischen Musikanten erwies sich hier als ebenso fruchtbringend wie seinerzeit in Mannheim, in Berlin bei Franz Benda und auch in Esterhaza, im berühmten Orchester Joseph Haydns, in dem (überwiegend) böhmische Instrumentalisten wirkten.

Huldigung auf dem Mozartplatz zum Anlaß des 200. Geburtstags Mozarts.

Die Musikschule Mozarteum

Was der Verein beabsichtigte, war in den Statuten dargelegt:
»Unterricht der Jugend in der edlen Kunst, dem Kunstfreunde sich in derselben zu üben, Musikwerke selbst vorzutragen oder vortragen zu hören.«
»... er stellet Künstler und Musiklehrer an mit fixen Besoldungen, und sorgt dadurch für den Unterhalt der Künstler und für die ständige Erhaltung und Veredelung der Kunst.«
»Die Ausbildung der Salzburger Jugend in der Musikschule erfolgt auf doppelte Art: Durch eine Lehranstalt und durch eine Übungsschule.«
Der Unterricht sollte vorerst in den für den Kirchendienst unentbehrlichen Instrumenten erfolgen (§ 73), wenn es aber die Vermögensverhältnisse gestatten, auch in den anderen.
Vorgesehen waren Violinklassen mit höchstens sechzehn Schülern in zwei Gruppen, mit je drei Stunden wöchentlich (§ 75).
Zu den Instrumentalübungen hieß es: »An den Übungen müssen alle tauglichen Individuen teilnehmen, welche hiefür von den Professoren die Auszeichnung erhalten. Alle Aspiranten zu den Stellen der Dommusik und alle bereits angestellten Künstler, wenn sie vom Kapellmeister dazu beordert werden. Übungen sollen zeitlich so gelegt sein, dass auch die ao. Mitglieder (Dilettanten) sie besuchen können.« (§ 83)
Der Paragraph 87 bestimmte Extraproben für Konzerte, Hochämter und Litaneien für die Dilettanten, und im Paragraph 88 wurde für sie der Verzicht auf jedes Honorar aktenkundig gemacht. Alles geschah aus Liebe zur Kunst.
Alle Präparanden hatten zudem freien Zutritt zu den Konzerten.
Man sieht daraus, wie wohldurchdacht und praxisnah die Studienordnung angelegt war.
»Mit Hilfe der angestellten und ausübenden Mitglieder war nun der Verein in der Lage, klassische Musikwerke zur Aufführung zu bringen, und es ist eine erfreuliche Erscheinung, bemerken zu können, dass das Publikum anfängt, an den Aufführungen solcher Kompositionen Antheil zu nehmen und dieselben zu würdigen.«
Mit großem Stolz wird einige Jahre später berichtet: »Aus der Instrumental-Lehranstalt sind schon so manche Induviduen hervorgegangen, welche jetzt als Dilettanten und Kunstjünger mitwirken, ja, mehrere sind auf der Bahn der Kunst so weit fortgeschritten,

Das alte feb. Kapellhaus, in dem das erste Mozarteum von 1841 – 1880 untergebracht war. Es ist eine Musikstätte ersten Ranges. Hier fanden nicht nur die Proben der ehemaligen Hofkapelle, sondern auch die Proben für die Orchesterkonzerte des »Dommusikvereins und Mozarteum« statt. Hier wurde auch der musikalische Nachwuchs herangebildet. Leopold Mozart und Michael Haydn unterrichteten in diesem Haus, der junge Otokar Sevcik unterwies hier seine Geigenschüler und Anton Bruckner dirigierte hier, als er sich 1861 um die Stelle eines Künstlerischen Leiters im Mozarteum bewarb.

dass sie als Musiker, ja sogar Kapellmeister Anstellung und durch die Musik ihren Lebensunterhalt in der Welt finden.«

Bemerkenswert ist der Paragraph 5 der Vereinsordnung:

»Der Verein besorget zugleich die zum christkatholischen Kultus erforderliche Kirchenmusik im Dome zu Salzburg, als seinem ersten und vorzüglichsten wirklichen unterstützenden Mitgliede und in anderen Kirchen, welche mit demselben in Kontraktverhältnisse tratten, und sorgt dafür, dass die Kirchenmusik auf eine Weise abgehalten werde, dass sie den Geist der Christen zur Andacht stimmt, erbauet und jene Gefühle erwecket welche der heiligen Handlung, welche mit Musik begleitet wird, und dem vorzutragenden Texte entsprechen, kurz zur Ehre Gottes gereiche.«

Es besteht kein Zweifel, daß der bürgerliche Musikverein ohne die großzügige Unterstützung der Kirche, ohne die Protektion durch den kunstsinnigen Fürsterzbischof von Schwarzenberg wohl kaum, zumindest nicht in dieser Form, zustandegekommen wäre. Zwei Drittel des Budgets erbrachte die Kirchenmusik. Das war ein krisenfester Betrag, unabhängig von einer »Besucherfrequenz« (wie bei einem Theater) und unabhängig von saisonbedingten Schwankungen. Wer hätte das sonst in Salzburg leisten und langfristig garantieren können?

Die Kapelle wurde aber auch dementsprechend von der Kirche gefordert. Allein der Dom benötigte zweitausend Dienste im Jahr, die angeschlossenen Kirchen noch einmal so viel.

Bei derart vielen Diensten ist wohl anzunehmen, daß sich die Musiker in einzelne Gruppen aufteilen mußten, um die ihnen anvertrauten fünfzehn Kirchen musikalisch zu betreuen. Das geht auch aus alten Abrechungen hervor:

45	Hochämter	450 fl	
6	Requiems	30 fl	30 Kr
7	Seelenmessen	7 fl	
76	Litaneien	456 fl	
18	Prozessionen (Bläser)	180 fl	

Wenn man weiß, daß Kirchendienste ihren Einheitstarif hatten, daß für ein Requiem nicht weniger berechnet wurde als für ein Hochamt oder eine Litanei, dann wird aus der Aufstellung deutlich, daß die angeführten Kirchendienste verschiedene Besetzungen haben mußten, wonach dann die Abrechnung erfolgte. Die einzelnen Mitglieder der Kapelle waren dabei unterschiedlich ausgelastet, Musiker sicherlich weniger als Sänger und Organisten.

»Es wurden jede Woche förmliche Repertoires der Kirchendienste durch die drei Orchesterdiener an die Mitglieder verteilt. Alljährlich kamen durchschnittlich an 1870... zustande...«. (Theobald Kretschmann)

Daß er die Mitglieder über Gebühr beanspruche, warf man denn auch gelegentlich dem Dommusikverein vor. Die Internationale Mozart-Stftung, die sich schon Ende der sechziger Jahre des vergangenen Jahrhunderts um eine Spaltung des Vereins, um eine Aufteilung der Ressorts bemüht hatte, argumentierte beispielsweise so:
»Schon am 1. Oktober 1841 übernahm der Dommusikverein... die dienstlichen Verrichtungen... Es waren diess in dem ersteren (Dom) jährlich 2.000, und in den letzteren (den 14 anderen Kirchen) ebensoviele übernommene Dienstleistungen für ein im Jahr 1869 bestandenes fixes Einkommen von 8.500 fl ö. W., wovon bei einem Musikerstand von 40 Personen... durchschnittlich auf eine Person für einen Kirchendienst fünf Kreuzer entfallen. Wurde auch dieses Einkommen neuestens durch Aufbesserung der Gebühren usw. ungleich mehr vergrößert, so ist dies noch immer unzureichend. Wer trägt daran die Schuld?«

Die Mozart-Stiftung argumentierte jedoch nicht ganz einwandfrei, vor allem was die Anzahl der Dienstleistungen betraf. Die Lehrer am Mozarteum konnten neben ihrem Dienst in der Kirche noch anstandslos ihre Schüler unterrichten, alle anderen Mitglieder des Vereins konnten sowohl die öffentlichen Konzerte betreuen, als auch im Theater spielen. Bei elf Kirchendiensten am Tag wäre das wohl nicht möglich gewesen.
Erfreulich war allerdings, daß sich die Herren der Stiftung um die Musiker überhaupt kümmerten, daß sie bemüht waren – wenigstens vorübergehend – ihnen zu helfen. Denn als es 1880 tatsächlich zur Trennung von Dommusikverein und Mozarteum kam, war von einer Übernahme der Kapelle keine Rede mehr.

Im Jahre 1846 entschloß sich der Dommusikverein zu einem »Pensionsfonds für Vereinsmitglieder, Witwen und Waisen«, ein Vorhaben, das die zuständigen Stellen noch im selben Jahr bewilligten. Die Musiker verpflichteten sich zu einem jährlichen Gratiskonzert und führten überdies für jeden eingenommen Gulden 2 Kreuzer an die Kasse ab. Bereits am 13. April, noch bevor der Fonds von der Behörde genehmigt war, führten sie aus diesem Anlaß die »Schöpfung« von Joseph Haydn auf. Diese Pensionsfonds-Konzerte übernahm 1881 die Internationale Stiftung Mozarteum, ab 1884 galt sie ein solches Konzert sogar mit einer fixen Summe von 50 fl ab.
Im Jahre 1847 stellten die Mitglieder der Kapelle ein Ansuchen an den Verein um Spielerlaubnis im k.k. National-Theater. Nach der Genehmigung handelte Chordirektor Deisböck folgenden Vertrag aus: Gesamt-Gage für eine sechsmonatige Spielzeit 1.300 fl, zahlbar in Halbmonatsraten zu 108 fl 2 Kr.
Jedes Mitglied verpflichtete sich, in der selben Kategorie und derselben Eigenschaft wie in der Domkapelle Dienst zu tun. Bezüglich der Probendisposition wurde vereinbart, daß an Probentagen für Konzerte im Theater nur Schauspiele angesetzt werden durften. Für die hiefür vorgesehene Besetzung (zehn Musiker) konnten auch Substituten herangezogen werden.
Der damalige Spielplan sah monatlich fünf Opern (mit 26 Musikern), sieben Possen (mit 17 Musikern) und elf Schauspiele (mit zehn Musikern) vor. Als Tarif galt für eine Oper (einschließlich zwei Proben) 35 fl 40 kr, für eine Posse mit einer Probe 15 fl 40 kr, für alle anderen Vorstellungen mit je einer Probe 8 fl. Diese Summe floß den Musikern direkt in ihre Tasche.
Der Museumsverein gab 40 fl für ein Konzert aus, die freilich dem Dommusikverein zugute kamen.
In diesem Zusammenhang ist ein Vergleich aufschlußreich: Der junge Anton Bruckner bekam 1841 als Schulgehilfe in Windhaag für seine vielfältigen Dienste (Unterricht, Meßdienst und Feldarbeit) einen Gulden pro Monat, in Wien mußte man für eine Ballkarte beim »Sperl«, wo Johann Strauß aufspielte, auch einen Gulden bezahlen.
Für den sozialen Sinn des Dommusikvereins in Salzburg spricht auch, daß er dem alten Organisten der ehem. Hofkapelle, Joachim Fuetsch, eine Jahrespension von 333 fl genehmigte – mehr als er manchem seiner Aktiven zuerkannte.

Über die Musizierpraxis im Salzburger Dom

Als die neue Domkapelle im Herbst 1841 ihren Dienst antrat, existierten noch die vier Emporen unter der Kuppel. Seit der prunkvollen Einweihung des Domes im Jahre 1628 war das der Platz für die Musiker, es sei denn, sie wurden ausdrücklich auf den großen Westchor befohlen. Die Kirchenmusik in der Kathedrale gehörte zum pompösen Zeremoniell, und die mitattraktiven Orgelprospekten besetzten Vierungspfeiler gaben dem hohen Raum einen glorifizierenden Akzent.
Aber das hallige Kirchenschiff mit seiner Kuppel erwies sich akustisch keineswegs als ideal. Die Kapellmeister hatten damit sicherlich ihre liebe Not. Denn ihr Musizieren unter den gegebenen Umständen ließ ihnen wenig Freiheit – es dürfte wohl ein ständiges Bemühen um einheitlichen Klang und Koordination gewesen sein.
Die Chorsänger standen unten im Altarraum, auf der vordernen Empore, auf der Epistelseite hatte die Leitung ihren Platz, zusammen mit den Solisten und dem Continuo, während auf der gegenüberliegenden Seite die Geigen spielten, denen Fagott und Posaunen zugesellt waren. Auf den beiden hinteren Emporen agierten, von den übrigen Musikern und den Sängern abgesondert, die Feldtrompeter und Paukisten, die hier ihre Intraden und Aufzüge bliesen, wenn der Erzbischof seinen Einzug hielt.
Schon sehr bald erhielten alle Emporen ein eigenes Spielwerk, so daß es nach wenigen Jahren im Dom fünf Orgeln und ein Positiv gab. Das ergab eine Fülle von Musiziermöglichkeiten, wie sie kaum eine andere Kirche aufweisen konnte.
Mit diesen Gegebenheiten sah sich also 1841 die neue Domkapelle konfrontiert. Sie wußte dies offenbar nicht zu nützen, denn das Blechbläserkorps, dem früher die Feldtrompeter angehörten, war auf vier Mann verringert worden, was denn doch ein wenig ärmlich für die zwei hinteren Emporen gewesen ist. Somit blieben die zwei vorderen übrig, auf welchen, sechzehn Meter voneinander entfernt, die Kapelle nun in Gruppen musizieren sollte, die Augen auf den Dirigenten gerichtet und die Ohren auf das Gegenüber und den Chor im Presbyterium. Das war eine Situation, die jeden unbefangenen Musiker befremden mußte. Deshalb dauerte es auch nicht lange, bis die Musik ausschließlich auf den Westchor übersiedelte. Die vier Emporen, die einzig der Musik dienten, waren somit verwaist und 1859, anläßlich der großen Renovierung, abgetragen worden.
Es ist kaum anzunehmen, daß davon der Erzbischof nichts gewußt hätte. Was ihn dazu bewogen haben mag, ob die Vorstellungen des neuen Domkapellmeisters Aloys Taux, ob eine vielleicht notwendige, kostspielige Restaurierung der kleinen Orgeln oder gar die neue Musizierpraxis, die mit dem Eindringen der Frauenstimmen in den Kirchenchor einherging – das alles ist unbekannt. Zweifellos hat das Dominnere optisch sehr darunter gelitten, und es ist durchaus zu verstehen, wenn man neuerdings versucht, diesen geradezu bilderstürmerischen Eingriff von ehedem wieder gutzumachen und den Originalzustand wieder herzustellen.
Der weite Kirchenraum verursacht aber, was nachgewiesen ist, einen sekundenlangen Nachhall, und das bedeutet, daß kontrapunktisch-komplizierte Werke im Salzburger Dom nicht aufgeführt werden sollten.
Wie Mozart sich mit diesen Gegebenheiten abgefunden hat, das hat er uns mit seinen kleinen Messen bewiesen, die er für den Dom komponiert hatte. Um einigermaßen erträgliche Musiziermöglichkeiten für die Ausführenden zu schaffen, beschränkte er sich stets auf die kleinstmögliche Besetzung.
Die Eindrücke von der Akustik des Domes in Salzburg hielt 1829 auch Vincent Novello auf seiner »Wallfahrt zu Mozart« fest: »In den begleitenden Partien des Gottesdienstes war zu viel Resonanz und Nachhall von der Kuppel, wodurch die Akkorde ineinander flossen und die Klarheit der Harmonien zerstört wurde.« Vierzig Jahre später, als die Musik längst auf den Hauptchor übersiedelt war, schildert Theobald Kretschmann die Situation, wonach »es da oben von Gesangskräften wimmelte, und es ist nicht übertrieben, wenn ich von 60 Damen spreche, die ihre frischen, gutgeschulten Stimmen zur Ehre Gottes erklingen ließen – es war ein erhebender, mächtiger Gesang...«.

Stich von Melchior Küssel (1682).

Dieser Stich zeigt einen Teil des Dom-Inneren in seiner ursprünglichen Gestalt. Die dekorativen Emporen an den Vierungspfeilern unter der Kuppel, auf denen sich das kirchenmusikalische Geschehen im Dom abspielte, gibt es aber schon lange nicht mehr. Als 1841 der Dommusikverein gegründet wurde und allmählich auch Damen im Chor mitsangen, übersiedelte die Dommusik auf den hohen Chor. Die Emporen hatten somit »ausgedient« und wurden anläßlich einer gründlichen Renovierung des Domes 1958 einfach abgetragen. Das Gruppenmusizieren hörte damit auf – eine Musizierpraxis, auf die man in Salzburg mit Recht stolz war, denn sie war äußerst repräsentativ. Nur vereinzelt griff man in der folgenden Zeit auf sie zurück: bei der Erstaufführung von Bachs »Matthäus-Passion«, die 1924 im Dom stattfand, und bei einem Domkonzert 1928, bei dem die 53stimmige Domweihmesse, anläßlich des 300. Jubiläums, die bisher einzige Reprise erfuhr.
Die großen akustischen Probleme, die es dabei gab, hielten aber die Veranstalter ab, weitere Versuche dieser Art zu wagen.

Programm

zu dem vom

Dom-Musik-Vereine und dem Mozarteum zu Salzburg

am

Samstag den 18. August 1860, Abends um 7 Uhr,

in der

AULA ACADEMICA

stattfindenden

FEST-CONCERTE

zur allerhöchsten Geburtsfeier

Seiner kaiserlichen königlichen apostolischen Majestät

FRANZ JOSEF I.,

Kaisers von Oesterreich etc. etc. etc.,

unter gefälliger Mitwirkung des Herrn J. Dachs, Professors am Conservatorium der Musik in Wien, und Herrn Anton Bennewitz, Violinisten aus Prag,

wie auch der ausübenden Mitglieder des Mozarteums und dessen Singakademie.

I. ABTHEILUNG.

1. **Volkshymne.**
2. **Ouverture** zur Oper: „DON JUAN" von W. A. Mozart.
3. **8tes Concert** (Scena cantante) für die Violine von L. Spohr, vorgetragen von Herrn A. Bennewitz.
4. **Octett** aus dem Oratorium „ELIAS" von Felix Mendelssohn-Bartholdy.
5. **Concertstück** für Pianoforte von C. M. v. Weber, vorgetragen von Herrn J. Dachs.

II. ABTHEILUNG.

6. **Grosse Ouverture** (in C) von L. van Beethoven.
7. **„Zigeunerleben,"** für gemischten Chor mit Clavierbegleitung von Robert Schumann.
8. **Grand Concert** (in E-Dur) für Violine von H. Vieuxtemps, vorgetragen von Herrn A. Bennewitz.
9. Der **42te Psalm** von Felix Mendelssohn-Bartholdy.

Die **Mitglieder** des Dommusik-Vereines und Mozarteums und die Familien-Abonnenten haben gegen Vorzeigung ihrer Concertkarten **freien** Eintritt; wenn sie jedoch Sperrsitze für sich wünschen, so bezahlen sie einen Betrag pr. 50 Nkr. — Für **Nichtmitglieder** ist der Eintritt auf 1 fl. und die Sperrsitze à 1 fl. 50 kr. österreichische Währ. festgesetzt. Sperrsitze und Eintrittskarten sind in den Kunsthandlungen der Herren Abel und Baldi, in der Mayrischen Buchhandlung und Adends an der Kasse zu haben.

Kassa-Eröffnung um 6 Uhr.

Die ersten künstlerischen Leiter

Die Kapelle war derart klein besetzt, daß sie kaum für die Kirchenmusik reichte, keinesfalls aber für die Konzerte. Dazu war die Mitwirkung von mindestens noch einmal so vielen Kräften erforderlich, Musikern, die nichts kosten durften und daher zum Großteil Liebhaber waren. Dadurch ergab sich ein gemischtes Ensemble, ähnlich wie seinerzeit in Leipzig, in Wien zur Zeit Mozarts und Beethovens oder in Paris unter Habeneck, der in seinem hervorragenden »Orchestre du Conservatoire« Lehrer und Schüler des Instituts vereinigte.

Mit der Bildung des Salzburger Orchesters war von Anfang an eine Erziehung zum Ensemblespiel verbunden, wofür eine eigene Übungsschule im Mozarteum vorgesehen war. Es dauerte nicht lange, bis das Konzertorchester zum ersten Mal vor das Publikum trat, und damit hatte die Stadt einen Klangkörper, der ihr fast ein Jahrhundert lang für die Symphoniekonzerte zur Verfügung stand. Das Modell einer freien Orchestergemeinschaft war die einzig mögliche Lösung, denn wegen einiger großer Orchesterkonzerte konnte man ja nicht ein Ensemble von achtzig bis neunzig Musikern engangieren. Die öffentlichen Konzerte wurden bis 1860 vom Museumsverein veranstaltet, dann vom Dommusikverein, ab 1881 von der Internationalen Stiftung Mozarteum.

Obwohl es sich die ganzen Jahre über immer um einund dasselbe Orchester handelte, hieß es einmal das »Vereinsorchester«, dann wieder »Das Orchester-Personale des Mozarteums«, eine Zeitlang fügte man der Bezeichnung »Orchester« in Klammern bei: Das Dommusikvereinsorchester, Lehrer und Schüler des Mozarteums, Honorarmusiker und die p. t. Dilettanten – bis es schließlich ab 1908 endgültig »Mozarteums-Orchester« hieß. Diesen Titel führte das Ensemble zurecht, denn der Direktor, seine Lehrer und seine Schüler formten es, und die Vorbereitung der Konzerte war und blieb noch lange ausschließlich Sache der Schule.

Der erste Leiter des Orchesters war Aloys Taux. Er war als Mozarteumsdirektor, wie schon erwähnt, Mozarts Sohn vorgezogen worden und rechtfertigte auch das Vertrauen, das man ihm entgegengebracht hatte. Er bewies in allem seine geschickte Hand, wirkte mit der erforderlichen Begeisterung und Hingabe, dem nötigen Organisationstalent und hohem künstlerischem Verantwortungsbewußtsein. Sozusagen »außer Vertrag« arbeitete Taux, wie vor seiner Berufung, auch

Aloys Taux, der erste Leiter des Mozarteums-Orchester, 1841 – 61.

Das Grab von Aloys Taux auf dem Kommunalfriedhof in Salzburg.

Der erste Mozarteumsdirektor Aloys Taux wurde noch im ehemaligen Stadtfriedhof zu St. Sebastian begraben, in dem Grab gegenüber dem des Etatsrat Georg Nikolaus von Nissen und seiner Gattin Constanze, in dem auch Aloysia und Sophie (geb. Weber) ruhten. Da ab 1879 die Toten der Stadt nur mehr am neu errichteten Kommunalfriedhof begraben werden durften und die Einebnung des alten Friedhofs zu befürchten war, ließen viele Salzburger ihre Toten exhumieren und auf den neuen Friedhof überführen. Auch die Witwe Taux traf eine solche Anordnung; deshalb befindet sich heute das Grab von Aloys Taux und der beiden Schwestern Constanzes auf dem Friedhof außerhalb der Stadt.

am k.k. National-Theater (wo er sich besonders der Opern Mozarts annahm). Außerdem widmete er sich noch der Chormusik, der Salzburger Liedertafel, zu deren Mitbegründern er 1847 zählte. Das kostete natürlich viel Kraft und griff seine Gesundheit derart an, daß er schon im Alter von 44 Jahren unerwartet während einer Probe verstarb.

Als sein Nachfolger wurde 1861 der nur wenige Jahre jüngere Hans Schläger ausersehen. Ihm ging der Ruf eines guten Chorleiters voraus, der die Ehre hatte, beim großen »Nürnberger Sängerfest« einen Chor mit fünftausend Mitgliedern zu dirigieren.

Mitbewerber um den Posten eines Orchesterleiters in Salzburg war damals der 37jährige Anton Bruckner. Er hatte den vollständigen Lehrgang für Harmonie und Kontrapunkt bei Simon Sechter in Wien mit bestem Erfolg absolviert. In seinem Bewerbungsschreiben, dem er nicht nur die Zeugnisse seiner Wiener Lehrer, sondern auch ein Sittenzeugnis des Stiftes St. Florian beifügte, erklärte er sich bereit, »zur beiderseitigen Beruhigung eine Probe über Leitung des Orchesters, sowohl im Einstudieren als Exekutieren« abzulegen. Er erwähnte weiters, »die neue Geschmackseinrichtung und die Verfeinerung des Taktirstabes studirt« zu haben und »ehrenhafte Anerkennungen von Seiten der Kenner« bei Konzertaufführungen »selbst mit dem Orchester« erhalten zu haben. Dennoch hatte man schließlich Hans Schläger den Vorzug gegeben. Nachdem Aloys Taux auch äußerst erfolgreich am Theater gewirkt hatte, erwartete man von seinem Nachfolger ähnliches, und damit wäre Bruckner wohl überfordert gewesen.

Von seiner Tätigkeit in Salzburg wußte Schläger sehr aufschlußreich zu berichten:

»Die Leitung der Kirchen- und Concertmusik, der Musikschule Mozarteum und der Unterricht in der Harmonielehre war mein Beruf, in welchem letzteren Gegenstande in der Reihe der nahezu sieben Jahre über 100 Präparanden den Unterricht erhielten, welche bei freiem Besuche aller Concerte ihren Geschmack bildeten und darin nunmehr geläutert, fördernd als Lehrer in der Provinz thätig sind. In der Kirche hatte ich das Vereins-Orchester, die angestellten Sänger und Dilettanten; im Concertsaale nebst diesem Orchester die von Dr. Flögel in ihren Anfängen 1850 gegründete Singacademie.«

Schläger schreibt dann vom Orchester, das in manchen Teilen überaltert, und daher neu besetzt werden sollte, aber auch sehr anerkennend von den hervorragenden Mitgliedern des Orchesters, »welche durch ihre virtuosen Leistungen fesselten und denselben einigen Glanz verliehen. Es waren dies die Herren Bennewitz (Violine), Hegenbarth (Violoncello) und Jelinek (Oboe)... Ein besonderes Interesse dieser Epoche meines Wirkens gab noch das Erscheinen und Concertiren der grössten Violinvirtuosen der Gegenwart: Joseph Joachim (1863), Ferd. Laub (1864), Ludwig Strauß, und der Clavier-Virtuosin Clara Schumann (1866)... Vorgeschrittenere Schüler des Mozarteums... traten allmälig in die Reihe des Orchesters, als Honorarmusiker... und kunstbeflissene Dilettanten wirkten bei dem reoganisierten Orchester zahlreich und nunmehr bereitwilliger und eifriger wieder mit.«

Schläger bedauerte das Fehlen zusätzlicher Geldmittel, um reisende Virtuosen engagieren zu können. Er fand dies schmerzlich, gerade zu einer Zeit, in der vorübergehend auch keine orchestereigenen Solisten zur Verfügung standen. Der ehemalige Chormeister des Wiener Männergesangsvereins war es gewohnt, gewaltigen Massen vorzustehen und mußte dies in Salzburg vermissen, zumindest im Orchester, wo natürlich keine 16 Ersten Geigen vorhanden und selbst die wenigen Streicher nicht immer »erste Klasse« waren. Daß es die Solisten des Orchesters nie lange hielt, muß man verstehen. Erstens waren sie so gut, daß sie bald eine bessere Stelle fanden, und zweitens mußte der Routinedienst in den Kirchen einen wirklichen Künstler auf die Dauer doch etwas bedrücken. Bei der gewaltigen Anzahl von Kirchendiensten spielte man natürlich vieles »vom Blatt«, ausgenommen bei festlichen Anlässen, für die es ebenso wie für die Konzerte, Proben gab.

Dr. Schläger war wohl nicht recht glücklich. Er nahm daher seine Vermählung zum Anlaß, sich zurückzuziehen, verließ Salzburg, kehrte aber schon im nächsten Jahr wieder zurück und wirkte als Mitglied der Internationalen Mozart-Stiftung, vor allem als Mitarbeiter an der Mozart-Gesamt-Ausgabe bei Breitkopf und Härtel.

Die Stelle eines Mozarteum-Direktors mußte 1868 also erneut ausgeschrieben werden. Und wieder bewarb sich der Linzer Musiker Anton Bruckner, dessen Bekanntheitsgrad inzwischen merklich gestiegen war. Diesmal bat er von einem Probedirigieren absehen zu wollen, nachdem er sich vor sieben Jahren mit den »aufgereizten« Mädchen im Chor über Gebühr bemüht hatte. Es war auch nicht mehr nötig, da man sich bereits vor dem Termin auf Dr. Otto Bach geeinigt hatte.

Anton Bruckners Bewerbungsschreiben vom 19. März 1868.

Nachdem Bruckner 1861 schon einmal abgelehnt worden war, bewarb er sich sieben Jahre später nochmals um den Posten eines Künstlerischen Leiters des Mozarteums in Salzburg:

Löbliche Vorstehung des Dom-Musikvereins und Mozarteum!

Der Gefertigte ist hiemit so frei, sich wieder um die Stelle eines Dom-Kapellmeisters und artistischen Direktors am Mozarteum in Kompetenz zu setzen, und bittet um gnädige Verleihung dieser Stelle.
Schon anno 1861 hat er sich als Kompetent um dieselbe Stelle einer Probe im Dirigieren zur allgemeinen Zufriedenheit unterzogen; dieß jetzt gnädigst nachsehen und erlassen zu wollen, bittet er.
Gefertigter ist unverheiratet, Domorganist (anno 1824 geboren) (mit circa 500 fl Ö. W.) und Chormeister der Liedertafel (mit 300 fl). Er hat die gründlichsten musikalischen Studien absolvirt und ist als Lehrer für Conservatorien etc. befähigt (leider hat er nicht alle Zeugnisse in Händen); seither widmete er sich der Composition.
An größeren Werken existiren bereits einige Messen, Symphonie, Chöre u. dgl.
Infolge der Aufführung seiner ersten Messe in der kk. Hofkapelle zu Wien erhielt er von Seite des kk. Oberst-Hofmeisteramtes die ehrenvolle Einladung eine neue Messe für die kk. Hofkapelle zu componiren, an welcher er eben arbeitet. Seine Werke werden in Linz stets unter eigener persönlicher Leitung aufgeführt. Gegenwärtig werden unter seiner Leitung unter andern Orchesterwerken Wagners Schlußchor zu den Meistersingern einstudiert. Somit hat er schon einige Übung im Dirigiren.
Im Falle die Stelle dem Gefertigten gnädigst verliehen werden sollte, bittet er unterthänigst um gnädige Beibehaltung der übrigen Bezüge ad Personam, deren sich sein Freund H. Hans Schläger zu erfreuen hatte.

Linz den 19. März 1868.

Anton Bruckner
Domorganist u. Chormeister

GROSSER CUR-SAAL.

Sonntag den 17. März 1878,

Nachmittags halb 5 Uhr,

VEREINS-CONCERT

des

Dom-Musik-Vereines

und

Mozarteums zu Salzburg,

unter

gefälliger Mitwirkung des Herrn **Alois Grienauer,** Mitglied der hiesigen Oper, unter Leitung des artistischen Direktors und Kapellmeisters Herrn Dr. **O. Bach.**

PROGRAMM:

I. Abtheilung:

1. **Ouverture** zur Oper „Medea" für Orchester . . . . **Cherubini.**
2. **Concert** für Violine und Orchester . . . . **Lipinsky.**
   Adagio und erster Satz (D-dur) vorgetragen von dem neuengagirten Concertmeister des Mozarteums Herrn **Johann Kopetzky.**
3. **Arie** aus der Oper „Hans Heiling" . . . . **Marschner.**
   mit Orchester-Begleitung, vorgetragen von Herrn Grienauer.

II. Abtheilung:

4. **„Ländliche Hochzeit". Symphonie** . . . **Carl Goldmark.**
   In fünf Sätzen für Orchester, 1. Satz: Hochzeitsmarsch (Variationen), 2. Satz: Brautlied (Intermezzo), 3. Satz: Serenade (Scherzo), 4. Satz: Im Garten (Andante), 5. Satz: Tanz (Finale). (Neu, erste Aufführung.)

Die verehrliche Theater-Direktion hat die Mitwirkung des Hrn. A. Grienauer freundlichst bewilligt.

Die P. T. Mitglieder des Dom-Musik-Vereines und Mozarteums haben für sich und im Falle sie zugleich Familien-Abonnenten sind, auch die Familienglieder, **jedoch nur gegen Vorzeigung ihrer Jahreskarten freien Zutritt.**

Nichtmitglieder bezahlen für Cercle 2 fl. —, nummerirte Sitze 1 fl. 50 kr., Entré 1 fl. Oe. W. Eintritts-Preis und sind die Eintritts-Karten in der **Mayr'**schen **Buchhandlung** (Ritzerbogen) und Abends an der Kassa zu haben.

Cassa-Eröffnung um halb 4 Uhr. — Anfang um halb 5 Uhr. — Ende nach 6 Uhr.

Der Dommusikverein, der von einem Musikdirektor Anton Bruckner also nichts wissen wollte, anerkannte dessen ungeachtet die Leistungen des Komponisten und ernannte ihn zum Ehrenmitglied des Vereins.
Zwei Jahre später, am 9. September 1870, las man bereits in der Salzburger Zeitung: »Der rühmlichst bekannte kaiserliche Hoforganist, Herr Anton Bruckner aus Wien, befindet sich seit einigen Tagen in Salzburg und hat mehrere Freunde heute Vormittag durch eine interessante Produktion auf der schönen Orgel der Kollegienkirche erfreut!«
Zwei Tage danach, am 11. September, wurde seine d-Moll-Messe im Salzburger Dom aufgeführt: von jenen Musikern und Sängern, um die er sich zweimal umsonst bemüht hatte.
Die begehrte Stelle bekam also Otto Bach. In zwölf Jahren bemühte er sich redlich und auch erfolgreich um Schule, Kirchenmusik und Orchester. Ihm sind die Erstaufführungen der »Neunten« von Beethoven und des Verdi-Requiems zu danken.
Der hervorragende Violoncellist Theobald Kretschmann, der zwei Jahre in Salzburg gewirkt hat, hielt Bach für einen »ausgezeichneten Musiker und hochgebildeten Menschen«, gab allerdings auch zu, daß er sich »nicht besonders beliebt zu machen wußte«, daß es »immer zu Reibungen« kam und sogar zu Zeitungsanfragen »wann er endlich die Stadt verlassen werde«. »Die Stadt versprach, für das Institut etwas zu tun, stellte aber die Bedingung, dass wir uns einer anderen, neuen Führung anvertrauen mögen... jedoch Dr. Bach blieb; wir Jungen suchten anderweitige Stellungen, nachdem wir noch in aller Eile zu streikenden Musikanten gestempelt wurden!«
Es spricht für die Charakterfestigkeit Otto Bachs, daß er unter solchen Umständen bis zuletzt ausharrte und erst demissionierte, als die ersten beiden Musikfeste vorübergegangen waren: ohne Berücksichtigung des amtierenden Mozarteum-Direktors und seines Orchesters. Bach schied 1880, nachdem sich die Internationale Stiftung Mozarteum bereits konstituiert hatte und die Chancen, weiterhin Mozarteum-Direktor zu bleiben, völlig aussichtslos waren. Er war der letzte künstlerische Leiter des alten Vereins, dessen grundlegende Bedeutung keinesfalls gering geschätzt werden sollte.
In den 39 Jahren der gemeinsamen Tätigkeit von Dommusikverein und Mozartum gab es insgesamt 304 Orchesterkonzerte und 56 Kammermusik-Soireen. Das erste Konzert fand am 9. November 1841 statt, das letzte am 7. November 1880. Dieses dirigierte bereits der neue Mozarteumsdirektor Josef Friedrich Hummel, der zu seinem Einstand die »Abschiedssymphonie« von Haydn wählte, womit er wahrscheinlich dem bisherigen Veranstalter und seinem Vorgänger im Amt »Lebe wohl« sagen wollte.
Wurden die Geschicke des Orchesters bis 1880 von drei Direktoren geleitet, so wechselten die Konzertmeister wesentlich öfter. Schon in den ersten drei Jahren gab es deren drei – Friedrich Seitz, Louis Eller und Eduard Plainer –, und bevor 1860 Anton Bennewitz nach Salzburg kam, saßen noch zwei andere, die Herren Stummer und Zeller, am ersten Pult. Als Bennewitz 1863 nach Stuttgart übersiedelte, folgten ihm in Salzburg die Konzertmeister Walter, Nossek, Blau, Sitt, Sevcik, Kopecky, Cantani, Brosche und Nowak. Fast alle diese Musiker waren Absolventen des Prager Konservatoriums, und es ist anzunehmen, daß sie in Salzburg jeweils ihren ersten Posten antraten.
Der bedeutendste Konzertmeister des Salzburger Orchesters in jener Zeit war wohl Anton Bennewitz, der später in Prag, zusammen mit Franz Hegenbart und dem Komponisten und Klaviervirtuosen Friedrich Smetana, ein Klaviertrio bildete. Über sein Debüt in der Mozart-Stadt schrieb die »Salzburger Zeitung am 21. August 1860:
»Anton Benewitz... in Salzburg ist dieser Name bisher ungekannt. Wir wissen es nicht, ob Herr Benewitz bereits anderswo in der Kunstwelt einen Ruf hat – aber dieses eine wissen wir nun, nachdem wir ihn zu hören Gelegenheit hatten, dass er solchen allerdings verdient. – Herr Benewitz ist Virtuose auf seinem Instrument. Die Feinheit, die Eleganz seines Spieles, seine Harpegien, insbesonders sein Stakkato, und überhaupt die Leichtigkeit, mit welcher er alle halsbrecherischen Schwierigkeiten ohne die mindeste sichtliche Anstrengung überwindet, stempeln ihn zu einem solchen. Herr Benewitz ist mehr als Virtuose. Insbesondere in dem Spohr'schen Konzertstück (›Scena cantante‹) beurkundete er den Musiker von hoher Durchgeistigung, von vorwiegend feinem und intensifem Verständnis –. In dem vielleicht dankbareren Vieuxtemp'schen Grand Concert in E-Dur zeigte er nicht nur, dass er auch das vollständige Rüstzeug zu einem vollendetem Salonspieler besitze, sondern schmeichelte sich mit seiner Geige in die Herzen der Zuhörer und ganz gewiss auch der Zuhörerinnen ein.
Sollte es unserem Dommusikverein gelingen diesen Künstler bleibend zu gewinnen, es würde letzterem – nicht zu bezweifeln ist es – auf dem Salzburger Kulturboden an ehrender Anerkennung und Auszeich-

Der künstlerische Direktor und Kapellmeister Dr. Hans Schläger von 1861 – 68.

nung nicht fehlen. Und der Salzburger Boden ist in diesen Tagen kein vereinsamter mehr, er ist häufig und gern von Kunst-Kennern und Freunden aus Nah und Fern besucht, so, dass einem hiesigen Künstler hinlänglich die Gelegenheit wird, sich, selbst ohne Kunstreisen, in der Welt bekannt zu machen. Auch bei dem letzten Konzerte bemerkte man zahlreiche Fremde, darunter z. B. den ehemaligen Kapellmeister von Hechingen Herrn Täglichsbeck, und den Dirigenten der renomirten Gewandhauskonzerte in Leipzig, Herrn Reinecke.
Im Uebrigen war der geräumige Saal nicht überfüllt, aber auch nicht kärglich besucht...«.
Alle zwei bis drei Jahre also waren in Salzburg andere Konzertmeister zu hören, die zeigen konnten, was sie in Prag gelernt hatten. Sie spielten als Solisten hauptsächlich Virtuoses, die Konzerte von Viotti, Spohr, Beriot, Vieuxtemps, Lipinzky, Bazzini, aber auch berühmte Opernfantasien über »Othello« und »Carmen«. Nur einer, Emanuele Cantani, fiel gewissermaßen aus der Rolle: er spielte das Violinkonzert von Beethoven. Über diese Darbietung im März 1876 ist in einer zeitgenössischen Kritik zu lesen: »Herr Catani ist ein entschiedenes Talent, dem es nicht schwer werden kann, seinerzeit eine glänzende Bahn einzulenken, voraus denn, wenn der Fleiss zu immer grösserer Vollkommenheit mitwirkt. Seine diesmalige Wahl kennzeichnet rechtschaffnes Streben.«
Die Konzerte von Mozart, diese geigerischen Kostbarkeiten, schienen die jungen Solisten indes wenig zu reizen – erst in den achtziger Jahren wurden sie allmählich berücksichtigt, wohingegen der »Kammermusiker« Mozart immer schon eine große Rolle gespielt hat, bei den Soireen in Salzburg.
Am 25. Feb. 1871 stand in der »Salzburger Zeitung«: »Die edle Gattung der Quartettmusik wurde hier seit einer Reihe von Jahren in anerkennenswerter Weise kultivirt, und die echten Kunstfreunde würden nunmehr schon ungerne auf diese liebgewordenen Genüsse verzichten. Mit Vergnügen berichten wir daher, dass auch heuer wieder ein Cyclus von Quartett-Soireen in Aussicht steht. Herr Mozarteums-Konzertmeister Ottokar Sevcik veranstaltet nämlich 3 Kammermusik-Soireen unter der Mitwirkung der H. H. Walter, Stecher, Kaspar, Pekarek, Starauschek, Dr. Stigler und Frl. Zillner – am 5. und 26. März, und am 10. April, jedesmal um 4 Uhr Nachmittags im österreichischen Hof...«
Ottokar Sevcik setzte damit fort, was seit 1845 eine beliebte Einrichtung war: Soireen mit gemischtem

AKADEMIE

zur

Erinnerungs-Feier

an

den jüngst verstorbenen Tondichter

Dr. F. Mendelssohn-Bartholdy,

welche das

Mozarteum zu Salzburg

Samstag den 26. Februar 1848,

Abends 7 Uhr,

im Rathhaus-Saale

veranstaltet.

PROGRAMM.

I. ABTHEILUNG.

1) Ouverture zu Shakespeares „Sommernachts-Traum."
2) Prolog, gesprochen von Herrn Edmund Wiebe.
3) Chor aus dem Oratorium: „Paulus." (Siehe! wir preisen selig, die erduldet haben.)
4) Concert für die Violine (1. Satz), vorgetragen von Herrn Ferdinand Zeller.
5) Lied (Auf Flügeln des Gesanges), vorgetragen von Herrn Franz Wild.
6) Octett für Solostimmen aus dem Oratorium: „Elias."

II. ABTHEILUNG.

7) Ouverture: „Die Fingalshöhle."
8) Bass-Arie mit Chor aus dem Oratorium: „Paulus."
9) Zwei Lieder ohne Worte für das Pianoforte, vorgetragen von Herrn Derffel.
10) Andante und Allegro aus obigem Violinconcert.
11) Volkslied, vorgetragen von Herrn Franz Wild.
12) Schlusschor aus dem Oratorium: „Paulus."

Zaunrith'sche Buchdruckerei.

Den sämmtlichen P. T. Mitgliedern des Dom-Musik-Vereines und Mozarteums wird hiemit bekannt gegeben, dass

am Freitag den 12. November d. J.,

Vormittags um 9 Uhr,

in der Domkirche von dem Hochwürdigen Herrn Protektors-Stellvertreter ein feierliches Requiem für den am 31. Oktober d. J. in Mailand verstorbenen Herrn

CARL MOZART

abgehalten wird, wobei das grosse Requiem seines Vaters **W. A. Mozart** aufgeführt wird, wozu die sämmtlichen geehrten Mitglieder des Vereines hiemit geziemend eingeladen werden.

Zugleich wird bekannt gegeben, dass am 30. November das fünfte und am 23. Dezember d. J. das sechste Vereins-Concert im Rathhaus-Saale Statt haben wird.

Salzburg, im Jahre 1858

Duyle'sche Hofbuchdruckerei in Salzburg.

Programm, in das auch Gesangs- und Klavierstücke einbezogen wurden. Von 1860 bis 1863 bestand das Bennewitz-Quartett (mit Konzertmeister Bennewitz, Aloys Walter, Heinrich Schnaubelt und Franz Hegenbart), das bedeutende und gehaltvolle Kammerkonzerte gab. Zwei Jahre hindurch, 1867 und 1868, gab es sogar je vier Quartettabende im Abonnement. Zugkräftige und hochstehende Stücke, vom Beethoven-Spetett bis zum Mendelssohn-Oktett, und von den Quartetten Haydns, Mozarts, Beethovens und Schubergs bis zum Klavierquintett von Robert Schumann, wurden dem Publikum in diesen Konzerten geboten.
Über Sevciks Quartett heißt es in der »Salzburger Zeitung« vom 6. März 1871:
»Vor wenigen Monaten hatten wir in Salzburg Gelegenheit die Productionen des berühmten Florentiner-Quartetts zu hören, das in seiner ausgezeichneten Weise, wie es die Quartettkompositionen Mozarts, Beethovens und Haydns vorzutragen verstand, wohl kaum seinesgleichen finden dürfte; – es muss daher umso mehr Anerkennung finden, dass bei dem Umstande, als uns die Vorträge des Florentiner Quartetts noch in frischer Erinnerung sind, der Mozarteums-Konzertmeister Herr Sevcik es dennoch unternommen hat die Kammermusiksoireen einzuleiten, und dem versammelten kunstverständigen Publikum auch eine wahrhaft genussvolle Stunde zu bieten verstand...«.
Die kammermusikalische Betätigung der Mitglieder des Orchesters verdient auch insofern besondere Würdigung, als die Musiker dafür kein Honorar nahmen.
Doch zurück zum Orchester und seinen Mitgliedern.
Auch die Violoncellisten stammten großteils aus Prag – Solocellisten, müßte es besser heißen, denn es gab ja nur einen in der Kapelle. Auch sie wechselten oft, den jungen Johan Wihan, den späteren Gründer des berühmten »Böhmischen Streichquartetts« (dem auch Oskar Nedbal als Bratscher angehörte), hielt es nicht einmal ein Jahr lang in Salzburg, ein anderer, Theobald Kretschmann, wagte von Salzburg aus den Sprung in die Hofoper, wo er vorübergehend Solocellist war.
Im Vergleich zu den Streichern waren die – ebenfalls aus Böhmen stammenden – Bläser seßhaft.
Der Oboist Jelinek und auch der Klarinettist Knapp blieben dem Salzburger Orchester 38 Jahre lang treu, Herr Michaczek, ein Blechbläser, sogar 46 Jahre, von 1845 bis 1891.
Wieso diese Musiker alle aus Prag kamen, läßt sich nur vermuten. Hatte die ersten Beziehungen noch Constanze von Nissen hergestellt, die sich des alten Pixis erinnerte, der in ihrem Hause in Wien musiziert hatte, »auf der violin ein Scolar vom vioti« – des Mitbegründers des Prager Konservatoriums? Oder war es der ehemalige Zögling und jetzige Direktor Aloys Taux? Mit Sicherheit weiß man nur von Direktor Kittl, dem Ehrenmitglied des Vereins, daß er sich ab 1842 vielfach darum bemühte.
Alle diese Musiker – vor allem die Konzertmeister behaupteten sich hier fast hundert Jahre lang – brachten Bewegung in die etwas schwerblütige bajuwarische Musiklandschaft und gaben dem Salzburger Orchester ein leicht böhmisches Flair, ein spezifisches Kolorit, das auch Bernhard Paumgartner noch beeindruckte, als er 1917 nach Salzburg kam, und das er auch für erhaltenswert fand.
Das Konzertrepertoire in den 39 Jahren bis zur Gründung der Internationalen Stiftung Mozarteum umfaßte sämtliche Symphonien Beethovens, Schuberts Achte und Neunte, Haydns »Schöpfung« und die »Jahreszeiten«, außerdem einige Symphonien von Mendelssohn (dem zu seinem Tode 1847 sogar ein ganzer Abend gewidmet worden war) und Schumann, auch Rossinis »Stabat mater« und Verdis »Requiem«. Darüber hieß es am 14. April 1876 in einer Kritik: »Die Aufführung des Requiems gereicht der Mozartstadt zur Ehre und Alle, die mithalfen es zu Stande zu bringen haben sich ohne Ausnahme um dasselbe verdient gemacht.«
Mozart war bevorzugt im Theater und in der Kirchenmusik vertreten, weniger in den Konzerten, in denen nur etliche Symphonien, Serenaden und Divertimenti zu hören waren.
Hinzu kamen Instrumentalkonzerte, meist von den Mitgliedern des Orchesters gespielt, und viele Kompositionen sogenannter »Kleinmeister«.
Außer Dienst wirkte das Orchester (nicht in großer Besetzung) auch im Theater, und der Verein bemerkte dazu stolz: »Würde der Verein nicht bestehen, so würde kaum das Theaterorchester auf jenem Standpunkt der Kunstfertigkeit stehen, und das hiesige Publikum nicht so eine große Vorliebe für Opernvorstellungen haben und mehr als die anderen theatralischen Vorstellungen besuchen.«
Das alte Theater, das über Auftrag von Erzbischof Colloredo 1775 aus dem ehemaligen Ballhaus entstand, war ein Holzgebäude. Der Zuschauerraum war so schmal, daß nur zwölf Sitze in einer Reihe Platz hatten. Links und rechts führten je sechs Logenabteile zu einer Mittelloge, darüber lagen zwei Kränze von Lo-

gen in gleicher Einteilung, und nochmals darüber befand sich die Galerie. Die Akustik dürfte wahrscheinlich miserabel gewesen sein, so daß es verständlich wird, wenn die Wiener Philharmoniker zur Zeit der ersten Musikfeste keine Lust verspürten, hier zu musizieren. Die Verhältnisse änderten sich erst 1892/93 mit dem Neubau des Theaters durch die Architekten Helmer und Fellner.
Die Musikschule Mozarteum war von 1841 bis 1880 im Kapellhaus gegenüber der Franziskanerkirche untergebracht, in dem seinerzeit schon Leopold Mozart und Michael Haydn unterrichtet hatten. Hier fanden auch die Chor- und Orchesterproben statt, hier dirigierte auch der 37jährige Anton Bruckner eine seiner frühen Chorkompositionen, als er sich um den Direktorsposten am Mozarteum bewarb.
Nach der Trennung vom Dommusikverein übersiedelte die Internationale Stiftung Mozarteum im Herbst 1880 ins nahegelegene Anatomie-Stöckl der Alten Universität, ehe sie 1914 zusammen mit der Musikschule ins eigene Haus an der Schwarzstraße einzog. Im Kapellhaus verblieb weiterhin der Dommusikverein, der dort auch eine »Musikschule des Dommusikvereins« unterhielt.

Der Beginn einer neuen Ära

Im Jahre 1867 kam Carl von Sterneck (1813 – 1893) nach Salzburg. Hatten bisher die böhmischen Musikanten der Domkapelle das Musikleben bestimmt, so kam nun ein ihnen verwandter Geist, der aus der selben Gegend stammte, um sich der Organisation des Salzburger Musiklebens anzunehmen.
Sternecks Beruf als hoher Verwaltungsbeamter hatte ihn zuguterletzt hierher geführt, in die Geburtsstadt Mozarts, den er als den Meister aller Meister verehrte. Seine Passion war die Musik. Schon bald erkannte er, daß der alte Dommusikverein, der sich bisher um die Pflege der Musik und um die Musikerziehung gekümmert hatte, für Mozart eigentlich recht wenig getan hatte. Das war wohl auch auf ständige finanzielle Nöte zurückzuführen. Außerdem schien eine lokal gebundene Organisation nicht die geeignete Plattform für ein Unternehmen, daß nach Sternecks Meinung in die ganze Welt ausstrahlen sollte. Er versuchte zwar, dies »im Einklange mit dem bestehenden Verein« durch Trennung der beiden Ressorts in einen kirchlichen und einen weltlichen Teil zu erreichen, erhielt aber eine entschiedene Abfuhr. In einem sogleich erstellten Gutachten ließ man ihn und den Ausschuß wissen, daß ein Teil allein, nämlich »das Mozarteum trotz Statutenänderung keine moralische Person sein könne, welche Vermögen erwerben, Verträge schließen und Verbindlichkeiten eingehen könne«.
Ein dauernder Schlagabtausch, der die hartnäckige Haltung des alten Vereins immer deutlicher vor Augen führte und alle Bemühungen vereitelte, führte schließlich zum Bruch und zur Gründung der Internationalen Mozart-Stiftung und zehn Jahre später zur Internationalen Stiftung Mozarteum.
Die Trennung erfolgte nach peinlich genauen Erhebungen, dem Dommusikverein wurden nur mehr die rein kirchlichen Aufgaben zugewiesen, alles andere der neuen Stiftung anvertraut. Sie übernahm nicht nur den zugkräftigen Namen, der von Hilleprandt stammte, mit allen Urheberrechten, sie erhielt nicht nur das Archiv mit Erinnerungsgegenständen, Instrumenten, Noten und anderem, sondern auch den Mozarteums-Stiftungs-Fonds in Höhe von 13.000 fl. Damit beliefen sich die Vermögenswerte schon im ersten Vereinsjahr auf über 26.000 fl. Aber nicht genug damit: »Am 31. Juli 1883 klagte die Stiftung den Dommusikverein auf Herausgabe von Wertpapieren in Höhe von 14.000 fl., die angeblich noch dem Mozarteum gehörten.«

Der Vorstand der Internationalen Mozart-Stiftung, vorne Mitte Carl v. Sterneck.

Carl von Sterneck war mit seinen großen Neigungen zur Musik ein typischer Vertreter des altösterreichischen Beamtenadels. Zeitlebens in Provinzstädten tätig, erschien er zuletzt in Salzburg, der Musik hingegeben und voller Tatendrang, keineswegs von der Provinz angekränkelt, sondern ganz wie ein Mann von Welt. Auch hier wußte er mit den Verhältnissen zurechtzukommen. In dem Bestreben, seinem geliebten Mozart eine bleibende Stätte zu schaffen, setzte er sich über den etwas engherzigen Salzburger Patriotismus hinweg und erklärte sich für eine Stiftung internationalen Formats. Er wandte sich schon mit den ersten Musikfesten 1877/79 an ein Weltpublikum und es gelang ihm auch hiefür die Wiener Philharmoniker zu ihrer ersten Konzertreise zu bewegen. Zum zweiten Fest organisierte bereits Cook & Son Sonderfahrten von London. 41 Jahre bevor Max Reinhardt 1920 in Salzburg mit den eigentlichen Festspielen begann.

Von diesem Aderlaß konnte sich der alte Verein nicht mehr erholen. Und ihm überließ man auch noch die Kapelle. Das »neue« Mozarteum hingegen war in der angenehmen Lage, über das große Orchester zu verfügen, das ihm praktisch nichts kostete. Man hatte sich geeinigt, die Zinsen aus dem Mozarteums-Fonds für die Miete der Domkapelle zur Verfügung zu stellen. Da aber die öffentlichen Konzerte Aktivposten darstellten und in der Zeit Hummels (1881 – 1907) sogar einen Reingewinn von über 12.000 Kronen erbrachten, scheint man selbst diese nur zum Teil benötigt zu haben.
Wie es seinerzeit zur Gründung der Internationalen Mozart-Stiftung kam, wurde in einer eigenen Schrift, »Die Genesis der Internationalen Mozart-Stiftung«, genau festgehalten. Darin heißt es:

»Aus diesem Grunde solle die bestehende Musiklehranstalt Mozartum in ein Musikinstitut umgewandelt werden, in welchem die Eigenberechtigung, die Befähigung für sich allein Eigenthum zu erwerben und dasselbe selbständig zu verwalten, zur vollen Geltung gebracht werden, und das Vermögen unabhängig vom Bestehen des Dommusikvereins seiner Bestimmung erhalten bleiben.«

Man bemühte sich, mit den finanziellen Schwierigkeiten des alten Vereins fertig zu werden und wünschte »die materielle Lage der angestellten Künstler den Zeitverhältnissen entsprechend zu verbessern«. Ferner meinte man, daß die »Durchführung der grossen humanen Zwecke der Mozartstiftung, dem Dommusikverein als solchen nicht so leicht, vielleicht gar nicht möglich sein werde... umso weniger als es ihm als kirchlichem Verein schwer werden wird, die Opferwilligkeit der Kunstwelt in höherem Masse, nämlich für seine rein lokalen und kirchlichen Ziele in Anspruch zu nehmen...« Es sollten... Beiträge allerortens gesammelt und bei günstigem Erfolge in kontraktliches Verhältnis mit dem löblichen Domstifte und den übrigen Kirchen wegen Beistellung der Kirchenmusik eingegangen werden. Im entgegengesetzten Falle würde der Name Mozarteum in die frühere Verbindung mit dem Dommusikverein zurücktreten. Die Kirchen hätten für derart gleiche Preise von dem, seine Musiker höher honorierenden neuen Mozarteum wahrscheinlich eine noch bessere Kirchenmusik erhalten.«
Nachdem diese Bemühungen scheiterten, schritt man zur Gründung der Internationalen Mozart-Stiftung, die sich folgende Ziele vornahm:

1. Unterstützung von Tondichtern und Künstlern;
2. Gründung einer Hochschule für Musik und Schaffung von Stipendien;
3. Schaffung eines Mozarthauses für Konzerte, Bibliothek und Archiv;
4. Einführung periodischer Mozarttage und Generalversammlungen.

Nun erklärte der alte Verein, nichts mehr mit dem neuen zu tun haben zu wollen und warnte in den Zeitungen vor Verwechslungen.
»Mehrfache Anfragen veranlassen das gefertigte Komitte ausdrücklich zu erklären, dass das seit 31 Jahren mit anerkannter Tätigkeit und Ausdauer wirkende Mozarteum in Salzburg zu der in Gründung begriffenen Intern. Mozart-Stiftung in keinerlei Beziehung, daher auch selbstverständlich allen von Seite der genannten Mozart-Stiftung ausgesendeten Aufrufen und Agenten absolut fernstehe.«
Die angekündigten großen Vorhaben des neuen Vereins waren selbstverständlich nicht von heute auf morgen zu verwirklichen: der Bau des Mozarthauses wurde erst 1914 fertiggestellt, und die Hochschule Mozarteum wurde erst 1939 gegründet. Dessenungeachtet verstand es die Mozart-Stiftung, sich vorteilhaft in Szene zu setzen und markantes Profil zu gewinnen, einerseits durch die Mitwirkung an der ersten Gesamtausgabe der Tonwerke W. A. Mozarts, anderseits durch die sehr erfgolgreiche Wiederbelebung der Musikfest-Idee, die seit 1856 vergessen war.
Bereits im Jahre 1875 hatte die Stiftung beschlossen, »unter Aufbietung aller ihrer Kräfte und Verbindungen... unter ihrem Namen eine Sammlung zum Zwekke einer namhaften Subvention der Mozart-Ausgabe einzuleiten und auch selbst derselben vorläufig 3.000 Mark beizusteuern« – womit sie Ritter von Köchel, dem Urheber dieses gewaltigen Unternehmens, kräftig unter die Arme griff und nach dessen Tod auch für die Fertigstellung des Werkes sorgte.
1877, ein Jahr nach den ersten Bayreuther Festspielen, trat die Internationale Mozart-Stiftung als Veranstalterin eines Musikfestes in Erscheinung und brachte es tatsächlich zuwege, das im Grunde provinzielle Salzburg vorübergehend zum Treffpuntk der internationalen Musikwelt zu machen.
Dazu brauchte man natürlich Künstler von Rang, vor allem aber ein Orchester, das fähig war, ein internationales Publikum anzuziehen. Dem heimischen Ensemble traute man dies nicht zu, und außerdem war man darauf bedacht, in keiner Hinsicht vom alten Verein abhängig zu sein. (Das Orchester unterstand ihm ja

Ludwig Ritter von Köchel (1800 – 1877)

Er war von 1850 – 1852 k. k. Schulrat in Salzburg und Gymnasialinspektor für Oberösterreich. Er gehörte als Mitglied und später sogar als Repräsentant dem »Dommusikverein und Mozarteum« an. Köchel begann in Salzburg mit der Arbeit an dem bekannten Verzeichnis sämtlicher Werke Mozarts, das die Voraussetzung für die erste Gesamt-Ausgabe bildete.

noch.) Auf der Suche nach einem geeigneten und auch prominenten Klangkörper trat einer jener Glücksfälle ein, wie er nur ganz selten passiert. Man bemühte sich um die Wiener Philharmoniker, die tatsächlich mit sich reden ließen, und die Einladung zu Konzerten in der Mozart-Stadt annahmen und damit erstmals außerhalb Wiens auftraten.
Der neue Verein, der sich nun auch von Wien bestätigt sah, brauchte somit um den Erfolg nicht mehr zu bangen, er war sogar aller finanziellen Sorgen enthoben, da die Musiker aus Wien großmütig auf ein Honorar verzichteten. Das Fest übertraf alle Erwartungen und gestaltete sich zu einem Publikumserfolg, wie es ihn in Salzburg vorher wohl kaum gegeben hat.
Das Programm der Salzburger Musikfeste war vorerst nicht ausschließlich auf den heimischen Meister ausgerichtet. Im Gegenteil: Um das berühmte Wiener Orchester in seiner ganzen instrumentalen Pracht zu erleben, einigte man sich auf ein vielfältiges Programm. Der bravouröse Eindruck, den sie machten, verführte denn auch die Veranstalter für das zweite Musikfest dazu, einen ähnlich abwechslungsreichen Vorschlag zu machen, auf den jedoch Hans Richter nicht recht einging. Er fand den »großen unsterblichen Salzburger« zu wenig berücksichtigt, und ersuchte die Herren der Stiftung seiner »Bitte nachzugeben und statt der Mendelsohnschen Symphonie die Mozartsche in Es-Dur zur Aufführung anzukündigen«.
Nach diesen ersten beiden Besuchen der Wiener Philharmoniker mußte das Publikum des dritten Musikfestes, 1887, im Jahr der 100. Wiederkehr der Uraufführung des »Don Giovanni«, mit dem Salzburger Orchester vorliebnehmen, desgleichen 1891 bei »Figaros Hochzeit«. Bei diesem Fest jedoch spielten die Gäste aus Wien die Konzerte. Zu Operndiensten in Salzburg waren sie anscheinend nicht bereit, denn auch 1901, als wieder »Don Giovanni« gegeben wurde, saßen die Salzburger Musiker im Orchestergraben. Sie wurden dabei von einzelnen Philharmonikern freundlicherweise unterstützt. Erst 1906, als die Wiener Hofoper mit dem »Figaro« unter der Leitung von Gustav Mahler und »Don Giovanni« unter Reynaldo Hahn, hier gastierte, spielten die Philharmoniker (als Hofopern-Orchester) in dieser Funktion. Von da an verblieb den Salzburger Musikern nur mehr die »Geistliche Musik«.
Zwei Briefe Gustav Mahlers an seine Frau geben etwas von der Atmosphäre wieder, die damals in Salzburg herrschte:
»Der Trubel ist gräßlich... Wir bummelten durch die

Stadt. Gleich kam Strauß daher, der sich anschloß... Um halb neun Uhr ging Strauss weg zur Festversammlung (von der ich mich sofort drückte)... Strauß kam mit einem Journalisten in gehobener Stimmung vom Fest zurück.«

»Der gestrige Tag war durch einen echten Schnürlregen ausgezeichnet. Vormittag war ich im Konzert (von Richard Strauss geleitet). Zur Feier Mozarts wurde die IX. von Bruckner aufgeführt (wie den Tag vorher die V. von Beethoven). Salzburg bebte vor Begeisterung, es war eine Art musikalischer Frühschoppenrettich mit Salzstangln. Nachher wurde jedenfalls viel Stieglbräu getrunken... dann zog ich einen ausgeliehenen Gehrock an und verfügte mich zum Rout. Von seiner Kaiserlichen Hoheit durch eine Ansprache ausgezeichnet, wankte ich erregt zum Buffet, trank eine Tasse, fraß ein Butterbrot und verduftete nach dem Theater, wo um 6 Uhr die Generalprobe von »Figaro« sehr gelungen vom Stapel lief... Strauss besteht noch immer darauf, daß ich eine Oper schreibe. Ich hätte dazu viel Talent«.

Als zweite Oper wurde der »Don Giovanni« gegeben, der Gustav Mahler weniger entzückte. Bernhard Paumgartner schrieb darüber in seinen Memoiren:

»Kaum jemals habe ich Mahler so seltsam erlebt wie damals bei der einzigen Gesamtprobe zu dieser Oper. In einem dunklen Winkel des Zuschauerraums durfte ich diese, neben ihm sitzend miterleben. Es war eine skurrile Mischung aus Unwillen und reizender Heiterkeit, leisen Lauten und Worten, mit denen er die Vorgänge auf der Bühne begleitete, Verzweiflung über den alten Kram, der sich da abspielte, bittere Ironie über den gelegentlich ›unangebrachten grauenvollen Naturalismus beschränkter Operngehirne‹, als der Darsteller des Don Giovanni eben, nachdem er den Commendatore mit der Eleganz eines Toreros umgelegt hatte, mit gleicher Pose den Degen in seinem Mantel abwischte.«

Theobald Kretschmann, der von 1870 bis 1873 in Salzburg als Solocellist wirkte und den Salzburger Alltag kannte, schrieb über seine Eindrücke als Wiener Philharmoniker von den Salzburger Musikfesten:

»Den mitwirkenden Künstlern wird alles mögliche geboten, größte Bequemlichkeit, Ausflüge, Feste und Gelage, Begrüßungen und Abschiedsschoppen, die gewöhnlich bis 3 Uhr nachmittags dauern.«

Er berichtet vom »Champagnerfest, bei dem 600 Flaschen aufmarschiert sein sollen... Die Salzburger lassen ihrer nicht spotten; sie wissen, was sie an ihrem Mozart haben und feiern ihn nach Gebühr und Verdienst. Wiederkehrende Musikfeste rufen tausende von Menschen nach der alten Bischofsstadt und da geht es hoch her!«

Und offiziell wurde 1891 mitgeteilt:

»... über Anregung der Intern. Stiftung Mozarteum haben die Stadtgemeine Salzburg in munificenter Weise ihre werkthätigste Unterstützung in jeder Hinsicht dieser Gedenkfeier zugesichert, das hohe k.k. Unterrichtsministerium dem Mozarteum zur würdigen Veranstaltung der Feier eine ausserordentliche Subvention zugewendet und endlich lassen die hohe k.k. Landesregierung und Landesvertretung dem Feste die wärmste Förderung angedeihen.«

Und damit auch die Salzburger Bevölkerung ihren Beitrag leistet, wird um Spenden zur Stützung eines eventuellen finanziellen Abgangs gebeten!

Das also waren die ersten »Festspiele«. Doch außerhalb der »Saison« blieb Salzburg Provinz. Zu einer Zeit, als Toscanini, Furtwängler und andere große Mukisker hier Triumphe feierten, besaß Salzburg als einziges Berufsorchester das des Stadttheaters: ein Ensemble mit 23 Mitgliedern, das drittkleinste im deutschen Sprachraum, noch hinter St. Pölten und Baden bei Wien.

Die Ziele der Internationalen Stiftung Mozarteum 1880

1. Errichtung einer Musik-Lehranstalt in Salzburg
2. Zeitweilige künstlerische Aufführungen von Tonwerken
3. Veranstaltung periodischer Musikfeste
4. Möglichste Konsolidierung aller musikalischen Interessen der Stadt Salzburg
5. Sorgfältige Bewahrung des Mozart-Häuschens und würdige Instandhaltung des Geburtszimmers Mozart
6. Möglichst vollständige Ansammlung von Mozart-Relikten
7. Instandhaltung und Vermehrung des Mozart-Albums
8. Anerkannte Tonwerke durch Preise belohnen
9. Stipendien an begabte Schüler vergeben, ferner hilfsbedürftige Komponisten und Musiker unterstützen
10. Herausgabe von gediegenen Tonwerken
11. Bau eines Mozart-Hauses für die Musik-Schule, und musikalische Aufführungen

Die Musikschule steht also an erster Stelle, und erst an letzter der Bau eines repräsentativen Gebäudes. Der Mozartkult ist in zwei Punkten bereits konkret angesprochen.

Aufruf der Stiftung in der »Salzburger Zeitung«, 1880

Mit 1. Jänner 1881 wird das M., als Musikschule und Concertinstitut, nunmehr selbständig verwaltet und weitergeführt. Die Vereinsschule ist bereits seit 2. Oktober mit bewährten Lehrkräften und 90 Schülern eröffnet und bürgt in ihrer festen Grundlage, vom hohen k.k. Unterrichtsministerium und der hohen k.k. Landesregierung großmütigst unterstützt, als öffentliche Lehranstalt, für ein kräftiges Gedeihen in Gegenwart und Zukunft.
Vier Vereinskonzerte werden alljährlich von der sorgsamen Pflege des Chorgesanges in Verbindung mit Orchester, Kammermusik und Solovortrag durch Vorführung jeglicher Gattung gediegener Musik und von Werken alter und moderner Componisten Zeugniss geben.
Der Verein rechnet bei der Durchführung dieses gewiss allgemein gewünschten Wirkens auf das Verbleiben der bisherigen unterstützenden und auf den Neueintritt zahlreicher Gönner und Freunde der Tonkunst, welche alle durch einen Jahresbeitrag von zwei Gulden unterstützende Mitglieder des Vereins werden.
Es ergeht hiemit die höfliche Einladung zu solchem Vereinsbeitritte und damit zur freundlichen Förderung der Vereinszwecke des vaterländischen Kunstinstitutes.
Außer den aus dem Vereinsverbande entspringenden Rechten gewährt der Verein diesen seinen unterstützenden Mitgliedern noch den Anspruch auf unentgeltliche Besichtigung der reichen Sammlungen des M. und die Teilnahme an den Orchester- und Kammermusikaufführungen zu halben Eintrittspreisen und zwar nicht nur für die Person des Mitgliedes allein, sondern auch für die Familie desselben.
Als gewöhnliche Eintrittspreise (nicht höher als bisher) für das Jahr 1881 sind festgesetzt: Für den nummerierten Cerclesitz 2 Gulden, für den unnummerierten Sitz 1 Gulden, für das Entree 50 Kreuzer für ein Concert.
Das nur ganzjährige zulässige Abonnement für das unterstützende Mitglied und auf die vier Jahrsvereinskonzerte beträgt für den nummerierten Cerclesitz 4 Gulden (für jede Karte der Familienmitglieder 2 Gulden), für den unnummerierten Sitz 2 Gulden (für jede Karte der Familienmitglieder 1 Gulden 50 Kreuzer), für nicht garantierte Sitze insoweit es der Saalraum gestattet, und das Entree 1 Gulden.
Die Einzeichnung der Mitglieder in die aufliegenden Subskriptionslisten wird von nächster Woche ab in den hierortigen Buchhandlungen und in der Kunsthandlung des Herrn J. B. Neumüller –.
Die Einzeichnung von Jahresabonnenten auf die Concerte hingegen nur in der k.k. Hofbuchhandlung des Herrn H. Dieter erbeten, wo selbst auch zur freien Wahl der gewünschten Sitze ein Situationsplan des Curhaussaales zur Einsicht aufliegt.
Den bisherigen unterstützenden, wie den neu eintretenden Mitgliedern werden die Jahreskarten bis Beginn des Jahres 1881 mit dem Generalberichte und den Statuten des Vereins in die Wohnung zugestellt.
Salzburg, den 11. November 1880

Josef Friedrich Hummel, der erste Künstlerische Leiter der Internationalen Stiftung Mozarteum

Die Loslösung des Mozarteums vom Dommusikverein, die 1880 beschlossen worden war, brachte einige Probleme mit sich. Die zwei Musikvereine, die nun voneinander unabhängig waren, hätten in einer großen Stadt durchaus die Möglichkeit gehabt, ihre eigenen Wege zu gehen, mit eigenem Konzept, aber auch mit eigenem Personal. Das hätte bedeutet: mit eigenem Orchester, eigenen Lehrern und eigenen Musikdirektoren, was sich aber das kleine Salzburg nicht hätte leisten können. Also mußte ein Konsens gefunden werden. Diesen erleichterte Otto Bach, der unbeliebt gewordene Künstlerische Leiter des alten Vereins, durch seine Kündigung. Er ermöglichte dadurch dem Mozarteum, einen Musikdirektor eigener Wahl zu berufen. Durch seinen Entschluß kam er auch der ablehnenden Haltung seiner Gegner zuvor.

Josef Friedrich Hummel hatte sich schon 1868 zusammem mit Otto Bach und Anton Bruckner um die Direktor-Stelle am Mozarteum beworben. Bach wurde ihm und Bruckner vorgezogen, »was die eigentümlichen Verhältnisse in Salzburg ermöglichten«, wie sich später Carl von Sterneck ausdrückte. Worin diese bestanden, erfährt man aber nicht. Ab 1880 gab es für den Künstlerischen Leiter kein Probedirigieren mehr, ab nun bestimmte ein Ausschuß, der sich diesmal auf Hummel geeinigt hatte. Sterneck verständigte ihn in einem Handschreiben, aus dem zu entnehmen ist, daß er sich freue, »da er über ihn als Künstler, als treuen Familienvater und biederen Charakter das ungeteilte beste Lob zu vernehmen Gelegenheit hatte«. Die Kriterien bezogen sich also nicht bloß auf die künstlerischen, sondern auch auf die menschlichen Qualitäten. Der gute Ruf, der Hummel vorausging, war so groß, daß man ihn sogar als künftigen Leiter der Musikfeste ins Auge faßte und ihn bat bekanntzugeben, ob er »dem in Salzburg ansässigen Joachim, Hofkapellmeister Richter oder sonst einem Namen, die Direktion einer oder der anderen Nummer überlassen wolle.« Es wehte also ein anderer Wind als für Otto Bach, den man bei den ersten zwei Musikfesten übergangen hatte.
Aber auch darüberhinaus bot sich Hummel in Salzburg ein reiches und sicherlich befriedigendes Betätigungsfeld. Er war 39 Jahre alt, als er seinen Auftrag am Mozarteum übernahm und er wirkte 28 Jahre lang, zum Wohle dieses Instituts, bis er 1908 in den Ruhestand trat.
Der aus Innsbruck stammende Musiker hatte schon ein zwanzigjähriges Wanderleben hinter sich, als er nach Salzburg kam. Er begann seine Laufbahn als Kapellmeister im kleinen schweizerischen Kantonstädtchen Glarus, wo der Brand des Theaters schon im ersten Jahr seinem dortigen Wirken ein Ende setzte. Sein zweites Engagement erhielt er in der mährischen Stadt Troppau. Zehn Jahre lang stand er dort an der Spitze des rührigen Musikvereins, sorgte sich um Musikschule und Theater wie ein Musikdirektor alten Schlags, trat öffentlich als Kammermusiker auf, musizierte und organisierte, wo er gebraucht wurde, und leitete allein am Theater in dieser Zeit 55 verschiedene Opern.
»Der Troppauer Hummel war ein wahrer Freund«, heißt es in den Memoiren von Theobald Kretschmann, »väterlich besorgt, nachsichtig, charakterfest und aufrichtig.«
Im Repertoire von Oper und Konzert gab es kaum etwas, das Hummel nicht gekannt hätte. Er verstand viel von Orchester- und Chorerziehung und wußte, was ein geordneter Probenbetrieb wert ist, den er nun auch in Salzburg einführte. Die Musikschule Mozarteum, die sogar den Namen Konservatorium führen durfte, erhielt durch ihn ihr besonderes Profil. An allen künstlerischen Aktivitäten der nächsten Jahrzehnte war Hummel beteiligt, in allem was das Mozarteum betraf, fühlte er sich verantwortlich.

Als er die neue Musikschule im Anatomie-Stöckl der Alten Universität eröffnete, war er der einzige neue Lehrer. Die beiden anderen, Walter und Gerber, hatten ja schon am alten Mozarteum unterrichtet. Auch das Orchester, dem er nun vorstand, war das »alte« geblieben. Es war jedenfalls ohne nennenswerte Veränderungen von der Internationalen Stiftung Mozarteum übernommen worden. Es fehlten nur seit einiger Zeit die guten böhmischen Geiger, die Konzertmeister aus Prag, die sich wohl mit dem ständigen Hin und Her zwischen Dommusikverein und Mozarteum nicht abfinden wollten.

Dennoch war der erste Mann, den sich Hummel als Violin-Ausbildungslehrer und Konzertmeister holte, Gustav Zinke, ein Absolvent des Prager Konservatoriums, der sich aber von seinen Vorgängern in einem wesentlichen Punkt unterschied. Er blieb, wie Hummel, Salzburg bis an sein Lebensende treu. Hummel

Mozarteumsdirektor Joseph Friedrich Hummel (1880 – 1908)

und Zinke kannten einander von Brünn, wo Zinke als Konzertmeister an der Oper gewirkt hatte.
Nach einem gelungenen Antrittskonzert im Jänner 1881 wurde der vorzügliche Geiger engagiert, dessen pädagogische Fähigkeiten, wie sich bald herausstellen sollte, seiner geigerischen Begabung in nichts nachstanden. Er kümmerte sich um den geigerischen Nachwuchs, vor allem für das Orchester, unterrichtete aber auch die jungen Erzherzöge und Erzherzoginnen von Toscana, die mit großer Liebe der Musik zugetan waren. Zinke widmete sich nebenbei auch der Kammermusik, er gründete das Mozarteum-Quartett (mit Graf Colloredo, Dr. Sedlitzky und Gustav Schreiber), mit dem er in den fünfzehn Jahren des Bestehens (1887 – 1902) die wesentlichsten Werke der klassischen und romantischen Literatur (im Saal des Hotels »Österreichischer Hof«) aufführte.
Zinkes Lehrer in Prag war übrigens der berühmte Anton Bennewitz gewesen, der zwanzig Jahre zuvor am Mozarteum Konzertmeister gewesen war. In der Annahme, daß die guten Geiger aus Prag weiterhin Salzburg nur als »Durchgangsstation« betrachten würden, wandte sich der ehemalige Lehrer, der inzwischen zum Direktor des Prager Konservatoriums ernannt worden war, an den Schüler, um ihm seine Ausbildungsklasse anzubieten, doch ohne Erfolg. Zinke hatte sich für Salzburg entschieden und blieb. Man lohnte es ihm nicht. Nach 41 Dienstjahren wurde er mit einer so geringen Pension abgefertigt, daß er bis zu seinem Tod im Jahre 1931 Privatunterricht geben mußte, um sich einigermaßen über Wasser halten zu können.
Gustav Zinke war also der erste Lehrer von auswärts, den Hummel ans Mozarteum verpflichtete. Im gleichen Jahr, im 2. Semester des ersten Schuljahres, kamen noch drei weitere hinzu: die Sängerin Marie Stanek-Hrimaly, der Theorielehrer Zdenko Bartlmus und als 2. Klavierlehrerin ein Fräulein Gstöttner aus Mattighofen. Aus Salzburg stammte niemand.
Im Jahre 1884 unterrichten am Mozarteum bereits fünfzehn Lehrer, zehn von ihnen gehörten dem Orchester an, worauf die Stiftung besonders stolz war.
Auf Disziplin und Rangordnung wurde großer Wert gelegt. Haupt- und Nebenfachlehrer wurden schon in der Ansprache deutlich geschieden. Der eine war ein gewöhnlicher Lehrer, der andere hingegen hieß Konzertmeister, was immer er auch spielte. Dieser Titel gab oft zu Verwechslungen Anlaß, etwa wenn der Domorganist oder ein Klavierlehrer mit Konzertmeister angesprochen wurde.

In der Musikschule Mozarteum wurden von 1880 bis 1898 insgesamt 5.770 Schüler unterrichtet: 3467 aus Salzburg und den Kronländern der Monarchie bis Dalmatien, Görtz, Galizien, der Bukowina, Ungarn, Mähren und Schlesien, der Rest kam aus dem »Ausland«, hauptsächlich aus Bayern, aber auch aus dem Elsaß, aus Preußen und Sachsen, aus Italien, Frankreich, England, Rußland und Marokko.

Ebenso international war die Liste der allerhöchsten Gönner und Wohltäter: Franz Joseph I., Wilhelm I., Don Pedro von Brasilien, Sultan Abdul Aziz, Ludwig II., Albert von Sachsen, Marie von Belgien, Ludwig I. von Protugal und andere. Die Protektorin war Erzherzogin Stefanie, die Frau des Kronprinzen Rudolph.

Im Orchester Hummels, das immer noch nicht den Namen »Mozarteums-Orchester« führte, hatte sich mit der Übernahme der Konzerte durch die Internationale Stiftung Mozarteum nichts geändert. Die Arbeit wurde zwar intensiviert, doch noch immer spielten die Mitglieder der Domkapelle, Lehrer und Schüler des Mozarteums, Honorarmusiker und Dilettanten mit. Dommusiker und Lehrer waren jetzt in zwei Vereine geteilt, von denen sie auch ihr Gehalt bezogen. Im Orchester aber waren sie vereint. Eine Aufstockung, an die man wahrscheinlich gedacht hatte (Domorchester in bisheriger Stärke und zusätzlich die Lehrer des Mozarteums) scheiterte am kirchlichen Verein, der seine Kapelle unter den gegebenen Umständen verringern mußte. So blieb also die Summe der Berufsmusiker konstant, ein Zeichen dafür, daß Salzburg noch nicht expansionsfähig war. In diesem Punkte zeigte sich, daß die beiden Vereine trotz ihrer verschiedenen Ziele noch sehr voneinander abhängig waren. Dies dauerte eigentlich bis zur Gründung des Berufsorchesters im Jahre 1939. (Ab 1918 war man vom Theater abhängig!)
Die Beziehungen zueinander waren nach wenigen Jahren schon so konsolidiert, daß beispielsweise 1886 kein Lehrer mehr am Mozarteum unterrichtete (soweit es die Orchesterinstrumente betraf), der nicht auch im Dom oder im Theater wirkte. Ebenso gab es natürlich Dommusiker, die im Mozarteum als Lehrer tätig waren. Ferdinand Huber beispielsweise, war 1891 in die Domkapelle eingetreten, leitete von 1907 bis 1931 die gesamten Blechbläser-Klassen am Mozarteum und gehörte überdies noch dem Theater- und dem Mozarteums-Orchester an.
Diese Entwicklung hatte ihren Anfang in der Ära Hummel genommen, der Einsehen mit seinen Musi-

Gustav Zinke, der erste Konzertmeister der Internationalen Stiftung Mozarteum.

kern hatte und ihnen half, ihre Lebensbedingungen zu erleichtern.
Während seiner 28jährigen Tätigkeit leitete Josef Friedrich Hummel 107 Orchesterkonzerte des Mozarteums. Doch mehr als die Anzahl der Konzerte wog bei ihm das künstlerische Niveau, das er durch seine wohlgezielte und gründliche Orchestererziehung erreichen konnte. Zwei Proben in der Woche, bei durchschnittlich nur vier Konzerten im Jahr, machten ein sorgfältiges Studium möglich. Für Beethovens »Neunte« im Jahre 1892 (mit 247 Musikern und Sängern!) wendet er insgesamt 63 Proben auf.
Die Abonnentenkonzerte nahmen einen ausgezeichneten Verlauf, mehr als der halbe Saal war abonniert und die Einnahmen brachten in der Ära Hummel sogar einen Überschuß. Mehr als ein Fünftel der Gesamteinnahmen verblieben in der Kassa, bei über 65.000 Kr. waren das 12.183 Kr.
Die Konzertsaison begann damals nicht wie heute im Herbst, sondern mit Mozarts Geburtstag im Jänner, und sie endete mit seinem Sterbetag im Dezember. Wie geschickt die Konzerte organisiert und wie wenig belastend sie für den Veranstalter, die Stiftung, waren, beweist der Reingewinn von 4.974 fl (immerhin das Jahresgehalt von zehn Musikern), der in den ersten zwanzig Jahren erzielt werden konnte: ein Erfolg für Hummel und sein Orchester. Nicht wenig trugen aber auch die Solisten dazu bei: die Pianisten Joseph Schalk, Ignaz Brüll, Carl Prohaska, Otto Goldschmidt, Carl Gerber und Franz Ledwinka, die Geiger Arnold Rosé, Gustav Zinke und Theresina Schuster, aber auch Gustav Schreiber als Violoncellist und der großartige Klarinettist Eduard Hausner.
Die zwei Höhepunkte von Hummels Wirken als Dirigent waren die Aufführung der »Neunten« von Beethoven am 12. Juli 1892 in der Aula der Alten Universität und daselbst beim Musikfest im Jahre 1904 Mozarts c-Moll-Messe. »Diese erste Aufführung in Österreich gestaltete sich wahrhaft glanzvoll«, schrieb damals Richard Robert, einer der bedeutendsten Musikpädagogen Wiens, der Lehrer von Clara Haskil, George Szell und Rudolf Serkin. (Im übrigen war das nicht die erste, sondern bereits die dritte Aufführung der c-Moll-Messe allein in Salzburg. Schließlich hatte sie ja Mozart selbst hier uraufgeführt, und ein zweites Mal hat sie Sigismund von Neukomm 1842 anläßlich der Enthüllung des Mozart-Denkmals dirigiert.)
Hummels Salzburger Chor hat sogar Gustav Mahler so beeindruckt, daß er gestand, »in Wien nicht einen so vorzüglich geschulten Chor zu haben«. Ein ähnliches Kompliment bekam Hummel für das Orchester, von dem Carl Reinecke, der bekannte Klaviervirtuose und Kapellmeister des Gewandhauses in Leipzig, anläßlich eines Konzerts am 9. August 1888, behauptete, »er habe in keiner ähnlichen Stadt ein zweites so vortrefflich bestelltes Orchester gefunden, das sich in bezug auf seine Leistungsfähigkeit und Tüchtigkeit mit dem hiesigen messen könnte!«
Hummel führte noch vor der Jahrhundertwende Bruckners IV. Symphonie, Brahms' »Deutsches Requiem« und Strauss' »Tod und Verklärung« auf.

Weitere bemerkenswerte Aufführungen waren im Jänner 1881 ein konzertanter »Idomeneo« (mit fünfzehn Nummern), die Oratorien »Die Jahreszeiten« und »Die Schöpfung« von Haydn, »Samson« von Händel und »Elias« von Mendelssohn-Bartholdy.
Von den 616 Orchesterwerken waren 388 Erstaufführungen. Bei den Aufführungszahlen stand Mozart mit 99 an der Spitze; es folgten Beethoven, Brahms, Wagner, Schubert, Mendelssohn, Liszt, Schumann, Bach und Joseph Haydn.

Im Jahre 1881 veranstaltete das Mozarteum während der Sommermonate auch Promenadenkonzerte im Kurhaus und im Mirabellgarten. Dabei hoffte man auf zusätzliche Einnahmen, doch die Rechnung ging nicht auf. Man spielte daher nur einen Sommer lang, täglich um 19 Uhr, Donnerstag und Samstag stand Hummel persönlich am Pult. Im ganzen gab es 106 Konzerte, neun »Reunionen« und neun zusätzliche Konzerte im Schloß Klesheim.
An dieser Stelle muß auch noch kurz auf die Situation im Theater eingegangen werden, weil damals zwei hervorragende Musiker hier wirkten: Carl Muck, der fast nur Operetten dirigierte, und, als 2. Kapellmeister, Hugo Wolf. Muck hinterließ seltsamerweise keine Spuren, wohingegen Wolf viel von sich reden machte. Der Direktor des Theaters berichtete, daß »die Musiker des Theaterorchesters sich weigerten, unter seiner Leitung zu spielen und sein unbeherrschtes Temperament schuld an der frühzeitigen Lösung des Vertrags gewesen sei – und völliger Mangel an Erfahrung«. Hugo Wolf meinte seinerseits in einem Brief an seinen Vater:
»... ein heftiger Wortwechsel zwischen mir und dem Direktor führte die beiderseitige Kündigung herbei. Vom 16. ab gehöre ich nicht mehr diesem Saustall an...«, und etwas später, am 8. Februar 1889, gestand er dem Dirigenten Franz Schalk: »Ich bin ein Mensch, der in allem nur nach Impulsen handelt, und wenn

sich in mir die gehörige Portion Elektrizität angesammelt hat, dann geschieht etwas.«
Eine Stellungnahme Mucks, des musikalischen Chefs, fehlt jedoch. Der um ein halbes Jahr ältere Muck war vorerst glücklich gewesen, einen Assistenten zu bekommen, noch dazu einen von den begeisterten Wagner-Anhängern aus Wien. Wolf, vom Chordirektor zu schnell zum 2. Kapellmeister avanciert, war offensichtlich als Dirigent eines Orchesters überfordert und hatte einen schweren Stand. Seine wahrscheinlich mäßige Dirigierbegabung mußte gegenüber Carl Muck umso mehr auffallen.
Im Orchester des Theaters wirkten damals sicherlich schon viele Musiker der Domkapelle mit, in der es nur mehr vier engagierte Geiger, einen Violoncellisten, zwei Kontrabassisten und elf Bläser gab. Die ursprünglich vierzehn Sänger waren auf acht reduziert worden. Alle Instrumentalisten mußte jetzt auch als Sänger zur Verfügung stehen.
Im Jahre 1908 wurde der Vertrag mit dem Dommusikverein anulliert. Bisher hatte der Verein seine Musiker gegen eine Jahres-Pauschale dem Mozarteum für die Konzerte zur Verfügung gestellt. Ab nun erhielten die Musiker ihr Honorar direkt von der Stiftung, womit die ursprünglich vereinbarte Verpflichtung bezüglich der Zinsen aus dem Mozarteums-Fonds hinfällig wurde. Damit war das letzte Band, das die beiden Vereine noch zusammenhielt, gelöst. Man war frei. Und diese Freiheit nützte man, um dem Orchester endlich einen Namen zu geben: Ab jetzt hieß es »Mozarteum Orchester«. Sein neuer Chef wurde Joseph Reiter.
Das Salzburger Publikum wurde ersucht, »durch eine möglichst zahlreiche Beteiligung... die Mittel zur Vervollkommnung seiner Konzertinstitution... zu geben«. Eine ausgiebige und tatkräftige Unterstützung sollte ermöglichen, »daß auch Werke in die Vortragsordnung eingefügt werden können, deren hohe Aufführungskosten bis jetzt eine Aufführung unmöglich gemacht haben. Das gesamte Gebiet unserer klassischen und modernen Musik soll nach und nach in den Vortragsplan eingefügt werden. Die äußerst billigen Abonnementbedingungen machen es jedem Vereinsmitglied möglich, die Vereinsunternehmungen zu fördern.«
Trotz dieser günstigen Abonnement-Bedingungen erbrachten die Konzerte jedoch ein großes Defizit: innerhalb von drei Jahren – 5.335 Kronen! Woran lag es? Am neuen Vertrag mit den Musikern? Am zu großen Aufwand? Oder gar an einer Sorglosigkeit des neuen Leiters? Die Stiftung war darüber jedenfalls nicht sehr erfreut, Joseph Reiter zog die Konsequenzen und löste seinen Vertrag: weil es, so hieß es offiziell, für ihn zu wenig Möglichkeiten gab, sich richtig zu profilieren und künstlerisch weiter zu entwickeln.
Paumgartner berichtete Reiter einmal in der Aula erlebt zu haben, mit einem, »Dirigentenstab aus Ebenholz, silberbeschlagen und mit einer silbernen Lyra geziert« und mit »einem rosa Seidenband an seinem Handgelenk befestigt«.
Während Reiters Direktionszeit fand zum Musikfest 1910 die Grundsteinlegung des »Mozart-Hauses« statt, denn noch immer wurde im Anatomie-Stöckl unterrichtet und die Konzerte fanden im Kurhaus oder in der Aula Academica statt, wo selbst die Wiener Philharmoniker noch bis 1910 spielten.
Bei der Finanzierung aller großen Vorhaben hatte man in Salzburg immer großes Glück. Sobald man sich an die Weltöffentlichkeit wandte, fanden sich hochherzige Gönner und Vereine in großer Zahl.
Schon beim ersten Projekt, der Errichtung des Mozart-Denkmals, kamen von überall her Spenden – so reichlich, daß das Monument sogar »nobler« als geplant ausgeführt werden konnte und dennoch noch Geld übrigblieb.
Constanze von Nissen, sozusagen die Schutzpatronin, meinte dazu: »... das unternehmen gehet gut von statten, und die Sache findet überall gute Aufnahme, dahero schon mehrere 1000 fl zu diesem zwecke hiher geschickt worden sind«. Und selbstverständlich wußte die Etatsrätin den Spendern auch gehorsamsten Dank.
Carl von Sterneck gelang es sogar, für den »guten Zweck« der Errichtung einer Mozart-Stiftung prominente Künstler zu verpflichten, beispielsweise Hans von Bülow, der 1872 in Salzburg ein Konzert für die Stiftung gegeben hat oder Johann Strauß, der die Einnahmen eines Konzertes in Wien am 20. September 1873 spendete. Die Londoner »Patti-Gesellschaft« konnte sogar im Juli 1874 dank einem kleinen Mozart-Festival zur Förderung des Salzburger Vereins einen Betrag von 3438 Gulden überweisen.
Anläßlich der Gründung von Mozart-Gemeinden wurde erneut die Werbetrommel gerührt; in nicht ganz fünfzig Jahren zählten sie immerhin siebentausend Mitglieder. Fördernd griff die Internationale Stiftung auch dem Verlag Breitkopf und Härtel, Leipzig, unter die Arme, als dieser sich entschloß, die gesamten Mozartschen Werke herauszugeben und zur Subskription aufrief. Das Mozart-Haus an der Schwarzstraße und das Geburtshaus Mozarts erforderten ebenso großzü-

Erzherzog Eugen (als Vertreter Kaiser Franz Josephs), Kardinal Johann Katschthaler und der Präsident der Internationalen Stiftung Mozarteum, Graf Kuenburg, bei der Grundsteinlegung des Mozart-Hauses am 6. August 1910. Die Dame links Kammersängerin Lilly Lehmann.

gige Spenden; für letzteres erbrachte ein Aufruf Lilly Lehmanns 1916 fast 24.000 Kronen. Auch für die Musikschule wurde fleißig gespendet.
Es ist also in der Tat staunenswert, was ein privater Verein binnen kurzem zustandebringen konnte, durch zielbewußte und konsequente Arbeit und durch das Organisationstalent eines Mannes von Geist und Phantasie: Carl von Sterneck.
Am 6. August 1910 wurde in Anwesenheit des Erzherzogs Eugen (als Vertreter Kaiser Franz Josephs) und des Präsidenten der Internationalen Stiftung, Graf Kuenburg, der Grundstein des Mozart-Hauses an der Schwarzstraße gelegt, »das auf immerwährende Zeiten der Pflege Mozartscher Kunst zu dienen bestimmt ist«. Geplant wurde es von dem Münchner Architekten Richard Berndl.
Die Widmungsurkunde lautete: »Zu Ehren Mozarts, des leuchtenden Sternes am Himmel deutscher Kunst, dessen Aufgang zu schauen die Stadt Salzburg beglückt ward.«
Die unterfertigte Urkunde wurde in den Grundstein gesenkt. Kardinal Katschthaler nahm unter den Klängen des Priesterchors aus der »Zauberflöte« die kirchliche Weihe vor. Die ersten Hammerschläge vollzog Erzherzog Eugen: »Mozart zur Ehre, Salzburg zur Zier, der Kunst eine Stätte!« Hierauf hielt Robert Hirschfeld, der künftige Direktor, eine bemerkenswerte Rede, aus der hier zitiert sein soll:
»Nach uraltem Brauche, der in dem tiefen Sinn und in der Kraft des kunstreichen Handwerkes begründet ist, haben feierliche Hammerschläge den Bau des Hauses geweckt, das durch den Namen Mozarts geheiligt und von dem Geiste Mozarts behütet sein wird... und so lebt die Liebe ganzer Geschlechter in dem Steine. Wir erkennen und bezeugen dies in dieser weihevollen Stunde.
Der Weckruf des Hammers aber, der das Liebeswerk zur Entfaltung und Gliederung drängt, hat oft und oft wie heute unser Herz bewegt... da, an dem erhebenden Eingange zur Ouvertüre, hat Mozart mit den drei mystischen Orchesterschlägen den Grundstein zur deutschen Oper festgelegt, er selbst hat die erste große deutsche Oper, den Prachtbau der ›Zauberflöte‹, aufgerichtet...
Als dann Richard Wagner die ›Meistersinger‹ schuf, da empfing die ›Zauberflöte‹... eine vielbedeutende Fortsetzung...
Die Weisheit, die Güte, die Gerechtigkeit Sarastros, seine tiefe Besonnenheit, seine ruhige Kraft, die Gegensätze des Lebens zu versöhnen, wurde in Hans Sachsens Seele gelegt. Ist nicht Hans Sachs der Sarastro von Nürnberg? Auch Ritter Stolzing ist ein Suchender – er schreitet nicht durch Wasser und Feuer, aber durch die prüfenden Reihen der zünftigen Meister und vertraut sich der weisen Führung an, damit er geläutert werde...

In der reinen Region des Graltempels schließt der Kreislauf erhabener Ideen, die sich schon in der ›Zauberflöte‹ gesammelt haben. In diesem Werke, das die Summe und den Vollbegriff der Mozartschen Kunst darstellt, wird der Drang nach Aufhellung, nach Erkenntnis, nach Vollkommenheit, der Trieb, alles Menschliche der Veredlung zuzuführen, mit heiliger Macht, in der Unendlichkeit einer lichtzeugenden Tonwelt offenbart.
Von dem munteren Papageno stammt in gerader Linie der Lehrjunge David ab, der letzte in der klassischen Reihe der lustigen Personen. Beide sind in Sinnenfreude, in unschuldiger Schwatzsucht befangen, ihre Wünsche gehen wenig über die Frage der gesunden Leiblichkeit hinaus...

Es ist eine Freude zu wissen, daß die alten Salzburger auf die Hans-Wurst-Weise gestimmt waren. Sie wurde eine Hilfe gegen die steife Opera seria, und der aufrichten Fröhlichkeit, dem derben Volkshumor, der den Salzburgern eingeboren ist, dankte Mozart in seinen jungen Jahren die Aufheiterung und Durchfrischung des Gemütes, das der sorgende Vater so früh an die Pflichten der strengen Kunstübung gefesselt hatte...
Natürlichkeit findet das Genie an das allgemein Menschliche, die große Natur aber bringt das Genie der Gottheit nahe...
Auf dem Kirchenchore aber, dem der Vater vorsteht, dienen mit Feierlichkeit die Geigen und schallenden Trompeten dem jungen Tonsetzer. Die Orgel dröhnt in geweihtem Raume, es ist ein Ergötzen, wenn die Uhren von den vielen Türmen schlagen, es ist ein Erschauern, wenn der Klang der Salzburger Glocken sich durch die Lüfte schwingt... es ist das reinste Glück, in den Schöpfungen Mozarts die Gemeinschaft zu empfinden, in der das Wünschen, das Fragen, das Hoffen aller Menschen zusammenklingt. In seinem Reiche wird uns das Ideal der menschlichen Verbrüderung bewußt. Und an der großen Bruderkette der Mozartbürger, welche die ganze Erde umspannt, ist diese Versammlung im Herzen Salzburgs so ein starker Ring, so fest geschmiedet, daß wir den Chorgesang, der unser feierliches Tun beschließt, das Wort der Lie-

be: ›Brüder reicht die Hand zum Bunde‹ nicht wie eine Mahnung und Forderung, sondern als Bejahung und Bekräftigung unserer Gefühle entgegennehmen. Mag auch die Schrift, die diesem Grundstein eingegraben ist, einmal verwittern – der Bund, den Salzburg gestiftet hat, wird sich stets verjüngen, die Kette allzeit neue Glieder ineinanderschlingen, denn Mozarts Geist wird dankerfüllte Menschen immerdar umwehen.«

Die Feierlichkeiten wurden von Konzerten begleitet, die das Musikfest des Jahres 1910 bildeten. »Es werden nur Mozartwerke zur Aufführung kommen«, erklärte Lilly Lehmann »und opfermütige Künstler aller Länder haben sich dazu bereitfinden lassen« (Carl Muck, Richard Mayr, Franz Mikorey, Ernst von Dohnanyi, Carl Flesch, die Wiener Philharmoniker und andere). Mit diesem 8. Musikfest der Internationalen Stiftung Mozarteum ging die Reihe dieser vortrefflichen sommerlichen Veranstaltungen zu Ende. Alles, was nach dem Krieg folgte, war nicht mehr Angelegenheit der Stiftung, sondern der Salzburger Festspielgemeinde. In dieser bestimmten andere Leute, und auch die Art der Festspiele war eine völlig andere.

Das Fest von 1910 umfaßte zwei Opern und sechs Konzerte und war damit das längste.
»Don Giovanni« unter Carl Mucks Leitung wurde erstmals italienisch gegeben, Franz Mikorey dirigierte »Die Zauberflöte«, in welcher Leo Slezak den Tamino sang. Regie führte in beiden Opern Lilly Lehmann. Außer den hervorragenden Opernsängern waren auch erstrangige Konzertsolisten zu hören: Gabriele Leschetitzky, Ernst von Dohnanyi, Carl Flesch und die beiden Philharmoniker Alfred Holy und Alois Markl.
Bei diesem Musikfest wirkte erstmals das Salzburger Orchester, als Mozarteums-Orchester, mit.

Der erste Spatenstich für das Mozart-Haus erfolgte im Mai 1912, das Richtfest für den Schultrakt fand bereits am 10. September, das des Saaltraktes am 19. Dezember 1912 statt. In dem neuen Haus fand auch die Salzburger Liedertafel eine bleibende Heimstätte. Die Kosten für den Rohbau beliefen sich auf 210.152 Kr, die Innenausstattung sollte 600.000 Kr beanspruchen, um Spenden bemühte man sich vor allem bei den Salzburger Bürgern. Wie erfinderisch man dabei zu Werke ging, wieviele Kräfte sich für das Haus einsetzten, mögen nur zwei Beispiele illustrieren: eine Lotterie erbrachte 22.649 Kr und ein Flugzeugpilot namens Illner unternahm am 12. Mai 1912 einen Schauflug zugunsten des »Mozarteums«. Ertrag: 1000 Kronen.

Nach dem Höhepunkt des Musikfestes 1910 ging das Konzertleben in der Stadt seinen gewohnten Gang. Direktor Joseph Reiter dirigierte 1910 drei Konzerte (mit Beethovens »Achter«, Brahms' »Erster«, Schumanns' »Vierter« und anderen), den drei Konzerten des Jahres 1911 leitete das dritte bereits der neue Mozarteumsdirektor Paul Graener.
Aus einer Orchesterliste des Jahres 1912 geht hervor, daß dreizehn Mitglieder des Dommusikvereins, sechzehn Honorarmusiker, sieben Mozarteumslehrer, elf Schüler und eine Reihe von Kunstfreunden das große Orchester bildeten. Die mitwirkenden Kunstfreunde wurden in jedem Jahresbericht namentlich angeführt, als »außerordentliche Mitglieder durch Konzertmitwirkung«. Ihre Namen sind also bekannt, während die aller anderen Mitwirkenden nur mehr zum Teil zu ermitteln sind. Im Jahre 1912 spielte Ernst Ritter von Karajan, der Vater Herbert von Karajans, erstmals im Orchester mit. Im selben Jahr wurde, sozusagen als Musikfest im kleinen, vom 14. bis 17. August ein Kammermusikfest abgehalten, das vornehmlich von dem Wiener Fitzner-Quartett gestaltet wurde. Außer diesem Quartett spielten auch die Mozarteumsprofessoren Franz Ledwinka und Eduard Hausner, der philharmonische Flötist van Loewen, die beiden Hornisten Stiegler und Romangnoli und der international bekannte Geiger Alexander Petschnikoff.
Durch den Abgang Joseph Reiters war die Internationale Stiftung Mozarteum gezwungen, einen neuen Künstlerischen Leiter zu wählen. Aus 55 Bewerbern wurde der Berliner Komponist und Opernkapellmeister Paul Graener gekürt, der jedoch nur zwei Jahre in Salzburg blieb. Von einem Urlaub, den er im Juli 1913 genommen hatte, kehrte er nicht mehr zurück. Ihn vertrat Robert Hirschfeld, der vorübergehend auch Direktor des Mozarteums war, bis zu seinem Tod im April 1914. Sein Nachfolger, Eugen Schmitz aus München, bekleidete nur mehr das Amt eines Vorsitzenden in einem Dreier-Direktorium und kündigte schon nach kaum einem Jahr.
Von Februar 1915 bis Herbst 1917 lenkten die Geschicke am Mozarteum Franz Ledwinka, der für die künstlerischen Belange, und Josef Huttary, der für die Administration zuständig war. Ledwinka leitete schon seit 1913 die Orchesterkonzerte der Stiftung, da die Direktoren nach Graener keine ausübenden Musiker waren. Dieses »Interregnum« ging dann 1917 zu Ende.

Die Ära Paumgartner

Im Herbst 1917 kam Bernhard Paumgartner als neuer Direktor nach Salzburg. Seine Liebe zu Mozart, seine innere Beziehung zu diesem Meister waren ihm eingepflanzt, und eine fast zärtliche Zuneigung blieb ihm erhalten bis zu seinem Tod im Jahre 1971. Mozart und Salzburg, Mozarteum und Paumgarnter wurden bald zu einem Begriff von internationaler Bedeutung. Mit Paumgartner traf ein neuer »regierender Fürst« ein, der Salzburgs musikalisches Gesicht veränderte, es neu gestaltete. Er war seinem Charakter nach ein »Principe« wie Wolf Dietrich, dessen Liebe und Neigung zum Italien der Renaissance er teilte. Er fand Gefallen an schönen Frauen wie ehedem Markus Sittikus und war aufgklärt wie Colloredo. Ja, gelegentlich war er auch bereit, Fußtritte auszuteilen wie der hofmeisterliche Graf Arco.
Paumgartner pflege die »Musik in allen ihre Zweigen«, wie es in den Statuten von 1841 vorgeschrieben ist. Er war der engagierte Direktor, der die Verstaatlichung des Konservatoriums durchsetzte, der an den Festspielen von Anfang an gestaltend mitwirkte, die erste Serenade, die erste Matinee, das erste Kirchenkonzert und das erste Orchesterkonzert der Festspiele leitete und damit die künftige musikalische Programmgestaltung schon 1921 vorausnahm. Er dirigierte jahrzehntelang die Orchesterkonzerte der Internationalen Stiftung Mozarteum, führte das Mozarteums-Orchester zu ersten Erfolgen im Ausland, war beteiligt an der Gründung der Internationalen Sommerkurse des Mozarteums und wirkte darüberhinaus als Komponist und erfolgreicher Schriftsteller. Alles, was er tat, stand in Beziehung zu Mozart oder zur Stadt Salzburg. Fast fünfzig Jahre hindurch (nur mit der Unterbrechung von 1938 bis 1945) hat Paumgartner in dieser Stadt gewirkt, und es war ihm vergönnt, bis ins hohe Alter aktiv zu bleiben, zu dirigieren, zu schreiben und überdies noch das Amt des Festspielpräsidenten auszuüben. Als »unbeschriebenes Blatt« flatterte er seinerzeit in die Stadt, als berühmter Mann trat er ab.

Kaum dreißig Jahre alt, übernahm er also 1917 das Mozarteum, und wenig später beherrschte er bereits das Musikleben der Stadt. Als Chef des Mozarteums-Orchesters wußte er dieses der Musikschule einzuverleiben, und als Mitglied der Festspielhaus-Gemeinde hatte er auch in diesem Bereich Wesentliches mitzureden. Er war bald jene Autorität, auf die man hier in Dingen der Musik hörte.
Seine umfassende Bildung, sein reger Geist, seine Überlegenheit und sein nie ermüdender Tatendrang ließen ihn über seine Umgebung hinauswachsen. Er wurde ein Großer und als solcher räumte er sich auch Rechte und Freiheiten ein, wie sie kein anderer vor ihm besessen hatte.
Bernhard Paumgartner wurde 1887 in Wien geboren. Sein Vater war der angesehene Musikschriftsteller und ausgezeichnete Pianist Hans Paumgartner, seine Mutter die berühmte Hofopernsängerin Rosa Papier. Der Vater (er lebte seit 1891 von der Familie getrennt) ist schon früh, im Jahre 1896, gestorben. Die Mutter hatte somit die Verpflichtung, dem Sohne eine gute Erziehung angedeihen zu lassen. Das war bei dem begabten, aufgeschlossenen Buben wohl nicht sehr schwer. Er fand als Student Aufnahme im Wiener Theresianum, wo er auch Musikunterricht genoß. Erste Musiker der Stadt bildeten ihn aus. Bei Prof. Karl Stiegler erlernte er das Waldhorn, bei dem philharmonischen Konzertmeister Jakob M. Grün (und später bei Frau Bauer-Lechner) die Geige, bei Guido Adler und Eusebius Mandyczewski belegte er das Fach Musikgeschichte. Paumgartner war bereits ein fertig ausgebildeter Musiker, als er 1911 an der Wiener Universität zum Dr. jur. promovierte. Bei ihm trat nun gerade das Gegenteil von dem ein, was damals in bürgerlichen Kreisen üblich war: Er widmete sich der Musik und ließ die Juristerei beiseite.
Seine Mutter, die inzwischen von der Hofoper in die Wiener Musikakademie übersiedelt war, beschäftigte ihn in ihrer Gesangsklasse als Begleiter, und wenn sich nebenbei Gelegenheit bot, irgendwo zu dirigieren, ließ Paumgartner sich das nicht entgehen, schon um praktisch zu erproben, was Bruno Walter ihn in Privatstunden gelehrt hatte. Als Bub hatte Paumgartner noch aus nächster Nähe die großen Meister Brahms und Bruckner, Hugo Wolf und Gustav Mahler erlebt, er hat sie noch dirigieren gesehen und am Klavier und auf der Orgel spielen gehört. Er war im »Sog« großer musikalischer Ereignisse aufgewachsen, die bis über die Jahrhundertwende hinaus Wien zur bedeutendsten Musikstadt der Welt gemacht hatten.
Im Jahre 1906 besuchte Paumgartner auf seiner Maturareise zum ersten Mal Salzburg. Es war in jenem Jahr, in dem Gustav Mahler anläßlich des Musikfestes im Salzburger Stadttheater den »Figaro« aufführte. Es ist leicht möglich, daß Paumgartner damals schon daran dachte, einmal in diese Stadt zu ziehen.
In Wien, wo er nach seiner Promotion als Solo-Korrepetitor an der Hofoper und während des Ersten Welt-

Maturantenbild 1925 – mit Bernhard Paumgartner (in der Mitte sitzend), Friedrich Frischenschlager (links) und Theodor Müller (rechts), neben Frischenschlager links stehend Elisabeth Indra (Fach Klavier).
Die Absolventen: Susanne von Jonak, Erna Alber (sitzend), Otto Söllner, Albert Fischer, Otto Petermann, Herta Karetta, Franz Posch, Karl Stumvoll und Maria Mayr (sitzend).

krieges an der musikhistorischen Zentrale des Kriegsministeriums wirkte, wäre er bestenfalls einer von vielen gewesen, vor allem eingespannt in einen Betrieb, die Hofoper, in der andere den Ton angaben. Das hätte ihn auf die Dauer wohl zu sehr beengt und ihm wenig Freude gemacht. Wenn schon Musik, dann auch eine leitende Stelle.

Paumgartners Mutter hatte Beziehungen zum Mozarteum und zur Salzburger Festspielhaus-Gemeinde (der sie 1917 beitrat) und überdies noch zum k. k. Ministerium für Kultus und Unterricht, das anläßlich der Eröffnung des Mozart-Hauses 1914 die Musikschule in den Rang eines Konservatoriums erhoben hatte. Dadurch ergaben sich gewiße Abhängigkeiten. Bisher hieß es, »der Ausschuß mit dem von ihm gewählten Präsidenten an der Spitze dekrediert die eventuelle Ernennung des Direktors, der Lehrer und Diener, schließt die diesbezüglichen Verträge, löset sie, bestimmt die Höhe des Schulgeldes, entscheidet über deren Befreiung, nimmt Anträge an den Lehrerkonferenzen entgegen, beratet darüber, faßt Beschlüsse über alles, was die Schule und ihre Einrichtungen betrifft, so auch den Lehrplan und die Aufrechterhaltung der Disziplin. Seine Beschlüsse sind einzig und allein bindend.«

Ab 1914 galt jedoch: »Die definitive Bestellung eines neuen Leiters oder neuer Lehrkräfte des Konservatoriums, dann jede Änderung des Schulstatuts, sowie grundsätzliche Bestimmungen des Lehrplanes sind an die Genehmigung des k. k. Ministeriums gebunden.«

Wie dem auch sei, ob Protektion mitspielte: Bernhard Paumgartner erhielt den Posten des Mozarteumsdirektors. Die diesbezüglichen Vorschläge wurden mehrere Male dem Kuratorium der Internationalen Stiftung unterbreitet. Lehmann, die 1916 Ehrenpräsidentin der Mozart-Gemeinden geworden war, konnte sich mit diesem Gedanken zwar nicht recht anfreunden. Als aber Bruno Walter zusätzlich noch ein Empfehlungsschreiben an Friedrich Gehmacher richtete, seinen Schüler wärmstens empfahl und ihn einen »geborenen und vielfältig gebildeten Musiker« nannte, bekam der Vorschlag entscheidendes Gewicht. Dieser Briefwechsel fand Anfang August 1917 statt. Schon am 1. September gratulierte Bruno Walter seinem Schüler zur ehrenhaften Berufung, wo hingegen dieser erst am 6. September offiziell davon erfuhr. Am 15. September richtete Heinrich Damisch von der Festspielhaus-Gemeinde Wien an die Stiftung die Bitte, man möge den jungen, neuen Direktor für die Festspielidee gewinnen. Am 3. Oktober gab das k. k. Kriegsministerium bekannt, daß Bernhard Paumgartner gestattet werde, bei gleichzeitiger Beibehaltung der Leitung der musikhistorischen Zentrale des Kriegsministeriums die Direktorstelle in Salzburg zu übernehmen. Paumgartner, der durch einstimmigen Beschluß nach Salzburg berufen worden war, erschien im Mozarteum in Uniform mit Degen.

Er fand da einige ausgezeichnete Instrumentalisten vor, die ihm Respekt einflößten und ihn vorerst davon abhielten, selbst ein Instrument in die Hand zu nehmen. Er verlegte sich also ganz auf das Dirigieren, auf die Leitung von Orchester und Oper, ein Metier, in dem er jedoch erst nachholen mußte, was ihm an Ausbildung und Erfahrung fehlte. Das war natürlich nicht von heute auf morgen möglich, aber immerhin hatte Paumgartner das Glück, mit einem professionellen Orchester arbeiten zu können. Ausgestattet mit den Vollmachten eines »Arrivierten«, hatte er in allem freie Hand und konnte tun, was ihm beliebte. Er zeigte Mut und traute sich einiges zu. Alles, was er einmal gehört hatte, womöglich noch von Gustav Mahler oder Arthur Nikisch, die er beide sehr verehrte, führte er nun auch in Salzburg auf. Er unterschied sich jedoch von diesen Vorbildern, aber auch von seinen Salzburger Vorgängern in seiner Arbeitsweise.

Bernhard Paumgartner fixierte sich keinesfalls vor der ersten Probe auf eine endgültige Fassung, sondern versuchte, die Schönheiten eines Werkes während des Studiums aufzuspüren und ließ dabei die Musiker an seinen Entdeckerfreuden teilnehmen. Die Proben waren daher für den Dirigenten gleichermaßen wie für das Orchester anregend. Sie waren nie langweilig, weil ihm immer wieder etwas Neues auf- oder einfiel – ein Prozeß, der bis zur Generalprobe anhielt und erst in der Aufführung sein Ende fand.

Er näherte sich der Musik stets vom Weltanschaulichen und vom Gefühl. Ihm schien die große Linie und die persönliche Auseinandersetzung mit dem Werk schon in der ersten Probe weit wichtiger, als die technischen Belange. Er selbst war nicht gewohnt zu üben, und er übte auch mit dem Orchester nicht. Das, woran sich seine Phantasie nicht entzünden konnte, wurde einfach übergangen. Wenn es nicht anders ging, bat er den Konzertmeister, sich der heiklen und komplizierten Stellen anzunehmen. Sich selbst behielt er das reine Musizieren vor. Eine grundlegende Orchesterarbeit kam dabei selten zustande. Die großen Symphonien von Brahms und Bruckner gerieten meist etwas dickflüssig und ließen oft die nötige Transparenz vermissen.

Paumgartner selbst war damit nicht immer zufrieden. Als er nach Jahren die wesentlichsten Werke der Musikgeschichte aufgeführt hatte und der große Orchesterapparat nicht mehr den ursprünglichen Reiz auf ihn ausübte, wandte er sich immer mehr Mozart zu, dem er sich dann fast ausschließlich und mit größter Hingabe widmete. »Aus dem gemeinsamen Wirken des Forschers und der nachschöpferischen Phantasie erst... ergibt sich jene faszinierende, überzeugende Vollkommenheit der reproduktiven Leistung, die wir allein den gültigen Darstellungsstil zu nennen befugt sind«, schrieb er in seinen Memoiren: Ein Darstellungsstil, den er in den Festspiel-Matineen und in den Aufführungen der c-moll-Messe denn auch erreichte.
Im Gegensatz zu den großen symphonischen Werken hatte man als Musiker beim Studium der Mozartschen Werke von Anfang an das Gefühl, daß Paumgartner hier »zu Hause« ist. Er hat sich mit seinem Lieblingskomponisten ernsthaft auseinandergesetzt, er hat überdies Leopold Mozarts »Violinschule« herausgegeben und war vertraut mit der Aufführungspraxis der Zeit. Ihm schwebte eine ganz bestimmte Art der Interpretation vor, von deren Richtigkeit er seine Musiker zu überzeugen wußte. Was dabei herauskam, nannte er den »Salzburger Mozart-Stil«, ein Markenzeichen, das nichts mit Tradition zu tun hatte. Es war Paumgartners höchst persönliche Aussage, die in vielen kleinen, aparten, vor allem dynamischen Nuancen prägnant zum Ausdruck kam: der stets betonte »lombardische« Vorschlag, die von der Hauptnote getrennten Auftakte und weitere agogische Freiheiten, die Mozart in seinen Partituren nicht fixiert hatte. Noch lange nach dem Zweiten Weltkrieg sagte er mir einmal: »Was wir früher g'macht hab'n, war ja alles falsch.«
»Heutzutage scheint das Publikum in seiner Mehrheit vor allem empfänglich für die Perfektion der Wiedergabe, vielleicht weil es weniger selbst musiziert und weniger vorbereitet ist für Musik als das Publikum früherer Zeiten. Aus diesem Grunde sehen viele Dirigenten auf die Perfektion der Wiedergabe. Sie laufen damit allerdings Gefahr, daß ihren Aufführungen die Wahrheit des Ausdrucks fehlt – und damit der Stil.« Diese Sätze von Ernest Ansermet könnten wohl auch für Bernhard Paumgartners Art, Musik zu machen, gelten. Wenn er auch zugab, gelegentlich etwas falsch gemacht zu haben – an der Wahrheit des Ausdrucks fehlte es bei ihm nie.

Das Orchester Paumgartners

»Ein ständiges Berufsorchester existierte um jene Zeit nach dem Ersten Weltkrieg noch nicht, von dem ungefähr 25 Mann zählenden Theaterorchester abgesehen. Neben diesem setzte sich das große Konzertorchester, das als Gesamtheit den klangvollen Namen Mozarteums-Orchester führte, aus Lehrern und den tüchtigsten Absolventen des Konservatoriums zusammen, dazu aus einem ziemlich umfangreichen Stock von Zuzüglern, aus freien Berufsmusikern und musikbegeisterten Liebhabern der Salzburger Gesellschaft.«
In den achtziger Jahren seines Bestehens hatte sich also an der Besetzung nichts geändert.
»Dieser Komplex war natürlich verschiedenwertig. Es waren einige treffliche Musiker, sogar Bläser dabei, dazu aber viele, die nur aufgrund ihrer gesellschaftlichen Stellung, dafür aber mit umso größerer Hartnäckigkeit und Einbildung an ihrem Pult saßen und den Gang der Proben in nicht geringem Maße aufhielten. Die Zusammensetzung des Orchesters entsprach genau dem, wie etwa ein größeres Konzertorchester, gemischt aus Berufsmusikern und Dilettanten in den vergangenen Jahrhunderten ausgesehen haben mochte, von dem uns die Lebensgeschichten der großen Meister jener Zeiten erzählen. Diese Form entsprach keineswegs mehr den Anforderungen der neuen Werke, die man pflichtgemäß neben der Klassik auch vor das Publikum zu bringen hatte. Und wie eine Kette allemal so stark ist wie ihr schwächstes Glied, so erforderte die Rücksicht auf die schwächsten Amateure einen langatmigen Probenbetrieb, der nur selten zu ersprießlichen Resultaten führte, dafür jede Aufführung zu einer zitternden Angelegenheit für den verantwortungsbewußten Dirigenten machte. Es muß aber zugestanden werden, daß sich das Orchester in seiner Qualität rasch besserte und schließlich zu einem durchaus brauchbaren Instrument, selbst für anspruchsvolle Kapellmeister und anspruchsvolle Werke, auswuchs.«
Diese Darstellung Paumgartners ist wohl etwas süffisant und macht es nötig, die Dinge etwas zurechtzurücken.
Das Mozarteums-Orchester bestand in der Zeit von 1918 bis 1938 aus teils renommierten, teils passablen Instrumentalisten, zum Teil auch aus unerfahrenen Neulingen, die kaum der Schule entwachsen waren. Alle Mitglieder standen in enger Beziehung zum Mozarteum, entweder als Lehrer oder auch ehemalige

Schüler. Das Zusammengehörigkeitsgefühl war stark genug, um über so manche Klippen hinwegzukommen. Die älteren Herren, die ihre Karriere eigentlich schon hinter sich hatten, versuchten ihre Pensionierung so lang wie möglich hinauszuzögern. Sie saßen einträchtig mit ihren Nachfolgern am Pult und spielten, so lange sie dazu in der Lage waren. Diesem Zustand setzte allerdings die Verstaatlichung des Konservatoriums ein jähes Ende. Einige ausgezeichnete Musiker, die noch Josef Friedrich Hummel engagiert hatte, zogen sich zurück: Gustav Schreiber, der ehemalige Solocellist, war schon während des Krieges in Pension gegangen, ihm folgten nun der Klarinettist Eduard Hausner und auch Konzertmeister Gustav Zinke, der immerhin seit 1881 am Mozarteum unterrichtet hatte.

Der »alten Garde« gehörte auch der Geiger Romeo Graf Mels-Colloredo an, ein ehemaliger Dont- und Hellmesberger-Schüler. Als Zeichen seiner noblen Herkunft trug er zumeist einen Gehrock, und wenn man ihm vorgestellt wurde, meinte er »Es steht Ihm frei, Graf oder Konzertmeister zu mir zu sagen«. Das äußere Erscheinungsbild dieses kleingewachsenen Mannes war bestimmt durch einen auffallend gepflegten weißen Spitzbart und eine goldene Uhrkette, die sich dekorativ von einer Tasche seines Gilets zur anderen spannte.

Eduard Klement, der stattliche, breitschultrige Bratscher, setzte jeden in Erstaunen, der zum ersten Mal seine Fistelstimme vernahm, die so gar nicht zu seiner Statur paßte. Er war ehemals von Hummel nach Salzburg verpflichtet worden und saß im Orchester meist neben dem kleinen, schnauzbärtigen Anton Schönauer, der in seiner Freizeit Instrumente reparierte und im Dom als Säckelwart während der Predigt die Gagen auszahlte: einen Schilling fünfzig in Münze im Jahre 1928.

Aus der Gruppe der Ersten Geigen verdienen drei Musiker vom Theater besondere Erwähnung: Ludwig Möchl, Franz Famera und Franz Bittner (der vierte im Theater, Theo Filip, wirkte nur bei den Ersten Geigen mit, wenn er beim »Blech« nichts zu tun hatte. Denn er war der einzige Tubist des Orchesters!

Ludwig Möchl, als Konzertmeister am Theater, konnte mühelos mit einer perfekten Sololeistung aufwarten, wenn es gefordert war. Mit zunehmendem Alter zeigte er sich allerdings an der Musik weniger interessiert, als an seinem Idol Karl Kraus, dessen »Fackel« er ständig mit sich trug und dessen Weltanschauung er auch zu seiner eigenen machte. Der schlanke Franz Famera, ehemaliger Orchesterdirektor, widmete sich mehr dem Spiel seiner Nachbarn, als dem eigenen. Erlaubte sich etwa einer von ihnen, ebenso trocken das Instrument zu streichen wie er – so setzte er in aller Ruhe die Geige ab, fixierte den »Missetäter« und meinte: »Na, Sie spielen aber heut' wieder sinnlich.«

Franz Bittner hingegen war keineswegs zu Späßen aufgelegt, denn er war buchstäblich Tag und Nacht beschäftigt. Am Tage machte er seinen Orchesterdienst und befaßte sich mit seinen Schülern, nachts schrieb er für Richard Strauss die Partituren ins Reine, um von dem Verdienst seinen Söhnen ein höheres Studium zu ermöglichen.

Der Solobratscher Karl Stumvoll, »der schöne Karli«, wie ihn das Publikum nannte, bestach auch als Musiker durch die Schönheit des Tons, den er seinem edlen Brescianer Instrument entlockte. Er fesselte oft die Dirigenten durch das Aufblühen eines einzigen, gehaltenen Tons, wodurch das ganze Stimmgefüge ein besonderes Timbre erhielt. Der Viola-Gruppe gehörte auch Max Lalling an, der einzige aus den Reihen des Orchesters, der Opfer des Zweiten Weltkrieges wurde. Bis 1935 wirkte auch Walter Kolneder, der heute als Musikwissenschafter hohes Ansehen genießt, als Bratscher mit.

Die Cello-Gruppe wurde zunächst von Fritz Römisch, dann von Wolfgang Grunsky (1927 – 1935), schließlich von Georg Weigl angeführt.

Eine Reihe von Musikern beherrschte außer dem Orchesterinstrument auch noch ein zweites, meist ebenso gut und, was wesentlich ist, ohne das erste zu vernachlässigen. Der ausgezeichnete Kontrabassist Josef Schmid spielte und unterrichtete am Mozarteum beispielsweise auch noch die Laute. Der Flötist Anton Schöner lehrte als Mozarteumsprofessor auch Geige. Er hatte dabei die Angewohnheit, die Etuden immer mit dem Schüler mitzuspielen. Sein Flötenton hatte noch nicht das satte Vibrato der französischen Schule, das wir dann später gelegentlich im Orchester hörten, wenn etwa Magda Baronin Baillou, von Paumgartner eingeladen, zu besonderen Anlässen im Orchester mitwirkte: eine Musikerin, die schon in den zwanziger Jahren auf einer Silberflöte spielte.

Robert Jäckel, der akkurate Erste Oboist, ein Vertreter der »Wiener« Oboe und nebenbei ein vorzüglicher Pianist, kam aus der Hauptstadt. Er unterrichtete beide Instrumente am Mozarteum und war ein gestrenger und wortkarger Lehrer.

Die Gruppen der Oboen und Klarinetten waren reich besetzt. Außer dem Professor und irgendeinem seiner

Das Salzburger Streichquartett: Theodor Müller I., Heinz Lorenz II., Karl Stumvoll Va, Wolfgang Grunsky Vc. Alle Mitglieder gehörten auch dem Orchester an.

talentierten Schüler, meistens Adalbert Lorenz, gab es noch zwei Oboisten am Theater, die ebenso gut auch die Klarinette beherrschten. Zudem verfügte das Orchester noch über zwei prominente Liebhaber, die Regierungsräte Josef Huttary und Primarius Dr. Ernst von Karajan. (Seine Excellenz nahm sich gelegentlich auch der Baßklarinette an!)
Die beiden Fagottisten Karl Schuegraf und Remy Leskowitz beherrschten nicht nur ihr angestammtes Blasinstrument, sondern auch das Klavier. Schuegraf begleitete Liederabende, Leskowitz war ein bemerkenswerter Virtuose, der schon in jungen Jahren bei den Festspielen als Solist auftrat.
Die Horngruppe, die diffizilste und empfindlichste Formation in einem Orchester, spielte zu Paumgartners Zeit noch nicht auf Wiener, sondern auf deutschen Instrumenten. An den ersten Pulten saßen Rudolf Standl und Wilhelm Werner, zwei so erfahrene wie tüchtige Spieler. Und das Vierte Horn blies immer noch Ferdinand Huber, der 1891 dem Orchester angehörte.
Franz Babor, der vorzügliche Erste Trompeter, genoß die Achtung des ganzen Orchesters, er war ein ausgezeichneter Musiker und liebenswerter Mensch. Als sich einmal ein Dirigent dem Orchester vorgestellt hatte und meinte: »Alles weitere wird Ihnen mein Taktstock sagen«, antwortete Babor nach angemessener Zeit: »Herr Kapellmeister, Ihr Taktstock spricht aber nicht sehr viel.« Babor versah seinen Dienst immer sehr korrekt, und dieselbe Korrektheit wünschte er sich auch von den Dirigenten.
Josef Dorfner, der Erste Posaunist des Orchesters, versuchte seinem Instrument die gewisse Schwere zu nehmen, die ihm für gewöhnlich anhaftet. Seine virtuose Technik und sein schlanker Ton prädestinierten ihn mehr zum Solisten und Kammermusiker. Er sah auch im Orchester nicht sein Heil, sondern zog sich schon nach wenigen Jahren zurück, um sich dem Unterricht und seinem eigenen Bläser-Ensemble zu widmen.
Bis 1924 wirkte an der »Batterie«, vor allem den Pauken, der ausgezeichnete Hans Gärtner, den Clemens Krauss dann an die Wiener Staatsoper holten. Albin Broschek, der Vater des bekannten philharmonischen Schlagzeugers, Franz Broschek, war sein Nachfolger in Salzburg.
Die von Bernhard Paumgartner bevorzugte Gruppe war zweifellos jene der Schüler. Diese jungen, unverbrauchten, temperamentvollen und flexiblen Musiker hatten auch erstaunliches Niveau. Als Direktor konnte er über sie verfügen und vor allem: sie kosteten ihn nichts. Die meisten von ihnen mußten, da der Orchesterdienst nichts einbrachte, durch nächtliche Arbeit in Caféhäusern und Bars ihr Studium finanzieren.
Die besten Geigen unter den Schülern waren damals: Otto Petermann, Josef Schmalwieser, Franz Bruckbauer und Norbert Hofmann.

SALZBURGER MOZART-QUARTETT

NORBERT HOFMANN · JOSEF SCHRÖCKSNADEL

KARL STUMVOLL · WOLFGANG GRUNSKY

Das Orchester des Salzburger Stadt-Theaters (1932)

Die meisten dieser Musiker gehörten schon seit der Jahrhundertwende dem Mozarteums-Orchester an, waren Lehrer am Mozarteum oder Mitglieder der Domkapelle. Ab 1939 gab es ein Theaterorchester mehr in Salzburg, nachdem das Mozarteum-Orchester Berufsorchester geworden war und auch den Theaterdienst zu versehen hatte.

Die sozialen Verhältnisse des Orchesters in der Zwischenkriegszeit

Bernhard Paumgartner schuf sich schon in den ersten Jahren seiner Salzburger Tätigkeit ein eigenes »Imperium«. Die Zeitläufte, der Zusammenbruch der alten Monarchie, der tumultuösen Nachkriegsjahre und die folgende Inflation kamen ihm dabei sehr entgegen. Er ließ sich als Retter des Konservatoriums feiern, als ihm die Verstaatlichung gelungen war und Jahre vorher schon war er der große Mann, dem es gelungen war, »sein« Orchester bei den Festspielen »unterzubringen«, was den Mitgliedern einen Verdienst verschaffte, der auf die Dauer für sie eine wirkliche Einnahmequelle bedeutete. Dafür mußte man ihm dankbar sein, sich aber auch erkenntlich zeigen. So war er bald überall die entscheidende Instanz, und damit war auch schon ein Netz von Abhängigkeiten gesponnen, dem man nicht entrinnen konnte. Die Machtansprüche des jungen Direktors wuchsen mehr und mehr, aber mehr zum Nachteil als zum Wohle seiner Musiker. Eine Epoche ständiger Triumphe für Paumgartner und dauernder Niederlagen für das Orchester ließ nichts Gutes erwarten. Noch nie hatte ein Mozarteumsdirektor so unumschränkt geherrscht, noch nie war das Orchester so ohnmächtig wie in dieser Zeit. Als 1918 Ernest Ansermet das »Orchestre de la Suisse Romande« gründete und für soziale Verhältnisse sorgte, meinte er von seinen Musikern: »Es kann mir nicht gleichgültig sein, wie es ihnen geht...«. Solche Töne waren in Salzburg leider unbekannt.

Darunter litten vor allem die freien Berufsmusiker. Sie hatten keinen leichten Stand. Forderungen konnten sie bestenfalls für die Aufführungen stellen, aber nicht für die Proben.

Paumgartner hatte 1917 das Orchester übernommen, als noch ein Vertrag bestand, der 1908 mit der Stiftung abgeschlossen worden war. Durch die Auflösung des Dommusikvereins im Jahr 1918 und die etwas turbulenten Umstände nach dem Zusammenbruch der alten Monarchie, war eine Situation entstanden die eine neue Regelung erforderte. Man einigte sich und beschloß von fixen Gegenständen abzusehen, und der Zeit Rechnung tragend, auf Teilung zu spielen. Paumgartner beauftragte den Leiter der Schulkanzlei Josef Holzherr mit der Abwicklung der Geschäfte. Damit war auch die Stiftung einverstanden, sichtlich erleichtert mit den inneren Angelegenheiten des Orchesters nichts mehr zu tun zu haben. Die Sinfoniekonzerte veranstaltete sie aber weiter, so gar in größerem Umfang als bisher. Gegen die Teilung der Abendgage wäre an und für sich nichts einzuwenden gewesen, wenn man den Aufteilungsschlüssel gekannt hätte. Das war aber eine Angelegenheit der Direktion, die, wie sich bald herausstellen sollte, nicht nur diesbezüglich, sondern auch in ihrer Personalpolitik ziemlich rigoros vorging. Die verduzten Musiker merkten sehr bald, daß sie nun Paumgartner ausgeliefert waren. Er bestimmte nämlich nicht nur in der Schule und im Orchester, sondern auch im Festspielhaus, soweit es die Salzburger betraf. Er war also nicht zu umgehen – und wenn das einer nicht wahrhaben wollte, dann blieb ihm nur eine Möglichkeit, nämlich zu gehen. Aber auch die Direktion behielt sich das Recht vor, mißliebige Elemente zu »befördern« – und zwar ohne weitere Formalitäten. Das ging ganz unauffällig vor sich. Sekretär Holzherr heftete die jeweiligen Besetzungslisten ans »schwarze Brett« – schien dort einer der Kollegen längere Zeit nicht auf, dann gehörte er eben dem Mozarteums-Orchester nicht mehr an und hatte natürlich auch bei den Festspielen nichts mehr zu tun.

Das Angebot an Musikern, vor allem an Schülern war damals so groß, daß weder Paumgartner noch Holzherr jemals in Verlegenheit gekommen sind, wenn sie etwas zu ändern wünschten.

Diese Situation führte zu erheblichen Spannungen und heftigen Debatten, besonders als sich herausstellte, daß Paumgartner, soweit es die Veranstaltungen in »Eigenregie« betraf, fifty-fifty mit dem Orchester teilte und dies auch durchaus angemessen fand. Dieser Umstand gestaltete die Schlußphase des Orchesters »ohne Vertrag« besonders aufregend, ja dramatisch. Die Direktion versteifte sich immer mehr und mehr, und, um dieses Bollwerk zu erstürmen, riskierten einige mutige Kämpfer sogar den Schritt vors Zivilgericht, allerdings ohne zu ahnen, daß sie sich damit ihr eigenen Grab graben würden. In dieser Zeit erlitt das Mozarteum einen schweren Schlag durch den Tod seines Sekretärs Josef Holzherr, der aus nie geklärten Motiven plötzlich aus dem Leben schied.

In diesem Moment waren alle Gegensätze aufgehoben, und alle, die ihn kannten, erfaßte aufrichtige Trauer.

Paumgartner schrieb im Jahresbericht der Schule (1934): »Am 21. November 1933 verschied der langjährige Sekretär und Leiter der Schulkanzlei Josef Holzherr. Er gehörte dem Institute, dem er bis an sein Lebensende in unerschütterlicher Treue ergeben war,

Salzburg, am 11. März 1922

Herrn
Professor Felix Petyrek
Berlin

Liebwerter Freund und Kollege!

Die gesamte Lehrerschaft des Konservatoriums Mozarteum sagt Ihnen und Ihrer verehrten Frau für Ihre so außerordentlich tatkräftige wahrhaft freundschaftliche und große Hilfe in Zeiten der schwersten Not für das Mozarteum ihren innigsten Dank. Die Spenden die uns durch Ihre Aktion zugekommen sind, haben uns im wahrsten Sinne des Wortes ermöglicht, weiter zu leben und haben uns bisher über die äußerste und letzte Not hinübergehalten. Wir hoffen nunmehr einer besseren Zukunft entgegen zu gehen. Bis heute hat uns eine größere Subvention des Staates ermöglicht, monatlich ungefähr K 48.000,— ab 1. März zu beziehen, eine Summe die leider noch immer nicht ausreicht, unser Nötigstes zu decken, jedoch schon etwas mehr wie nichts ist. (Drum bitten wir auch Ihre Aktion gütigst weiter fortzusetzen.) Ab 1. Juli 1922 soll indess, da die Inspektion und die Vorverhandlungen mit dem Bundesministerium für Unterricht und Finanzen sehr günstig abgeschlossen haben, das Konservatorium direkt dem Bunde unterstellt werden, welche Tatsache nur mehr der Bestätigung durch den Nationalrat bedarf, für uns jedoch nicht nur die finanzielle Sicherung durch die direkte Anstellung der Lehrkräfte durch den Bund, sondern auch die künstlerisch und pädagogische Unabhängigkeit vom Kuratorium und den anderen Salzburger Faktoren bedeutet, wodurch wir einen wirklich innerlichen Aufschwung des Konservatoriums erwarten. Direktor Dr. Paumgartner, der durch die letzten Verhandlungen mit den kompetenten Faktoren außerordentlich in Anspruch genommen war, wird Ihnen in ausführlichem Briefe alle Nötige und seine Pläne für die Zukunft baldigst mitteilen. Auch wir werden die nötigen Dankschreiben laut Ihrer Anweisung umgehend absenden.

Nehmen Sie nochmals, lieber Kollege unser aller innigsten Dank entgegen und die herzliche Versicherung dass die Lehrerschaft des Mozarteums Ihre künstlerische und charitative Tätigkeit niemals vergessen wird.

Mit herzlichsten kollegialen Grüßen und dem Ausdrucke der Verehrung für Ihre Frau Gemahlin

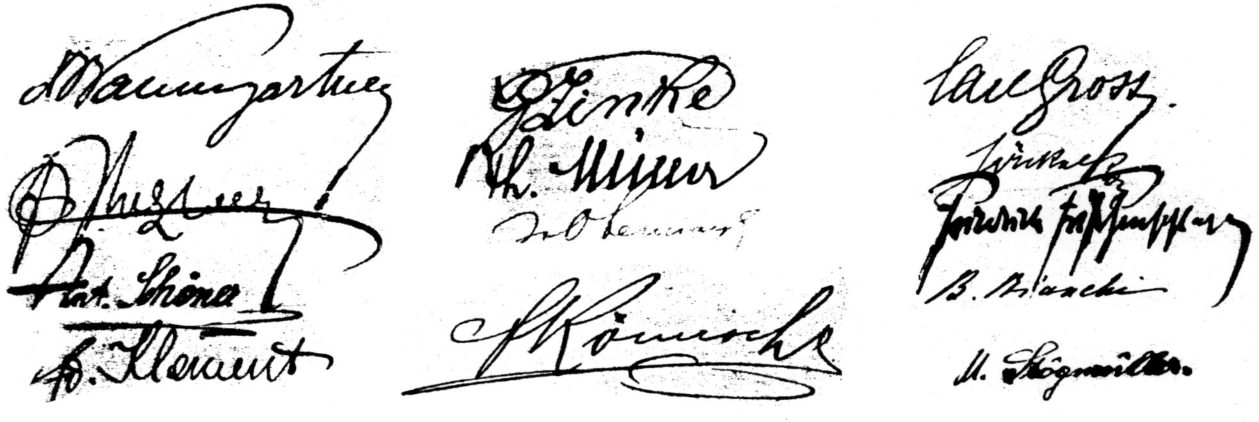

Brief an Felix Petyrek, der kurz nach dem Ersten Weltkrieg mit einer Klavier-Ausbildungsklasse am Mozarteum betraut war. Als er nach Berlin übersiedelt war und gehört hatte, daß der Weiterbestand des Salzburger Konservatoriums bedroht sei, veranstaltete er unter Kollegen eine Sammlung, für die sich Bernhard Paumgartner und der Lehrkörper in diesem Schreiben bedankten.

als wesentlicher, unermüdlicher, unentbehrlicher Helfer an. Sein Andenken wird unvergessen bleiben.«
Die Ruhe im Orchester war aber damit nicht eingekehrt. Nachdem Paumgartner die Anführer der Revolte außer Gefecht gesetzt hatte, entließ er auch zwei seiner Lehrer, die erste Positionen im Orchester eingenommen hatten, obwohl sie sich in keiner Weise exponiert hatten. Sie erlagen wahrscheinlich einer Intrige. Damit war der Höhepunkt erreicht. Die Spannung, die das Orchester fast zu zerreissen schien, legte sich erst nach einem Jahr, als 1936 ein Verein »Mozarteum-Orchester« zustandekam, als (wie es in den Statuten hieß) »Ersatz eines ständig bezahlten Orchesterkörpers, der unserer Heimatstadt leider immer noch fehlt.«
Dennoch blieb es, zumindest, was die Gagen betraf, weiterhin beim Teilen.
Daß das Mozarteums-Orchester nicht nur Konzerte spielte, sondern auch mit großen Werken der Opernliteratur hervortreten konnte, ist vor allem einem Mann zu danken gewesen, dessen Verdienste im allgemeinen zu wenig gewürdigt werden: Walter Hofstötter. Er, ein Impressario alten Schlags, ein Opernnarr, ein Idealist, der auch Regie führte (wer machte das nicht, der Reinhardt einmal bei der Arbeit gesehen hat?), produzierte in den Jahren 1927 bis 1933 fast dreißig Opern, und es ist bewundernswert, wie dies ein einzelner, ohne Subvention, nur aus Begeisterung an der Sache, bewerkstelligen konnte. Hofstötter stützte sich einzig auf eine Gemeinde von etwa 800 treuen Opernliebhabern. Damit war aber das Festspielhaus erst zu zwei Dritteln besetzt. Er mußte also stets um die Abendeinnahme bangen und riskierte dabei jedesmal viel. Denn er hatte nicht nur Plakate, Miete und Heizung, sondern noch das gesamte Personal zu bezahlen, den Dirigenten, die Solisten, das Orchester, den Chor, die Bühnenarbeiter, die Beleuchter. Überdies mußte er noch die Ausfallshaftung für das Stadttheater übernehmen. Wieviel, wenn überhaupt, da noch auf der Hand blieb, kann man sich leicht ausrechnen. Die gewitzigten Mitglieder des Orchesters, so erinnere ich mich, vergaßen nie, schon in der Pause ihre Gage zu kassieren, denn am Schluß konnte wegen der anderweitigen Verbindlichkeiten mitunter kein Groschen mehr in der Kasse sein.
Die hohen Kosten zwangen Hofstötter, fast ausschließlich im Festspielhaus zu spielen. Hier begann er 1927 mit d'Alberts »Tiefland«, im selben Haus fand auch 1929 Karajans Operndebüt mit Strauss' »Salome« statt, die »Tosca« unter Paumgartner, die »Josephslegende« von Strauss und »Cavalleria Rusticana« von Mascagni. Das Repertoire umfaßte nicht nur Meisterwerke der italienischen Opernkunst (»Aida«, »Bohème«, »Barbier«, »La Traviata«, »Madame Butterfly«, »Troubadour« und »Rigoletto«), sondern auch heute weniger gängige Stücke wie Adams »Postillon von Lonjumeau«, Aubers »Fra Diavolo« oder Kienzls »Evangelimann«. Bemerkenswert war auch Hofstötters Einsatz für Richard Wagner. In den sechs Jahren kamen »Tristan«, »Die Meistersinger von Nürnberg«, »Der fliegende Holländer«, »Walküre« und »Siegfried« heraus.
1929 veranstaltete Walter Hofstötter im Salzburger Festspielhaus ein Konzert mit Siegfried Wagner anläßlich seines 60. Geburtstags. Im Mittelpunkt des Programms, das nur Richard und Siegfried Wagner gewidmet war, stand das »Siegfried-Idyll«.

MOZARTHAUS · GROSSER SAAL

MITTWOCH, 17. FEBRUAR, ½8 UHR ABENDS

AUSSERORDENTLICHE VERANSTALTUNG DES „MOZARTEUM“ FÜR ZWECKE DER KRIEGSFÜRSORGE (K. U. K. TRUPPENSPITAL UND NOTSTANDAKTION DER STADTGEMEINDE SALZBURG)

KONZERT

FRAU K. U. K. KAMMERSÄNGERIN

A. BAHR-MILDENBURG

HERR K. U. K. KAMMERSÄNGER

LEO SLEZAK

Herr Konzertmeister HANS KOCH. — Das Mozarteums-Orchester.
Dirigent und Klavierbegleitung: Herr Konzertleiter FRANZ LEDWINKA.

I. ABTEILUNG:

1. JOSEF PEMBAUR: Kriegsgebet. Largo serioso für Orchester über Österreichs „Gott erhalte“.

2. K. GOLDMARK: Erzählung des Assad aus der Oper: „Die Königin von Saba“.
Herr LEO SLEZAK.

3. a) FRANZ SCHUBERT: An die Musik.
b) „ „ Der Tod und das Mädchen.
c) H. WOLF: In der Frühe.
d) „ Auf einer Wanderung.
Frau A. BAHR-MILDENBURG.

II. ABTEILUNG:

4. a) J. S. BACH: Chaconne für Violine.
b) W. A. MOZART: Larghetto aus dem Klarinetten-Quintett (op. 108), für Violine und Klavier von A. Wilhelmj.
Herr HANS KOCH.

5. a) J. BRAHMS: Auf dem Kirchhofe.
b) H. WOLF: Der Feuerreiter.
Frau A. BAHR-MILDENBURG.

6. a) C. LÖWE: Tom der Reimer.
b) H. WOLF: Verschwiegene Liebe.
c) R. STRAUSS: Ich trage meine Minne.
d) „ Ständchen.
e) HANS HERMANN: Mahnung.
Herr LEO SLEZAK.

Zwischen den beiden Abteilungen 10 Minuten Pause. — Die Damen sind gebeten, im Saale ohne Hut zu erscheinen. — Während der einzelnen Vortragsstücke bleiben die Saaltüren geschlossen.

PREISE DER PLÄTZE:

Im Saale unten: 1. Reihe 12 K; 2. bis 4. Reihe 8 K; 5. bis 8. Reihe 6 K; 9. bis 16. Reihe 4 K; 17. bis 21. Reihe 3 K. — In den Logen: Vordersitz 10 K; Rücksitz 6 K. — Im ersten Rang: 1. Reihe 10 K; 2. Reihe 6 K; 3. Reihe 4 K; 4. und 5. Reihe 2 K. — Stehplätze (nur im Saale unten): K 1.50. Karten und Programme in der Buchhandlung EDUARD HÖLLRIGL, Sigmund Haffnergasse 10.

Erste Begegnung mit Herbert von Karajan

Herbert von Karajan begann seine Dirigentenlaufbahn im Jänner 1929 in Salzburg mit einem Konzert des Mozarteums-Orchesters, noch bevor er sein erstes Engagement im Stadttheater in Ulm antrat. Im selben Jahr führte er im Salzburger Festspielhaus auch Strauss' »Salome« auf, im Herbst des gleichen Jahres Puccinis' »Tosca« in Berchtesgaden und ein Jahr darauf wiederum im Salzburger Festspielhaus die »Josephslegende« und »Cavalleria Rusticana«. Und immer musizierte das Salzburger Mozarteums-Orchester.

Die erste Begegnung und der folgende, jahrelange Kontakt mit dem jungen Dirigenten war für alle, die Karajans Größe schon damals erkannten, psychologisch äußerst interessant und lehrreich. Als einer der jüngsten Musiker des Orchesters war ich fasziniert von der Natürlichkeit und Sicherheit, mit der er ans Pult trat und ein Orchester befehligte, das zur Hälfte so alt wie seine Lehrer war. Die meisten von ihnen, die ihn als ausgezeichneten Pianisten kannten, waren begierig, ihn nun als Dirigenten zu erleben. Aber so kritisch sie ihn auch betrachteten, sie konnten nicht die geringsten Schwächen an ihm entdecken. Im Gegenteil: die Art, wie er sich zu benehmen und zu bewegen verstand, wie er treffend Antwort gab, wie er gechickt den Takt schlug und nie den Kopf verlor, zwang sie bald zu höherer Einsicht und wohlberechtigter Anerkennung.

Es gab keinen Zweifel: an Karajan stimmte alles. Was er machte, war richtig und alles ging wie von selbst. Man verlor bald keine Gedanken mehr darüber – und auch keine Worte. Ich selbst lernte ihn in wenigen Jahren so gut kennen, daß mir heute nichts fremd ist, was immer ich auch von ihm höre. Er war eine Persönlichkeit, die über die bewundernswerte Begabung hinaus mit Intelligenz, Fleiß und eisernem Willen das erreichte, was wir heute an ihm bewundern, schon damals war alles im Keim vorhanden.

Am Mozarteum hat Karajan bei Franz Ledwinka seine pianistische Ausbildung erhalten und von diesem genialen Pädagogen wohl viel gelernt. Ledwinka verstand es wie kein anderer, Talente zu wecken und seinen Schülern gleichermaßen Begeisterung und Pflichtbewußtsein zu vermitteln. Als Karajan 1914 ins Mozarteum eintrat, übernahm sein Lehrer gerade als »Konzertleiter« das Mozarteums-Orchester. In seiner

Am Salzburger Domplatz

(bei ungünstiger Witterung im Festspielhaus)

Freitag, den 13. Juli 1928, 3/4 9 Uhr abends

ANTON BRUCKNER

(geboren 4. September 1824, gestorben 11. Oktober 1896)

Fünfte Symphonie B=Dur

I. Adagio – Allegro
II. Adagio
III. Scherzo, Molto Vivace–Trio, Allegretto
IV. Finale, Adagio

Dirigent:
DR. BERNHARD PAUMGARTNER
Ausführend:
Das verstärkte Mozarteums=Orchester

Anfang 3/4 9 Uhr abends Ende 10 1/4 Uhr abends

Arrangement:
SALZBURGER THEATER= UND KONZERTBÜRO
(WALTER HOFSTÖTTER)

Doppelfunktion als Pianist und Dirigent scheint er seine Schüler wesentlich geprägt zu haben. Er war ihnen zum Leitbild geworden, dem sie nacheiferten: Meinhard von Zallinger, Otto Söllner und Herbert von Karajan. Dabei spielte natürlich auch Paumgartner mit, als hinreißender Animator, dessen oberstes pädagogisches Prinzip darin bestand, den angehenden Musikern ihren Beruf schmackhaft zu machen und sie zur Selbständigkeit zu erziehen.

Als Karajan im Herbst 1926 nach Wien ging und zur Enttäuschung seiner Freunde bald danach seine Pianistenlaufbahn aufgab, um sich dem größeren »Instrument« Orchester zuzuwenden, bedeutete dies aber nicht, daß er falsch investiert hätte. Im Gegenteil: die virtuose Beherrschung eines Instruments und das damit erreichte geistige und technische Niveau bildeten für ihn die Voraussetzung zu seinem kometenhaften Aufstieg. Er hatte vor allem zu »studieren« gelernt, ein Stück richtig zu erarbeiten.

Als neunjähriger Schüler des Mozarteums machte er mit der d-Moll-Klavierfantasie von Mozart bei einem öffentlichen Vortragsabend erstmals auf sich aufmerksam. Ein Jahr darauf spielte er bereits als Solist mit dem Orchester das »Rondo« in D, KV 382 – nicht nur sauber und notengetreu, sondern, wie die Kritik vermerkte, »mit früh entwickelter, musikalischer Empfindungskraft«.

Diese Beweise genialer Veranlagung verleiteten aber seinen Lehrer nicht, ihn bei jeder Gelegenheit »herauszustellen«. Er ließ ihn in Ruhe heranreifen und gestattete ihm, jährlich nur einmal vor die Öffentlichkeit zu treten: mit einigen »Consolations« oder dem »Mephisto-Walzer« von Franz Liszt, mit der f-Moll-Sonate von Brahms oder der A-Dur-Sonate von Cesar Franck, die er zusammen mit dem Salzburger Geiger Josef Schmalwieser interpretierte, den er schon im zweiten Jahr seines Engagements 1930 nach Ulm holte.

Erst 1926 kam es zu größeren Auftritten mit dem Vortrag der XII. Rhapsodie von Liszt am 24. März, mit dessen Klavierkonzert in Es am 12. Mai und dem Klavierkonzert von Pantscho Wladigueroff, das eigentlich zum krönenden Abschluß von Karajans Klavierkarriere wurde. (Man munkelte damals, er hätte es in vierzehn Tagen gelernt und dann auswendig gespielt).

Anschließend studierte Karajan in Wien, wo er sich nach knapp einjährigem Unterricht bei Josef Hoffmann entschloß, Dirigent zu werden. Wie es ihm dann gelang, den Kapellmeisterkurs zu belegen, war vielen seiner damaligen Kollegen ein Rätsel. Die Bedingungen hiefür waren nämlich noch recht streng. Voraussetzung war ein dreijähriges Kompositionsstudium. Der Kurs selbst, mit minimalster praktischer Orchesterarbeit, gelegentlichem Unterricht bei Clemens Krauss, hauptsächlich aber bei Krauss' Vertreter, Alexander Wunderer, der gar kein Dirigent war, sondern ein hervorragendes Mitglied der Wiener Philharmoniker, in Verbindung mit dem herrlichen Anschauungsunterricht, den ihm Wien in Oper und Konzert bot, formte jedoch den jungen Künstler so grundlegend, daß man bei seinem ersten Konzert in Salzburg schon den Eindruck von einem richtigen »Profi« hatte.

Herbert von Karajan zeigte, als er zum ersten Konzert in Salzburg erschien, nicht nur, was er in Wien gelernt hatte, er zeigte auch, was man auf der Akademie nicht lernen kann, was nur »Persönlichkeit« vermag.

Karajans Manager Walter Hofstötter sorgte in Salzburg für einen vollen Saal, für genügend Proben und für ein möglichst kleines Defizit, weil es ja der Vater bezahlen mußte. Die Probenarbeit stand im Zeichen höchster Ökonomie. Von Anfang an wußte Karajan schon, worauf er seinen Finger zu legen und was er zu sagen hatte, denn er kannte das Orchester, seine Qualitäten und seine Schwächen. Geredet wurde aber recht wenig, denn dazu reichte die Zeit nicht. Es wurde möglichst viel gespielt und nur kurz unterbrochen. Es gab kein Beharren auf Kleinigkeiten, kein »Auf den Zahn fühlen«, nur konzentrierte Arbeit, ohne böse Blicke oder verletzende Worte. Heikle Stellen wurden in aller Ruhe geklärt, der instrumentale Glanz frisch aufpoliert, und wenn im Anfangswirbel des »Don Juan« einmal ein Ton in den Streichern ausblieb, so war das nicht so schlimm. Hauptsache: die Musiker fühlten sich sicher und konnten am Abend ihr Bestes geben.

Karajan selbst äußerte sich freundlich über das Orchester: »... es stand mir das Mozarteumsorchester zur Verfügung, das sich wirklich auf einen einzustellen verstand. Jeder einzelne war sehr hilfsbereit, und ich wußte schon ziemlich genau, was ich wollte und was ich sagen mußte.«

Über das erste Auftreten Karajans als Dirigent schrieb der Rezensent des »Salzburger Volksblattes« am 23. Jänner 1929:

»Herr Karajan hält als angehender Dirigent die Versprechungen, die er als Wunderkind am Klavier gab. Sein erster öffentlicher Schritt auf das Dirigentenpodium... zeigte einen starken, gezügelten Dirigentenwillen, der sich durchzusetzen versteht... Stabführung und Haltung sind ruhig. Kein Deklamationsdirigent, sondern Führer von suggestiver Kraft... Maß-

Dienstag, den 22. Jänner 1929, abends halb 8 Uhr im Mozarthaus
Großer Saal

AUSSERORDENTLICHES

SYMPHONIE-KONZERT

Dirigent:

Herbert Karajan

Mitwirkend:
Yella Pessl (Klavier)
und das Mozarteumsorchester

Programm:

1. Tschaikowsky: Symphonie E-moll Nr. 5
2. Mozart: Klavierkonzert A-Dur
3. Richard Strauß: Don Juan

Vorverkauf für sämtliche Veranstaltungen des Salzburger Theater- und Konzertbüros (Walter Hofstötter) in der Buchhandlung Höllrigl, Sigmund Haffnergasse und in der Mayrischen Buchhandlung, Bismarckstraße

Zaunrith'sche Buch- und Kunstdruckerei, Salzburg. 1169

halten der Mittel, feinhörige Klangempfindung... Er geht wahrscheinlich seine eigenen Wege, denn der Jugend gehört die Welt und der Sohn dirigiert nun einmal den Vater. Besonders wenn dieser beglückt im Orchester Klarinette bläst!
Der verlebendigsten musikalischen Formung kommt die Intelligenz des Mozarteums-Orchesters zustatten, das in der Präzision des Zusammenspiels, in der rhythmischen Schwung- und Schlagkraft..., in der Gabe des Erfühlens der Intentionen des Dirigenten in den letzten Jahren große Fortschritte gemacht hat.«
Am 19. April 1929 folgte im Salzburger Festspielhaus die Premiere einer Einstudierung der »Salome« von Richard Strauss, die Karajan leitete. Darüber schrieb tags darauf das »Salzburger Volksblatt«:
»Herbert Karajan meistert die Schwierigkeiten der Partitur mit erstaunlicher Überlegenheit. Er disponiert klar und zwingend, fügt alle Einzelheiten einem geistig verarbeiteten Gesamtplan ein und läßt das farbenprächtige Nachtstück vermöge seines starken Temperaments in leidenschaftlicher Glut an uns vorüberrauschen. Und so ergibt sich trotz einer in mancher Hinsicht unzulänglichen Besetzung, dennoch eine überzeugende Wirkung... Unserem Orchester, das sich von Herbert Karajan bereitwilligst führen ließ, gebührt besonderer Dank.
Im Herbst trat dann Karajan sein erstes Engagement in Ulm an. Zuvor gab es aber noch ein kurzes Gastspiel in Berchtesgaden, wo im Kino des Ortes eine Reprise von »Tosca« stattfand, die kurz zuvor Paumgartner im Festspielhaus geleitet hatte. Diesmal standen allerdings nur siebzehn Mann im Orcheser (mit Harmonium und Klavier!) zur Verfügung. (Übrigens: Fünfzig Jahre zuvor hatte Gustav Mahler in Laibach auch nur ein Orchester mit 18 Mann, mit dem er eine ganze Saison lang auskommen mußte.)
Die Salzburger Musiker verloren den Kontakt zu Karajan nicht. Nach den lebhaften Anfängen in den Jahren 1929/30 trat das Orchester jedoch nur noch einmal mit ihm öffentlich auf. Das war im Jahre 1938.
Im »Volksblatt« war dazu am 26. Februar zu lesen:
»Herbert von Karajan, der Generalmusikdirektor von Aachen, wird das nächste Orchester-Konzert des Mozarteums leiten. Karajan, der bekanntlich Salzburger ist, befand sich kürzlich auf der Durchreise hier, wo er bezüglich seines Konzertes Besprechungen hatte. Das Orchester zu dieser Aufführung wird anders aufgestellt sein, als es der üblichen Anordnung entspricht. Die Neuaufstellung hat erstmals der amerikanische Dirigent Stokowsky, der als Nachfolger Toscaninis in New York die dortigen philharmonischen Konzerte leitet, vorgenommen. Sie bezweckt eine andere als die bisher gewohnte Klangwirkung.«
Die Kritik vermerkte am 5. März:
»In Salzburg erscheinen im Sommer die Könige der Dirigenten. So wollen wir auch Karajan ohne jeglichen Lokalpatriotismus beurteilen. Er ist eine große Hoffnung, eine der größten, die in seiner Generation sichtbar ist. Das Mozarteum-Orchester unter H. v. Karajan spielte die Sinfonie KV. 319 von W. A. Mozart, Smetanas ›Moldau‹ und die zweite Sinfonie in D-Dur von Johannes Brahms.«
In der Zwischenzeit konnte ihn das Orchester jährlich bei den Internationalen Sommerkursen der Stiftung Mozarteum begrüßen, wo er als begehrter Lehrer bei den Dirigentenkursen wirkte.
Dieser Kurs für »Praktische Orchesterleitung« erfreute sich von Anfang an großer Beliebtheit. Ein Kurs-Orchester, das hauptsächlich mit Schülern und jungen Musikern des Mozarteums-Orchesters besetzt war, bot den »Dirigenten-Lehrlingen« die Gelegenheit, erste Versuche zu wagen, die sie unter der Anleitung von Clemens Krauss, Bernhard Paumgartner, Meinhard von Zallinger und Herbert von Karajan unternahmen. Sie lernten im Umgang mit dem Orchester die wichtigesten »Regeln« und durften zum Schluß sogar vor die Öffentlichkeit treten. Das hatte selbstverständlich auch einen »Reklame-Effekt«!
Eines Tages erschien, in der festen Absicht, die Kunst des Dirigierens zu erlernen, ein Mann namens Sidney Beer. Er war reich und konnte es sich leisten, für sich allein ein Orchester zu verpflichten. Gruppenunterricht, in dem die einzelnen Stücke von den Teilnehmern der Reihe nach einstudiert wurden, kam für ihn nicht in Frage. So bestimmte Sidney Beer selbst seinen Lehrer und wählte mit Kennerblick Herbert von Karajan. Als eigenes Experimentier-Ensemble war das Mozarteums-Orchester in Aussicht genommen. Walter Hofstötter wurde beauftragt, einen Vertrag auszuarbeiten. Die Musiker, entzückt über die Möglichkeiten, die sich dabei hätten bieten können, schwelgten etwas voreilig bereits in höheren Sphären. Der Plan aber wurde zunichte gemacht.
Als sich nämlich bei den Verhandlungen herausstellte, daß der höchst erwünschte englische Gast nicht einwandfrei arischer Abstammung sei, hatte Salzburgs Landeshauptmann plötzlich Bedenken und wollte ohne die Einwilligung der damals in Österreich erlaubten NSDAP nicht zustimmen. Die Angelegenheit kam tatsächlich am Obersalzberg zur Sprache,

Ein Schnappschuß aus dem Jahre 1932.
Der Leiter des Dirigentenkurses der Internationalen Sommerakademie, Clemens Krauss, umgeben von Schülern und Mitgliedern des »Kurs-Orchesters«. Links Herbert von Karajan, der damals assistierte, rechts ihm gegenüber der Verfasser.
Im Kursorchester spielten über 20 Mitglieder des Orchesters.

Wie groß waren die Opern-, respektive Theaterorchester im deutschen Sprachraum im Jahre 1929? Folgende Aufstellung über die Anzahl von Musikern, die das Deutsche Reich betreffend längst nicht vollständig ist, zeigt einerseits die Armseligkeit der österreichischen Provinz und des Sudetenlandes, andererseits die Sparsamkeit der reichen Schweiz. Eine Stadt wie Luzern hatte ein Orchester von 26 Musikern. Salzburg besaß, nach Eger und Pforzheim, das drittkleinste Theaterorchester im deutschen Sprachraum, zu einer Zeit, in der es schon 9 Jahre lang Festspiele gab.

In Österreich:

Salzburg	23
Klagenfurt	26
Baden b. Wien	26
Linz	27
Innsbruck	28
Graz	50
Staatsoper Wien	114

Im Sudetenland:

Eger	20
Gablonz	28
Reichenberg	31
Aussig	40
Brünn	41

In der Schweiz:

Luzern	26
Bern	50
Basel	50
Zürich	63

Im Deutschen Reich:

Pforzheim	18
Bamberg	25
Kiel	26
Regensburg	27
Ulm	30
Heilbronn	32
Zwickau	32
Bremerhaven	33
Kaiserslautern	37
Koblenz	38
Coburg	39
Bielefeld	41
Essen	42
Heidelberg	43
Augsburg	45
Gelsenkirchen	50
Danzig	50
Freiburg	52
Baden-Baden	52
Hagen/Westfalen	53
Münster	54
Mainz	56
Aachen	57
Braunschweig	58
Kassel	58
Königsberg	59
Dessau	59
Karlsruhe	67
Bremen	68
Darmstadt	72
Chemnitz	73
Mannheim	74
Hannover	79
Wiesbaden	80
Frankfurt	82
Stuttgart	84
Nürnberg	86
Dortmund	87
Hamburg	100
Berlin Std.	102
Düsseldorf	105
Leipzig	105
Köln	108
Breslau	120
München	129
Dresden	126
Unter den Linden und Kroll-Oper	211

und als das strikte »Nein« ausgesprochen war, getraute sich niemand mehr in Salzburg dagegen zu handeln. Das war fünf Jahre vor dem »Umbruch«.

Mister Beer bedauerte daraufhin und übersiedelte nach Wien, wo man noch wesentlich mutiger war. Allerdings grenzte, was sich dort abspielte, fast ans Groteske. Beer, für den Geld keine Rolle spielte, mietete sich die Wiener Philharmoniker – nicht als sein »Kurs-Orchester«, sondern als das Orchester des »Beer-Abonnements« im Großen Musikvereinssaal, das einem Wiener Konzertagenten übertragen wurde. Der noch unfertige Meister des Taktstocks hatte nun die Auszeichnug, an der Spitze eines der bedeutendsten Orchester der Welt öffentlich in Erscheinung zu treten, eine Ehre, die seinem vorgesehenen Lehrer Karajan noch etliche Jahre vorenthalten blieb. Der gefinkelte Manager sorgte zusätzlich für erstklassige Solisten und auch für ein volles Haus, was in der damaligen Zeit vielleicht das größte Problem darstellte. Er vergab viele Freikarten – und was dann noch fehlte »besetzte« er mit einer »Clique«, die für den Applaus, den sie zu leisten hatte, auch bezahlt werden sollte. Je nach Manieren, Aussehen oder Garderobe gab es, so wurde behauptet, für die einzelnen »Besucher« eine Zuwendung zwischen 50 Groschen und einem Schilling fünfzig.

Die Wiener Philharmoniker, von Mister Beers Liebenswürdigkeit entzückt (und auch von seiner Gage), hielten in seltener Einmütigkeit eine ganze Saison lang durch, bis allmählich die Presse so negativ reagierte, daß man einen Schlußstrich ziehen mußte.

»Da gab es einen Engländer, Sidney Beer mit Namen... und er dirigierte gerne... also kaufte er die Wiener Philharmoniker, und wir spielten im Großen Musikvereinssaal vor einem Publikum, von dem ich heute nicht mehr weiß, woher es gekommen war...«. Dies berichtet Otto Strasser in seinem Buch »Und dafür wird man noch bezahlt«, ein Titel, der sich allerdings auf Furtwängler bezieht und nicht auf Mister Beer.

An der Musikschule Mozarteum unterrichteten im Schuljahr 1918/19 einschließlich dem Direktor Bernhard Paumgartner 24 Lehrer. 831 Schüler waren eingeschrieben. Im Jahr darauf kamen noch sechs Lehrer hinzu, darunter Natalie Bauer-Lechner, die kurze Zeit Violine unterrichtete. Sie war Bernhard Paumgartners Violinlehrerin in Wien und hatte eine bedeutende Rolle im Leben Gustav Mahlers gespielt, mit dem sie am Wiener Konservatorium studiert hatte. Viele Jahre wirkte sie als Bratscherin in dem bedeutenden Soldat-

Roeger-Quartett, einem der ersten Damenquartette, die es in Wien gegeben hat.
Apropos Mahler: Drei berühmte Sängerinnen, die unter ihm wirkten, waren dem Mozarteum besonders verbunden. An erster Stelle sei Bianca Bianchi (1855 – 1947) genannt, die zehn Jahre lang eine Klasse für Sologesang leitete. Sie war zu Mahlers Zeit der Liebling des Budapester Opernpublikums und sang am 13. November 1889 in einem Konzert zum ersten Mal öffentlich drei Lieder des Komponisten, der sie am Klavier begleitete. Ihr Gatte war der Hamburger Operndirektor Bernhard Pollini (1838 – 1897), der Mahler 1891 als Ersten Kapellmeister in die Stadt an der Alster geholt hatte, wo er bis 1897 blieb.
Anna Bahr-Mildenburg und Marie Gutheil-Schoder waren die beiden anderen bedeutenden Sängerinnen, deren sich Salzburg versichern konnte. Sie wirkten bei den Internationalen Sommerkursen des Mozarteums.
In der Zeit zwischen den beiden Weltkriegen, von 1920 bis 1938, führte Theodor Müller die Streichergruppe des Orchesters an. Müller leitete auch die Ausbildungsklasse für Violine am Salzburger Konservatorium. Paumgartner holte ihn 1918 aus Wien und setzte ihn neben Willy Schweyda, den zwei Jahre zuvor Franz Ledwinka engagiert hatte, und Gustav Zinke ins Amt. Somit gab es in den Jahren 1918 bis 1920 drei Ausbildungslehrer für Violine am Mozarteum, die zudem alle das Prager Konservatorium absolviert hatten. Zinkes Lehrer war, wie schon früher erwähnt, Anton Bennewitz, die beiden anderen erhielten ihre Ausbildung bei Ottokar Sevcik: die »böhmische Schule« behielt also für Salzburg auch weiterhin ihre Bedeutung.
Die Violinstudien von Ottokar Sevcik, inzwischen weltweit anerkannt, bildeten auch bei Professor Müller den Fixpunkt des Geigenstudiums. Jeder seiner Schüler mußte die vielen Hefte der Violin- und Bogentechnik gewissenhaft studiert haben, bevor er zu einem Ensemblespiel zugelassen war. Das hatte auch seine Auswirkung auf das Orchester, besonders in bogentechnischer Hinsicht, in der das ganze Repertoire an Möglichkeiten ausgekostet wurde, was Paumgartner zumeist großen Spaß machte, und Müllers Geigerherz höher schlagen ließ.
Sonst aber waren Müller und Paumgartner zwei völlig gegensätzliche Naturen. Erfüllt von gegenseitiger Achtung und geprägt vom absoluten Willen zu gemeinsamer Aufbauarbeit, wurden sie doch nie wirkliche Freunde. Der verläßliche, gestrenge Theodor Mül-

Professor Theodor Müller, Konzertmeister des Orchesters von 1918 bis 1938.

Anmerkung über den Namen des Orchesters:

Solange es Bestandteil des Mozarteums war, hieß es »Das Mozarteums-Orchester«. Als es 1939 selbständig und eine eigene Institution wurde, aber eigentlich schon 1936, nach der Vereinsgründung, hieß es »Das Salzburger Mozarteum-Orchester«.
Das sogenannte »Mozart-Orchester« war das Mozart-Ensemble des Mozarteums-Orchesters, das gesondert studierte und in seiner Besetzung konstant blieb. Alles was Mozart betraf, bei den Festspielen, während der Wintersaison in Salzburg oder auf Reisen, war dieser geschlossenen Gruppe anvertraut – in der übrigens keine Dilettanten mitwirkten. Eine vertragliche Bindung gab es nicht. Der Name »Mozart-Orchester« kam erstmals 1931 in Mode (mit einer Reise in die CSSR) und blieb bis 1938 bestehen, als das Ensemble (ohne Paumgartner) zuletzt die Serenaden bei den Festspielen aufführte.

ler, pflichtbewußt in allem, was er sich vornahm, »ergänzte« den oft ein wenig leichtfertigen, aber zum Genialischen begabten Paumgartner ideal.

Die Übungsschule des alten Mozarteums von 1841, in der die Schüler einzeln und in Gruppen für das Orchesterspiel herangebildet wurden (eine Praxis, die Hummel 1880 auf alle Mitwirkenden des Orchesters ausdehnte), setzte Müller in seinem Schulorchester fort, und er widmete sich dieser Arbeit mit größter Hingabe.

Er probte überaus genau, nahm alles unter die Lupe und ließ bei jeder Gelegenheit einzeln vorspielen.

Anläßlich einer »Visitation« bei den Kontrabässen ergab sich einmal folgende Frage- und Antwortspiel:

»Haben Sie die Stimme mit nach Hause genommen?«

»Ja, Herr Professor.«

»Haben Sie sich die Stimme auch angesehen?»

»Ja, Herr Professor.«

»Haben Sie die Stimme auch geübt?«

Nach einem Moment äußerster Betroffenheit:

»Nein, Herr Professor.«

Allgemeines Schmunzeln, auch vonseiten des Professors, löste die Spannung – der Spieler ging in sich und eine Zurechtweisung war nicht mehr nötig.

Müllers Methode blieb nicht ohne Erfolg. Vortrefflich geschult und vertraut mit der Kammer- und Orchestermusik, konnten seine Schüler gut vorbereitet ins Berufsleben treten. Zwei von ihnen fanden den Weg an die Berliner Staatsoper, einer war jahrelang Konzertmeister der Wiener Symphoniker und andere wirkten in ähnlichen Positionen, von der Vielzahl derer, die an Konservatorien und Hochschulen unterrichteten und noch unterrichten, nicht zu reden.

Professor Müller war in seiner Eigenschaft als Konzertmeister auch Studienleiter des Mozarteum-Orchesters, und es gab keine Streicherstimme, die nicht schon vor den Proben auf das genaueste von ihm bezeichnet war. Er pflegte am Ende einer Stimme immer sein »Bezeichnet Th. Müller« hinzusetzen.

In den zwanzig Jahren seiner Orchestertätigkeit erreichten besonders die Streicher eine Ausgeglichenheit und tonliche Schönheit, die nicht allein in Salzburg, sondern auch auf den Konzertreisen bewundert wurde. In dem Reise-Ensemble, das sich »Mozart-Orchester« nannte, spielten keine Dilettanten mehr mit und bei den Geigern und Bratschern gab es nur mehr die bewährten Müller-Schüler.

So gastierte das Orchester 1931 in Prag und an anderen Orten der CSSR, 1937 in Straßburg, Luxemburg, Brüssel, London, Budapest und Bukarest.

»Die Disziplin des Orchesters ist vollkommen«, schrieb Ernest Newman damals in der »London Sunday Times«, »von Anfang bis Ende hat man den Eindruck, ein einziges Instrument vor sich zu haben«. Und in der »London Times« stand: »Die Violinen klingen wie in einem Streichquartett. Sie phrasieren überaus musikalisch. Niemals erklang uns Mozart so einmütig in Ansturm und Ruhe erfaßt.«

Es war ein großartiger Erfolg für das Orchester und seinen Dirigenten, für Theodor Müller war es geradezu ein Triumph. Die zweite, oben schon erwähnte Konzertreise in die westlichen Länder fand im April 1937 statt, und im Herbst dieses Jahres wurden je zwei Konzerte in Budapest und Bukarest gegeben. Jetzt schien der Weg offen zu einer internationalen Karriere des Orchesters.

Bernhard Paumgartner konnte im Frühjahr 1938 darauf hinweisen: »Wir haben bekanntlich in der letzten Saison eine Tournee durch England gemacht, die uns geradezu unwahrscheinliche Erfolge brachte. Die Folge waren Anträge aus allen Teilen der Welt. Wir werden auch heuer wieder nach England gehen, auch nach den Nordstaaten und nach dem Balkan, um überall Mozart in sozusagen authentischer Interpretation zu spielen. Wir studieren unsere Programme während des ganzen Jahres ein (Professor Müller!) –, so daß tatsächlich jeder meiner einzelnen Musiker mit dem Mozartstil verwachsen ist. Nun haben wir eine Einladung nach Amerika erhalten, aber ich weiß noch nicht, ob es möglich sein wird...«.

Der Anschluß Österreichs an das Deutsche Reich machte jede Hoffnung zunichte, nicht nur hinsichtlich der Reisen, sondern auch im Hinblick auf die weitere Arbeit. Paumgartner wurde außer Dienst gestellt, Monate danach wurde er in Pension geschickt. Die Direktion des Mozarteums wurde vorübergehend einem kommissarischen Leiter anvertraut, und das Orchester stand ohne Dirigenten da. Das war kurz vor den Festspielen. Theodor Müller entschloß sich daher, die Leitung des Orchesters selbst zu übernehmen und es vom Konzertmeisterpult aus zu führen. Das Repertoire stand fest und war so sorgfältig studiert, daß man sogar die »Linzer Symphonie« ohne Dirigenten wagen konnte.

Im »Salzburger Volksblatt« stand am 22. Juli 1938: »An der guten Ausführung ist alles gelegen, sagt schon Vater Mozart in seiner Violinschule – das erlebte man in beglückender Vollendung, in der natürlichen, wie ein Wunder sich aufschiessenden Schönheit dieses Musizierens.«

Und am 12. August: »Die Leitung des Konzertes hatte Prof. Müller inne. Durch seine überaus fleißige Probenarbeit, Umsicht und Sicherheit, gelingt es auch ohne Stabführung, die feinsten Einzelheiten dieser Werke Mozarts dem Zuhörer klar und verständlich zu machen.« Dieser Erfolg aber hinderte die neuen Machthaber keineswegs, weiterhin hart durchzugreifen.
Bald danach wurde Theodor Müller als Hauptmann der Reserve eingezogen. Die folgenden Jahre verbrachte er »pendelnd« zwischen Wehrmacht und Mozarteum.
Erst nach dem Krieg legte er seine Stelle als Konzertmeister des Orchesters offiziell zurück und widmete sich ausschließlich seinen Schülern. Über Müllers integren Charakter und seine menschliche Güte berichtete vor Jahren ein ehemaliges Orchestermitglied: »Als ich vor meinem Diplom stand (als Absolvent der Klasse Richter-Steiner), bestellte mich eines Tages Professor Müller zu sich und meinte: Ich habe Sie seinerzeit aus dem Schulorchester verwiesen, weil ich Ihr Benehmen nicht dulden konnte. Da Sie jetzt vor der Prüfung stehen, möchte ich Ihnen sagen, daß die Angelegenheit für mich vergessen ist und keinen Einfluß auf die Beurteilung Ihrer Leistung haben wird.«

Die Jahre 1938 bis 1945

In der NS-Zeit wachte erfreulicherweise ein guter Geist über die Geschicke des Mozarteums. Der zum Regierungspräsidenten avancierte Rechtsanwalt Albert Reitter, ein langjähriges Kuratoriumsmitglied der Stiftung, sorgte dafür, daß bei der »Umgestaltung« an den Vermögenswerten nicht gerührt wurde und die Gebäude, die Gedenkstätten, die Bibliothek und das Archiv der Stiftung erhalten blieben. Der »Verein« wurde zwar aufgelöst, aber nicht liquidiert. Bis auf einige personelle Änderungen blieb alles auf seinem Platz. Der Mozart-Kult blieb unangetastet, ebenso das Zentralinstitut, das Konzertbüro (das nun Konzertamt hieß), der Verwaltungsausschuß und der Künstlerische Ausschuß, den man nun Kunstrat nannte.
Aus dem Konservatorium entstand eine »Reichshochschule für Musik« und aus dem Sorgenkind »Mozarteums-Orchester« wurde ein Berufsorchester.
Nach 98 Jahren ständigen Improvisierens und jahrzehntelangem Vertrösten auf bessere Zeiten, erlebten die Salzburger Musiker nun tatsächlich die Erfüllung ihres langgehegten Wunsches. Sie wurden ganzjährig verpflichtet, kamen in den Genuß eines sicheren Verdienstes und in den Besitz sozialer Rechte: ein Ereignis, das sie kaum mehr zu erhoffen gewagt hatten. Dabei hatte neben Reitter auch Staatskapellmeister Meinhard von Zallinger mitgewirkt und beide sorgten auch, daß die Tradition des Orchesters erhalten blieb. Es blieb beim alten Namen, obgleich der Name »Gau-Sinfonie-Orchester« bereits zur Debatte stand, und der Tradition entsprechend wurde als neuer Chef, wie bisher, der Direktor des Mozarteums bestellt: Willem van Hoogstraten.
Da in einem Berufsorchester keine Liebhaber mehr mitspielen konnten und außerdem die Professoren des Mozarteums nicht mehr verpflichtet waren, mitzuwirken, wenn sie nicht wollten, war es nötig, die freien Plätze mit neuen Musikern zu besetzen, die fast durchwegs aus dem ehemaligen Deutschland kamen. Diese Tatsache hat so manche zu der Annahme verführt, das Mozarteum-Orchester wäre tatsächlich erst 1939 gegründet worden, vor allem jene Volksgenossen, die ebenso eingewandert waren wie die Kollegen vom »Reich«.
Tatsächlich entsprach die Zusammensetzung mit elf Lehrern, elf ehemaligen Theatermusikern und neun ehemaligen Schülern (neben den sechzehn Neuengagierten) dem Verhältnis von früher. Das einzig Neue war die Gage, die es nun monatlich gab.

Salzburger Mozarteum-Orchester

*Leitung: Willem van Hoogstraten **

Erste Geige
*Richter Christa **
Schäffer Kurt
Berndt Heinz
Klein Bernhard
Pfleger Josef
Malsch Rolf
Mayr Bruno
Brandstätter Ernst

Zweite Geige
Kinz Anton
Schwaiger Primus
Bittner Franz
*Filip Theo**
Baumberger Hans
Steinmaßl Bernhard

Bratsche
Reutterer Wilhelm
Edl Karl
Möchel Ludwig
Lallinger Max

Cello
*Weigl Georg **
Bochmann Martin
Wimmer Hans
Malsy Heinz

Bässe
*Koholzer Hermann **
Hinrainer Max
Standl Rudolf
Simmeth Leopold

Flöte
*Redel Kurt **
Böning Julius
Haseke Walter

Oboe
*Jäckel Robert **
Schmidt Karl

Klarinette
*Hermanny Alfred **
Kottmann Heinrich
Putzinger Sepp

Fagott
*Reindel Ernst **
Leskowitz Remy
Herloff Walter

Horn
Weber Heinz
Gerstendörfer Franz
Schnitzler August

Trompete
*Babor Franz **
Stoka Stanislaus

Posaune
Schneider Artur
Gronemeyer Emil
*Klinkhammer Hubert **

Schlagzeug
*Broschek Albin **
Rainer Fritz

** Professoren bzw. Lehrer des Salzburger Mozarteums*

Die Orchesterliste im Jahre 1939.

Durch die neue Kompetenzverteilung ergab sich eine Aufspaltung des ursprünglich komplexen Mozarteums in drei selbständige Bereiche, in Forschung, Erziehung und Musikpflege. Das gute Verhältnis von Stiftung, Hochschule und Orchester zueinander blieb aber davon unberührt und wirkte nach außen wie eine Einheit.

So wie in der Zeit nach dem Ersten Weltkrieg, war auch jetzt wieder das Salzburger Theater mit dem Mozarteum in engstem Kontakt: durch das Orchester, das dort einem Teil seiner Verpflichtungen nachkam und vor allem durch die hervorragenden Gesangslehrer und Stimmbildner am Mozarteum, die für besten Nachwuchs sorgten. Unter solchen Umständen gedieh der Opernbetrieb am Salzburger Landestheater prächtig, weil man ökonomischer arbeitete und sich mehr Zeit nahm, die Werke ordentlich zu studieren.

Im übrigen waren die Kompetenzen in Hinblick auf Oper und Konzert genau abgesteckt. Willem van Hoogstraten beschränkte sich ausschießlich auf das Konzert und wagte nicht wie Paumgartner, seinen Kollegen im Theater in die Quere zu kommen.

Das Ensemble mit seinen 47 Musikern hatte für ein Symphonie-Orchester eine Besetzung an der untersten Grenze. Schon bei Brahms und Schumann mußte man sich entsprechend behelfen, an Bruckner oder Richard Strauss war nicht zu denken. So wie früher war man auch jetzt auf Substituten angewiesen, wenn man den Bereich der klassischen Musik verlassen wollte – aber es gab keinerlei Probleme, diese Musiker von der Hochschule zu bekommen, allerdings nur, so lange sie nicht als Soldaten eingezogen wurden.

Von diesem Zeitpunkt an war an regelrechte Symphoniekonzerte nicht mehr zu denken. Mit der befohlenen Schließung aller Kulturinstitute im Herbst 1944 wurden alle kriegstauglichen Mitglieder als »letztes Aufgebot« in den Krieg oder zumindest in die heimatlichen Kriegsbetriebe geschickt, womit nach fünf Jahren diese Phase einer ersten beruflichen Zusammenarbeit des Mozarteum-Orchesters ihr Ende fand.

Die künstlerische Qualität und das Verhältnis der Musiker untereinander waren vorzüglich. Auch der Kontakt zum väterlichen Chef, Willem van Hoogstraten, war überaus herzlich.

Aus einer Reihe begabter Streicher und Bläser ragten der ausgezeichnete Flötist Kurt Redel und Konzertmeister Kurt Schäffer besonders hervor. Wolfgang Marschner, der bedeutende Geiger, war damals noch Schüler des Mozarteums und spielte des öfteren als Substitut bei den Zweiten Geigen im Orchester mit.

Das Veranstaltungsprogramm zu den Feiern »100 Jahre Mozarteum«:

21. April 1941:
64. Mozart-Tag der Stiftung Mozarteum im Wiener Saal des Mozarteums.
Kameradschaftliches Treffen der ehem. Schüler des Mozarteums im Hotel Mirabell.

22. April 1941:
Kranzniederlegung am Grabe Franz v. Hilleprandts, des Gründers des Mozarteums, auf dem Friedhof St. Sebastian.
Feierstunde im Großen Saal des Mozarteums.
Eröffnung einer Ausstellung der wertvollsten Mozart-Handschriften im Wiener Saal.
Festkonzert im Großen Saal.

23. April 1941:
Feierstunde der Staatlichen Hochschule für Musik Mozarteum im Großen Saal.
Eröffnung der Ausstellung »Hundert Jahre Mozarteum« im Mozart-Museum, Mozarts Geburtshaus.
Festkonzert im Großen Saal des Mozarteums.

Die Zeit nach dem Krieg

Das »befreite« Österreich war 1945 von den Truppen der Siegermächte besetzt und in vier Zonen aufgeteilt worden: die russische, nördlich der Donau (Niederösterreich, Wien und Burgenland);
die englische (Steiermark und Kärnten)
die französische (Tirol und Vorarlberg);
die amerikanische (Salzburg und Oberösterreich südlich der Donau).

Salzburg gehörte also zur amerikanischen Zone. Das war insofern von Bedeutung, als auf Betreiben der amerikanischen Besatzungsmacht schon 1945 wieder Festspiele stattfinden konnten. Und damit ergab sich eine Chance für das Mozarteum-Orchester. Die Wiener Philharmoniker durften Wien nicht verlassen, folglich mußte man sich bemühen, das Mozarteum-Orchester wieder zu aktivieren. In aller Eile wurde versucht, ein Ensemble zusammenzubringen, das einigermaßen den Anforderungen gerecht wurde. Alles, was an »Künstlern« damals in Salzburg weilte, wurde verpflichtet: heimgekehrte Orchestermitglieder, versprengte Musiker und »Displaced persons«. Das animierte die Festspieldirigenten nicht unbedingt zu Höchstleistungen. Mit Mozarts »Entführung«, mit Konzerten und Serenaden kam man schließlich aber doch ganz gut zurecht, und es ist den Anstrengungen der Dirigenten Felix Prohaska, Bernhard Paumgartner, Eugen Jochum und Bertil Wetzelsberger zu danken, daß das »neue« Mozarteum-Orchester in Ehren bestehen konnte.

Damit war, wenige Monate nach der Kapitulation, ein Anfang gemacht, allerdings hatte man noch keinen Dienstgeber, denn die Landesregierung war nicht gewillt, irgendwelche finanziellen Verpflichtungen zu übernehmen. Um weiter zu bestehen, mußte daher das Orchester von sich aus aktiv werden. Das geschah durch die Gründung einer Arbeitsgemeinschaft. Die Mitglieder sicherten sich gegenseitig ab, erstellten einen Vertrag, für dessen Erfüllung sie sozusagen als Arbeitgeber und gleichzeitig als Arbeitnehmer einstanden.

Das Salzburger Landestheater öffnete Ende 1945 wieder seine Pforten, zeigte sich aber nicht bereit, ein Orchester zu engagieren. Es mietete nur die jeweils erforderliche Anzahl von Musikern und honorierte sie nach geleisteten Diensten.

Davon allein konnte aber das Orchester nicht leben. Ein gewählter Geschäftsführer mußte sich daher bemühen, alle nur erdenklichen Verdienstmöglichkei-

MOZARTEUMS ORCHESTER

S A L Z B U R G

Salzburg, den 1.9.1946

VERTRAG

Herr Schröcksnadel Josef

geboren am 21.4.1919 in St.Martin

derzeit wohnhaft in Salzburg, Brunnhausg. 17

wird mit Datum vom 1.September 1946

als Konzertmeister Stellv. (Nebeninstrument ....)

an das Mozarteums-Orchester in Salzburg verpflichtet.

Obengenannter nimmt zur Kenntnis, daß das Mozarteums-Orchester als soziale Arbeitsgemeinschaft besteht und er als Mitglied dieses Orchesters seine allgemeinen Pflichten und Rechte im Sinne der jeweils geltenden Satzungen auszuüben hat, bezw. in Anspruch zu nehmen berechtigt ist.

Das Grundgehalt beträgt monatlich S 350.--, wozu ein Spielhonorar von S ...--.- für jede Aufführung (Symphonie, Oper, Operette etc.) sowie eine monatliche Instrumentenpauschale in der Höhe von S ...--.- bezahlt wird.

Das Dienstverhältnis kann beiderseits unter Einhaltung einer sechsmonatigen Kündigungsfrist zum Ende des für das Orchester üblichen Dienstjahres gekündigt werden. Nach Ablauf einer mindest einjährigen Dienstzeit kann das Dienstverhältnis nur mehr aus wichtigem Grunde gelöst werden. Als wichtiger Grund gilt:

a) Auflösung oder Verkleinerung des Orchesters, soweit dieselbe als dauernd beabsichtigt ist

b) ein solches Versagen der künstlerischen Leistungen des Musikers, daß sein Ausscheiden aus dem Orchester geboten ist

c) ständige schwere Verletzungen der Geschäfts-und Disziplinarordnung.

Die Dienstzeit wird mit wöchentlich 36 Stunden bei Gewährung eines freien Tages festgesetzt. Urlaub wird nach den Bestimmungen der Satzungen, mindestens jedoch im Sinne des Angestelltengesetzes gewährt.

Mit der beiderseitigen Unterzeichnung dieses Vertrages erwachsen die hier festgehaltenen Bestimmungen in Rechtskraft.

MOZARTEUMS ORCHESTER + SALZBURG +

Für die Leitung des Mozarteums-Orchesters:

Stemmer — Der Schriftführer:

Walter Weich — Der Geschäftsführer:

Joseph Schröcksnadl — Orchester - Mitglied

Mozarteum-Orchester Salzburg

S 100.-- Zleistungszulage ab 1.Juli 1947

ten aufzuspüren und alles anzunehmen, was es an Angeboten gab.
Dementsprechend war auch die Dienstverpflichtung: 42 Dienste im Monat, für den Konzertmeister und die ersten Bläser genau so wie für alle anderen; Monatsgage knapp 1.000 Schilling; Verpflichtung zu Überdiensten ohne Einschränkung à 7 Schilling; Dienstdauer drei Stunden, bei Rundfunkaufnahmen sogar vier.

Das Orchester hatte keine andere Wahl. Es waren auch alle dazu bereit, die durch ihre Familien, ihre Wohnung und ihre Lebensmittelkarten an Salzburg gebunden waren. Nur die jungen, »freien« Musiker konnte man nicht auf Dauer halten, vor allem, wenn sich ihnen bessere Gelegenheiten boten. Das führte auf Jahre hinaus zu dauerndem Wechsel.

In der amerikanischen Besatzungszone, in der man besser leben konnte als in den anderen, ließen sich aber Engpässe dieser Art unschwer überwinden, ja diese bevorzugte Zone machte es sogar möglich, zwei hervorragende Musiker für längere Zeit ans Orchester zu binden: den ehemaligen Konzertmeister der Berliner Kroll-Oper und Professor der Hochschule Max Strub und den Berliner Bratscher Emil Seiler.
Emil Seiler war von St. Florian gekommen, wo er während des Krieges als Solo-Bratscher des Bruckner-Orchesters gewirkt hatte. Dieses ausgezeichnete Ensemble wurde leider nach dem Zusammenbruch aufgelöst. Die Musiker und ihre Familien zerstreuten sich in alle Winde. Einer der wenigen, die im Lande blieben, war der Solobratscher Seiler, der in dieser Funktion jahrelang zur Veredelung seiner Gruppe im Mozarteum-Orchester wesentlich beitrug.

Max Strub war dem gegenüber auf einem großen Umweg nach Salzburg zugezogen. Er lebte kurz vor Kriegsende in der Grafschaft Glatz, wo er nach der Schließung sämtlicher Kulturinstitute vorübergehend Asyl gefunden hatte. Als die Russen anrückten, wurde er von dort vertrieben. Mit wenigen Habseligkeiten machte er sich nach dem Westen auf und kam schließlich nach Prag in ein Lager. Dort mußte er Furchtbares miterleben und betrachtete es als ein Wunder, diese Zeit heil überstanden zu haben. Er war nämlich in einen Kreis angeblicher Kriegsverbrecher geraten, die der Reihe nach liquidiert werden sollten. Strub erlitt dabei einen Ohnmachtsanfall, und als er wieder zu sich gekommen war, ließen die Schützen den Mann mit den zwei Geigen laufen: als Tribut dafür hatte er eines seiner Instrumente zurückzulassen, jene Geige, die er immer für das Quartettspiel verwendet hatte, eine echte Stradivari, die noch dazu eine Leihgabe gewesen war.
Mit seiner eigenen »Grancino« schlug er den Heimweg über Österreich ein, wo er vorübergehend in Wels bei dem mit ihm befreundeten Komponisten Johann Nepomuk David Aufnahme fand, ehe er für drei Jahre im Mozarteum-Orchester die Stelle eines Konzertmeisters einnahm. Diese drei Jahre waren eine kurze, aber fruchtbare Zeit.
Die unsicheren Verhältnisse im Orchester, aber auch in Österreich, das ja seine Selbständigkeit noch nicht wieder erlangt hatte, machten ihm wohl zu schaffen. Wie vor dreißig Jahren in Berlin wieder Orchesterdienst zu tun, aber viel stärker beansprucht zu werden, noch dazu für wenig Geld, bewirkte, daß er mit Freuden eine Berufung an die Hochschule in Detmold annahm. Mein verehrter Pultkollege Strub war schon in jungen Jahren Konzertmeister an der Berliner Kroll-Oper gewesen (zusammen mit dem legendären, früh verstorbenen Joseph Wolfthal), aber nur kurze Zeit, denn nach Schließung dieses hervorragenden Kunstinstitutes verpflichtete er sich an die Berliner Musikhochschule, an der er fast zehn Jahre lang als Professor wirkte. Sein Quartett galt damals als das beste im Deutschen Reich.
Das Konservatorium Mozarteum durfte laut Beschluß der amerikanischen Militärregierung schon im September 1945 wieder seine Pforten öffnen, nicht aber die Stiftung. Sie wurde im Jahre 1938 in ihrer ursprünglichen Form als Verein aufgelöst und hätte nun eigentlich Anspruch auf eine Wiedergutmachung gehabt. Da sie aber als »Stiftung« weitergeführt wurde und der Gauleitung unterstand, war sie den Amerikanern nicht ganz geheuer. Eine sorgfältige Überprüfung der Fakten wurde vorgenommen, die natürlich nichts Negatives ergab. Negativ daran war nur die Dauer dieses »Prozesses«, der sich über vier Jahre hinzog.
Das Konzertbüro der Stiftung war aber schon 1946 genehmigt worden – zum Glück für das Orchester. Denn in Salzburg lebten damals viele Flüchtlinge und Heimatvertriebene, vor allem jene, die nach Amerika auswandern wollten. Sie bevölkerten nicht nur die Stadt, sondern füllten auch die Konzertsäle. Es gab also Publikum genug, und interessanterweise gab es auch genug Künstler, vor allem Dirigenten, die nicht, wie bisher, ungehindert reisen konnten und daher auf einen ganz kleinen Wirkungskreis beschränkt waren.
Dieser Umstand ermöglichte es dem Orchester, bedeutende Meister des Taktstocks für die Konzerte zu

Freitag, den 22. Oktober 1948, Mozarteum, Großer Saal, 19.30 Uhr

Orchesterkonzert

DIRIGENT:
PAUL HINDEMITH
SOLIST:
FRANZ JOSEF HIRT
Klavier, Schweiz

W. A. MOZART
(1756–1791)
Symphonie D-Dur, (Prager) K. V. 504
Adagio / Allegro / Andante / Finale / Presto

PAUL HINDEMITH
Konzert für Klavier und Orchester
(1945) Erstaufführung in Österreich
I
Mäßig schnell
II
Langsam
III
Medley „tre fontane": Canzone, Marsch, Valse lente, Caprice, tre fontane (mittelalterlicher Tanz)

Pause

PAUL HINDEMITH
Symphonie „Mathis der Maler"
I
Engelkonzert
II
Grablegung
III
Versuchung des heiligen Antonius

Konzertflügel: Steinway & Sons, Alleinvertretung Fa. H. Katholnigg, Salzburg, Sigmund-Haffner-Gasse 16

Voranzeigen:
Freitag, 29. Oktober: Liederabend Marietta v. Stetten, Sopran. Am Flügel: Prof. Dr. E. Kornauth
Freitag, 5. November: 2. Kammermusikabend im Abonnement. Amsterdamer Streichquartett
Montag, 8. November: Lieder- und Arienabend Paolo Polaro, Bariton
Freitag, 12. November: 2. Orchesterkonzert im Abonnement. Dirigent: Meinhard Zallinger
Dienstag, 16. November: 1. Bach-Konzert. Dirigent: Dr. Robert Wagner. Solisten: Joseph Schröcksnadel, Violine. Josef Steinhäusler, Violine

verpflichten, etwa Clemens Krauss, Karl Böhm, Hans Knappertsbusch, Eugen Jochum, Paul Sacher, Paul Hindemith, Volkmar Andreae, Lovro von Matacic, Joseph Keilberth und Josef Krips, die bisher außerhalb der Festspiele nie in Salzburg dirigiert hatten. Sie kamen sogar zu wiederholten Malen und gaben sich mit den bescheidenen Gagen zufrieden, die das Mozarteum-Orchester damals zahlen konnte.

Julius Gmachl, der Leiter des Konzertbüros, der die großen Musiker fast alle persönlich kannte, erwarb sich dabei besondere Verdienste. Ohne seine charmante Betreuung und ohne sein Eingehen auf ihre persönlichen Wünsche wären diese Engagements wohl kaum zustande gekommen. Von Hans Knappertsbusch war bekannt, wie er meist auf Angebote aus der Provinz reagierte: »Glauben Sie, daß ich wegen ihrer zwei Kontrabässe die Staatsoper absagen werde?« Das sagte er nicht, wenn ihn Julius Gmachl darum bat.

Auch zwei bedeutende Komponisten gaben damals dem Orchester die Ehre: Hans Pfitzner und Paul Hindemith. Pfitzner verbrachte ja seine letzten Lebensjahre in Salzburg. Er hatte bald nach Kriegsende München verlassen und begab sich hier mit seiner Frau in die »Pflege« von Walter Pfletschinger, einem Kuratoriumsmitglied der Stiftung, der über die Bahnhofsrestauration verfügte und Möglichkeiten hatte, die beiden wenigsten kulinarisch einwandfrei zu betreuen. Da die Tantiemen im Wirrwarr der Nachkriegszeit nur spärlich floßen, war Pfitzner fast aller Mittel bar. In seiner Not entschloß er sich, gegen die Gewährung einer Alterspension die Original-Partitur seines Meisterwerks »Paestrina« zu veräußern. Das Mozarteum-Orchester hätte diesen Handel allzugerne abgeschlossen, wenn es nicht selbst in finanziellen Schwierigkeiten gewesen wäre. Die Wiener Philharmoniker retteten erfreulicherweise die kostbare Partitur für Österreich.

Anläßlich des 80. Geburtstages veranstaltete das Mozarteum-Orchester ein Festkonzert, an dem Pfitzner als Ehrengast teilnahm. Zum Schluß wandte sich der Dirigent des Abends, Meinhard von Zallinger, an Pfitzner mit der Bitte, den Schlußsatz seiner »Kleinen Symphonie« selbst noch einmal zu dirigieren. Der greise Mann trat daraufhin ans Pult, das ich für ihn hochstellen mußte, um ihm eine Stütze zu geben. Dies war sein letzter Auftritt in der Öffentlichkeit. Da es mit seiner körperlichen Kondition nicht zum Besten stand, hatte man seinen 80. Geburtstag und nicht die Vollendung seines 80. Lebensjahres zum Anlaß

FREITAG, DEN 16. DEZEMBER 1949, MOZARTEUM
GROSSER SAAL, 19.30 UHR

3. ORCHESTERKONZERT IM ABONNEMENT

DIRIGENT:

CLEMENS KRAUSS

SOLIST:

PAUL SCHILHAWSKY

Klavier

L. v. BEETHOVEN:
(1770–1827)
EGMONT-OUVERTURE, OP. 84

W. A. MOZART:
(1756–1791)
SYMPHONIE ES-DUR, K.-V. 543
Adagio - Allegro
Andante con moto
Menuetto
Allegro

PAUSE

RICHARD STRAUSS:
(1864–1949)
BURLESKE FÜR KLAVIER UND ORCHESTER

TOD UND VERKLÄRUNG
Tondichtung für großes Orchester, op. 24

VORANZEIGEN: Dienstag, 10. Jänner 1950 (Wiener Saal): Klavierabend Emil Debusmann, Deutschland
Freitag, 13. Jänner 1950: 4. Kammermusikabend im Abonnement. Barylli-Quartett, Wien. Mitwirkend: Walter Weller, Bratsche
Freitag, 20. Jänner 1950: 4. Solistenkonzert im Abonnement. Eberhard Finke, Cello (Rio de Janeiro). Am Flügel: Dr. Robert Wagner
Dienstag, 24. Jänner 1950: 4. Orchesterkonzert im Abonnement. Dirigent: Meinhard Zallinger. Solistin: Ilse Alpenheim, Klavier. Das Mozarteum-Orchester

---

DIENSTAG, DEN 27. FEBRUAR 1951, 19.30 UHR
MOZARTEUM, GROSSER SAAL

4. ORCHESTERKONZERT IM ABONNEMENT

DIRIGENT:

VOLKMAR ANDREAE

ANTON BRUCKNER

(1824–1896)

SYMPHONIE NR. VIII, C-MOLL
Allegro moderato
Scherzo. Allegro moderato
Adagio
Finale. Feierlich, nicht schnell

Der Komponist Hans Pfitzner.

dieser Feier genommen. Pfitzner hat aber auch diesen Tag noch erlebt. Als er wenige Wochen danach starb, veranstaltete man im gleichen Saal die offizielle Trauerfeier. Die sterbliche Hülle des Meisters war im Foyer vor dem »Apollinischen« Mozart aufgebahrt. Anschließend wurde Pfitzner verabschiedet und nach Wien überführt, wo er in einem Ehrengrab bestattet wurde.

Paul Hindemith war ein ganz anderer Typ von Musiker. Ursprünglich Konzertmeister an der Frankfurter Oper, dann begehrter Bratschensolist und Mitglied des avantgardistischen Amar-Quartetts, emigrierte er rechtzeitig in die USA, kehrte aber nach 1945 wieder nach Europa zurück, um sich vornehmlich als Dirigent zu betätigen. Damit hatte er schon in Amerika angefangen, er behauptete jedenfalls, eine stattliche Reihe hervorragender Orchester dirigiert zu haben, die, so warf er uns vor, alle modernen Stücke, die man ihnen vorlegte, einwandfrei vom Blatt spielten. In dieser Hinsicht gab es in Salzburg natürlich einige Schwierigkeiten. Ich tröstete ihn und versicherte ihm, daß die Mitglieder des Orchesters, die jahrelang mit moderner Musik nichts zu tun gehabt hatten und mit solcher Materie nicht so vertraut wären, ihre Stimmen aber tüchtig üben würden. Es kann natürlich sein, daß da und dort einmal eine Note unter den Tisch fiele, worauf mich der Meister belustigt ansah und etwas schelmisch meinte: »Was glauben Sie: Wenn ich seinerzeit für alle Noten, die ich im Orchester nicht gespielt habe, nur einen Pfennig bekommen hätte, wäre ich heute ein reicher Mann.« Das war einigermaßen ermunternd und bewies, daß Hindemith auch umgänglich sein konnte.

Bei der Aufführung seines »Klavierkonzertes 1939« zeigte es sich, daß er zwar alles im Kopf, aber nicht alles im Taktstock hatte. Bei einem längeren Klaviersolo im ersten Satz des Werkes schlug er mit seinem kleinen Stab die vielen Taktwechsel so ungenau durch, daß prompt einer der ersten Bläser einen Takt zu früh einsetzte. Der betroffene Meister schlug, anstatt die Sache wieder einzurenken, wie wild um sich, bis der Schmiß nicht mehr gutzumachen war. Noch im Künstlerzimmer erklärte er mir, vor lauter Wut hätte er gerne »ins Orchester geschossen«, wenn er nur ein »Ding« bei sich gehabt hätte.

Komponisten sind nicht unbedingt die besten Interpreten ihrer eigenen Werke. Wie plastisch und durchsichtig gelang Hindemith dagegen die »Prager Symphonie« von Mozart, dessen letzten Satz er auf Zwei schlug. »Ja wisset sie, ich ha' gnug lang selbst im

Trauergäste bei der Verabschiedung von Hans Pfitzner vor dem Mozarteum 1949. In der ersten Reihe von rechts:
Bernhard Paumgartner, Landeshauptmann Josef Rehrl und Bürgermeister Grießenböck.

Orchester g'spielt und weiß, daß der letzte Satz immer z'schnell g'macht wird. So schnell, daß man die wunderbare Kleinarbeit, die da drin steckt, überhaupt nicht mehr hört!«.
In den ersten fünf Jahren nach dem Krieg war es um den Orchesterbetrieb trotz allem recht gut bestellt. Es gab bis zu achtzehn Konzerte in der Saison, die alle ausgezeichnet besucht waren, und auch das Theater konnte sich hinsichtlich der Besucherfrequenz (aber auch ausgezeichneter Sänger und Darsteller) nicht beklagen. Wirtschaftlich jedoch geriet das Mozarteum-Orchester, das sich ja selbst erhalten mußte, immer mehr in die roten Zahlen. 1950 war der finanzielle Abgang bereits auf über 100.000 Schilling angestiegen und die Krankenkassenbeiträge waren schon ein Jahr lang nicht mehr bezahlt worden.
Ausgerechnet zu diesem Zeitpunkt wurde ich zum Vorstand des Orchesters gewählt. Ahnungslos, daß ich persönlich haftbar gemacht werden würde, sollte eine Katastrophe eintreten, nahm ich an.
Nun war es hoch an der Zeit, mit einflußreichen Persönlichkeiten in Kontakt zu treten und sie um ihre Hilfe zu bitten. Von Philip von Schöller bis zum Landtags-Abgeordneten Anton Neumayr wurden alle am Weiterbestand des Orchesters interessierten Freunde aufgesucht, um das Ärgste abzuwenden. Neumayr faßte die ganze Problematik in zwei kernigen Sätzen zusammen: »Wenn wir was zahlen, dann wollen wir auch mitreden. Wenn wir nicht mitreden dürfen, dann zahlen wir auch nichts!«
Das war eine ziemlich deutliche Sprache, und der Weg, der einzuschlagen war, damit fixiert: wir mußten selbstverständlich mitreden lassen. Derselbe Anlaß führte mich auch zu Julius Gmachl, dem Leiter des Konzertbüros der Stiftung. Ich eröffnete ihm, daß wir uns nun die guten Dirigenten nicht mehr leisten könnten. Aber seine Antwort war ebenso entschieden wie einleuchtend: »Das wäre ganz falsch, denn wenn sie einen großen Dirigenten haben, ist das Haus voll, sie können ihm die Gage zahlen (7.000 Schilling beispielsweise für Karl Böhm) und haben noch immer einen kleinen Überschuß. Bei einem zweitklassigen Dirigenten werden sie womöglich nicht einmal das Dirigentenhonorar bezahlen können.«
Erfreulicherweise waren unsere Freunde sich bald einig und gewillt, dem Orchester finanziell wieder auf die »Beine« zu helfen. Sie beschlossen, einen Verein »Mozarteum-Orchester« zu gründen, der als neuer Arbeitgeber fungieren sollte. Land und Stadt verpflichteten sich zu Subventionen, was dem Orchester wesentliche Sorgen abnahm. Die Musiker erhielten endlich wieder einen Vertrag, waren nicht mehr auf sich selbst angewiesen und hatten, wenigstens zum Teil, den Status von 1939 wieder erreicht.
Der Verein nahm mit 1. Dezember 1951 seine Tätigkeit auf. Am 5. Juni 1951 hatten sich die Proponenten erstmals zu einer Sitzung im Extrazimmer des Hotels »Münchner Hof« eingefunden: Alfred Bäck (später Bürgermeister von Salzburg); Paul Becker (Intendant des Senders Rot-Weiß-Rot); Gustav A. Canaval (Chefredakteur d. Salzburger Nachrichten); Walter Hofstötter (Major, Konzert- und Theater-Büro); Rechtsanwalt Möbius; Bernhard Paumgartner (Direktor des Mozarteums); Hermann Schmeidel (Dirigent und Professor am Mozarteum); Joseph Schröcksnadel (Konzertmeister des Orchesters) und Sepp Steiner.

Bernhard Paumgartners Rückkehr

Schon bei den ersten Festspielen nach dem Krieg, im Jahre 1945, war Paumgartner wieder in Salzburg. Er dirigierte die Serenaden und trat dabei dem Mozarteum-Orchester ohne Ressentiments gegenüber. Als kurz danach auch die Schule wieder öffnete, wurde er neuerlich als Direktor eingesetzt. Er dachte aber vorerst nicht daran, sein Asyl in der Schweiz aufzugeben und in die zerbombte Mozart-Stadt zu ziehen. Er übergab einstweilen die Agenden seinen Stellvertretern, die (bis auf den letzten) der Reihe nach von der amerikanischen Militärregierung erst anerkannt und dann wieder abgesetzt wurden: J. N. David, Hermann von Schmeidel, Ernst Reichert und Alfred Baselli.
Paumgartner hatte in der Schweiz genug um zu leben und zu arbeiten. Dort konnte er sogar dirigieren, was in Salzburg – außerhalb der Festspiele – nicht möglich war. Denn hier hatte er ja kein Orchester mehr, nachdem es inzwischen selbständig geworden war und nicht mehr dem Mozarteums-Direktor unterstand. Das wurde ihm erst recht bewußt, als er 1947 zurückkehrte und wieder ständig in Salzburg wohnte. Die Orchesterkonzerte wurden damals von hervorragenden Dirigenten geleitet, Paumgartner schien dabei nur gelegentlich auf. So beschränkte sich also die Zusammenarbeit mit ihm nur auf die Festspielzeit, auf die Serenaden, die Matineen und die c-Moll-Messe in St. Peter.
Eine zufriedenstellende Beziehung zum Orchester fand Paumgartner erst, als ich 1950 Vorstand geworden war und er sich vertrauensvoll an mich wenden konnte, an den ehemaligen, langjährigen Schüler des Mozarteums, den er zwar 1935 entlassen hatte, weil er immer in Opposition stand, dem er aber, wie es schien, längst verziehen hatte.
Er verhandelte meist in den Pausen mit mir und beklagte sich vor allem über die harte Gangart des Geschäftsführers Walter Muck, den er nicht mochte und auch nicht akzeptierte. Er drückte sich dabei so aus: »Schröcksi! Wenn Ihr was wollt's von mir –, erst, wenn der Muck weg ist. Sonst rühr' ich keinen Finger!« Der an sich tüchtige Geschäftsführer mußte seinen Posten verlassen, aber nicht, weil es Paumgartner wünschte, sondern weil dies seit längerer Zeit schon abgesprochen war. In diesem Moment zeigte sich Paumgartner höchst aufgeschlossen und bot dem Orchester eine Italien-Tournee an, mit vier Konzerten in der Mailänder Scala, zwei in San Carlo in Neapel und einer ganzen Reihe in oberitalienischen Städten. Er

Bernhard Paumgartner wurde 1938, im Alter von 49 Jahren, als Direktor des Mozarteums, in den Ruhestand versetzt. Fast zur gleichen Zeit erhielt er aber einen Auftrag der Universität Wien (dessen nachmaliger Rektor Prof. Erich Schenk, seinerzeit Schüler des Mozarteums gewesen war), die großen Musikbestände im Palazzo Pitti in Florenz zu ordnen. Denn die musikliebenden habsburgischen Großherzöge der Toscana hatten eine reiche Bibliothek klassischer und vorklassischer Literatur zurückgelassen, um die sich seither niemand gekümmert hatte. Paumgartner nahm sich dieser Aufgabe liebevoll an und genoß die Zeit als Privatgelehrter, ziemlich unberührt vom Kriegsgeschehen und in beneidenswerter Distanz zu seinen vorgesetzten NS-Dienststellen.

Das Mozarteum-Orchester und die Pianistin Clara Haskil im Teatro alla Scala in Mailand.

empfahl als Solistin Clara Haskil, eine Pianistin, die allein schon den Erfolg hatte garantieren können. Das war ein »Einführungspräsent«, wie man es sich nicht besser hätte wünschen können. Und um die alten Beziehungen wieder aufleben zu lassen, übertrug er die Organisation erneut Walter Hofstötter. Man fühlte sich förmlich um zwanzig Jahre zurückversetzt.
Die Konzerte in Italien, um die sich auch Walter Hofstötter bemüht hatte, waren künstlerisch und wirtschaftlich ein großer Erfolg. Clara Haskil feierte Triumphe und Paumgartner als Dirigent und Mozart-Interpret wurde über alle Maßen gelobt. Er hatte nun wieder zum Orchester gefunden, und die so erfreuliche und erfolgreiche Zusammenarbeit ließ uns das Beste für die Zukunft hoffen. Bereits während der Tournee wurden Pläne geschmiedet, und kurz nach unserer Rückkehr eröffnete mir Paumgartner, daß eine Einladung zu einer noch größeren Reise vorliege.
»Und Ihr kriegt's noch höhere Diäten als das letzte Mal!«
Ich war erstaunt, wie konkret sich Paumgartner ausdrückte. Hatte er bereits verhandelt, ohne uns zu fragen?
»Großartig, Herr Hofrat, aber was bekommt der Verein? Auf Diätenbasis wird da kaum etwas zu machen sein!«
»Kinderl, was Ihr mit dem Geld macht's, das geht mich nichts an, da misch' ich mich auch nicht ein. Aber wenn Ihr nicht wollt', bitte, dann mach' ich mir mein eigenes Orchester!«.
Diese Antwort gab zu denken. Worauf wollte er hinaus? Wieder auf die alten Gepflogenheiten?
Als sich die Verhandlungen mit dem Verein zerschlugen, reagierte er tatsächlich so, wie er bereits angedeutet hatte. Er »machte sich sein eigenes Orchester«. Das mußte er sogar in aller Eile tun, denn die zweite Italien-Tournee stand knapp bevor – Paumgartner hatte nämlich den Vertrag abgeschlossen, ohne die Zusage des Mozarteum-Orchesters abzuwarten. Nun hieß es rasch handeln, um nicht in Schwierigkeiten zu kommen. So entstand buchstäblich in Windeseile die Camerata Academica des Mozarteums, ein Orchester, das niemand kannte und von dem bisher nie die Rede war. Das stiftete Verwirrungen, Mißverständnisse und gab zu Anfragen vonseiten der Veranstalter Anlaß. Jedoch je verwirrter die Situation, umso überraschender die Lösung. Und darauf verstand sich Paumgartner.
Wie geschickt hatte er den Namen doch gewählt. Nachdem er eben erst für den Verein »Mozarteum-Orchester« votiert hatte, dem er auch angehörte, schien

Das Mozarteum-Orchester unter Bernhard Paumgartner
im Teatro alla Scala in Mailand, am 5. Nov. 1951.

es ihm nicht ratsam, nun mit einem neuen Orchester in Erscheinung zu treten. Er war daher peinlich darum bemüht, nicht den Anschein zu erwecken, daß ein zweites Orchester oder gar eine Konkurrenz im Entstehen sei. Das sollte vor allem im Namen des neuen Ensembles deutlich zum Ausdruck kommen: Camerata Academica des Mozarteums. Eine bessere Lösung konnte nicht gefunden werden.
Als Präsident der Akademie Mozarteum konnte Paumgartner über Lehrer und Schüler verfügen. Niemand konnte ihn abhalten, genauso zu verfahren wie früher. Nun hatte er wieder ein Ensemble, wie er es sich wünschte. Zur Schule gehörig und vollkommen ihm »ausgeliefert« wie seinerzeit das Mozarteums- oder das Mozart-Orchester. Was die Camerata sei, darüber schrieb Paumgartner im Jahresbericht 1951/52 der Akademie:
»Aus der Erkenntnis, daß jede Akademie im klassischen Sinne nicht bloß der Wissenschaft und Lehrtätigkeit allein gewidmet war, sondern vor allem auch selbstschöpferisch musizierend in das Kunstleben ihrer Zeit eingriff, entstand 1952 die Camerata Academica. Sie bedeutet den Zusammenschluß Gleichgesinnter in kameradschaftlichem Geiste zur Verwirklichung der Ideen, die eben allen in der Camerata Zusammengeschlossenen gemeinsam sind... Damit ist nach der einen Seite der Wirkungskreis der Camerata skizziert: Pflege der Musik... schon im 16. Jahrhundert beginnend und bis zu den kammermusikalisch aufführbaren Werken Mozarts natürlich ausgedehnt, wo es sein muß mit stilvoller Verwendung der alten Instrumente, um möglichst nahe an den ursprünglichen Klang heranzukommen... Nach der anderen Seite soll bei guter Gelegenheit auch daran gegangen werden... hin und wieder sich auch der zeitgenössischen Musik zu widmen. Das Wort Academica soll genau das bezeichnen, was ihm im historisch kulturellen Sinne zukommt. Akademisch in wissenschaftlicher wie in künstlerischer Bedeutung ist das hochschulmäßige, das heißt schöpferische und für die Allgemeinheit bedeutsame Erarbeiten kultureller Werke aus der Zusammenarbeit der Lehrer mit jenen ihrer Schüler, die einen entsprechend hohen Grad der Reife errungen haben, um neben ihren Lehrern in schöpferischem Sinn tätig zu sein... In der Tätigkeit der Camerata verwirklicht sich diese Aufgabe in lebendigster Form. Die Camerata ist kein Orchester, vor allem nicht in dem Verstande einer immer gleichen Besetzung an den Pulten. Jeder spielt eben dort, wo er gerade nötig ist... Aber alles geschehe nach sorgfältiger Vorbereitung, vor allem mit hohem stilistischen Bewußtsein und mit der persönlichen Verantwortung jedes Einzelnen.«
Das alles klingt heute wie ein Testament, wenn man weiß, daß die restlose Erfüllung dieser Wünsche und Vorstellungen erst die heutige »Camerata« unter Sándor Végh verwirklicht. Erst dieses hervorragende Ensemble setzt das konsequent in die Tat um, was Paumgartner 1952 im Sinne hatte: »Kammermusik, schon früh beginnend, bis zu den kammermusikalisch aufführbaren Werken Mozarts, aber auch Modernes, soweit es in dieser Besetzung möglich ist«, zu bieten.

Aber je mehr vom kleinen Ensemble und von der Kammermusik auch die Rede war, desto mehr traten die eigentlichen Absichten zutage. Wenn man nur die Mitgliederliste betrachtete, war man schon hinlänglich informiert: Elf Geigen, drei Violen, vier Violoncelli, zwei Kontrabäße und vier Bläser. Dazu bestand durch die Akademie noch die Möglichkeit, fehlende Instrumente jederzeit »ausleihen« zu können. War das denn kein Orchester?
Die Camerata übernahm im Laufe der Zeit die Festspiel-Matineen (bis auf eine, die dem Mozarteum-Orchester erhalten blieb) und auch die Schallplatten-Produktion bei Philips, die ursprünglich dem Mozarteum-Orchester zugedacht war (Mozart-Gesamt-Edition 1956 unter der künstlerischen Patronanz von Paumgartner). Bedauerlich ist das insoferne, als es dadurch keine Schallplatten des Mozarteum-Orchesters mit Paumgartner gibt.
Von den vielen Konzertreisen der folgenden Jahre absolvierte Bernhard Paumgartner nur zwei mit dem Mozarteum-Orchester: eine nach Moskau, Kiew und Prag (zum Prager Frühling) und eine zweite nach Griechenland mit einem sehr schönen Konzert im Herodes Attikus von Athen. Alfred Brendel war damals der Solist.

Paumgartners grundlegende Einstellung seinen Musikern gegenüber und sein Umgang mit ihnen blieb zeitlebens gleich. Sie waren ihm lieb und schätzenswert, wenn sie keinerlei Umstände verursachten, wenn sie ständig zur Verfügung standen, ohne gleich Rechte zu beanspruchen, wenn sie ihm in keiner Weise Pflichten auferlegten. Er freute sich, mit ihnen zu musizieren, liebte eine gelockerte Atmosphäre und ein freundliches Arbeitsklima. Aber er vermeinte dies alles zu verlieren, wenn seine Musiker einmal in den Besitz von irgendwelchen Privilegien kommen sollten. Denn »wenn ein Musiker einmal pragmatisiert ist, wird er faul und tut nichts mehr«. Sozialen Problemen stand

er verständnislos gegenüber. Alles, was mit seiner Welt nichts zu tun hatte, war ihm fremd.
Bernhard Paumgartner war trotz seiner mangelhaften Schlagtechnik eine Dirigentenpersönlichkeit. Er war allen weit überlegen, die zwar sauber und genau zu schlagen wußten, aber nichts von jener suggestiven Kraft besaßen, die den Dirigenten eigentlich ausmacht. Wenn einer nicht imstande ist, ein Orchester zu faszinieren und die Aufmerksamkeit völlig auf sich zu lenken, dann steht er umsonst am Pult. Dann spielt das Orchester seine Noten, aber die Musik, der ein wahrer Dirigent erst den Sinn gibt, bleibt unbelebt. Paumgartner verstand es, den Musiker anzuregen, ihn in Stimmung zu bringen und zu begeisterter Mitarbeit zu bewegen. Dieses Zusammenspiel, dieses Geben und Nehmen zwischen dem Dirigenten und den Musikern, das man auch optisch miterleben konnte, führte auch zu seinen großen Erfolgen und zur Beliebtheit der Festspiel-Matineen. Da gab es keine beschwörende Gesten, sondern immer freundliches, ja fast intimes Aufeinander-Eingehen, ungeteilte Freude und ein ständiges »Con spirito«.
Das war Paumgartners musikalische Lebensweisheit, die er auch seinen Schülern und Musikern mit auf den Weg gab.
Wie hochgeschätzt dieser Musiker in Salzburg gewesen ist, bewies die Anteilnahme an seinem Tod im Jahre 1971. Zu seinem Begräbnis mußten Einlaßkarten ausgegeben werden. Herbert von Karajan dirigierte Mozarts Requiem in St. Peter, und auf dem Petersfriedhof fand Bernhard Paumgartner auch seine letzte Ruhestätte. »Ich glaube, es ist der schönste Friedhof der Welt«, hat er einmal geschrieben, »die Melancholie des Ortes hat nichts von Sentimentalität an sich, sie ist nicht erdenschwer, – vielmehr von Seligkeit – wie der milde Klang Mozartscher Spätwerke«.
Neben Paumgartner war noch ein zweiter Mann in jenen Nachkriegsjahren bestimmend für das Musikleben in Salzburg: Hermann von Schmeidel. Er war vorübergehend Paumgartners Stellvertreter am Mozarteum und bemühte sich vor allem, eine Linie in das Musikleben der Stadt zu bringen. Seine größten Erfolge hatte Schmeidel als Chor-Orchester-Dirigent, nicht nur in Salzburg, sondern 1949 beispielsweise auch in Perugia mit der »Johannes-Passion« und ein Jahr darauf in Neapel mit dem »Messias«.
Schmeidel war einer der aktivsten Mitstreiter, als es um die Gründung des Vereins »Mozarteum-Orchester« ging. Er war die treibende Kraft überall dort, wo es Wichtiges zu fördern galt und ein vehementer Gegner dessen, was auch nur den Hauch von Dilettantismus verspüren ließ.
Unvergessen sind die herrlichen Aufführungen der Bachschen Passionen, die Schmeidel in Salzburg zur ständigen Einrichtung gemacht hat, verpflichtend für seine Nachfolger. »Bachs Musik zu lieben oder gar zu verstehen ist in Österreich der Adelsbrief einer Minorität besonders glücklicher Menschen...«: Das konnte Schmeidel mit Fug und Recht behaupten in einer Stadt, die in den rund zweihundert Jahren nach Bachs Tod nur einmal die Matthäus- und einmal die Johannes-Passion zu hören bekommen hat.
Ein Jahr bevor Hermann von Schmeidel 1953 in seiner Heimatstadt Graz gestorben ist, leitete er noch zwei ausgedehnte Deutschland-Reisen des Mozarteum-Orchesters. Das war der Auftakt einer überaus regen Tätigkeit des Salzburger Orchesters in der Bundesrepublik, die dann GMD G. L. Jochum fortsetzte und die heute noch mit Erfolg andauert.

Auf Konzertreise mit Hermann von Schmeidel.

Das Mozarteum-Orchester unter der Leitung von Paul Walter, am 20. Okt. 1946 im Festspielhaus Salzburg – 950-Jahr-Feier Österreichs.

Die Künstlerischen Leiter

Dirigent und Orchesterchef sind nicht dasselbe. Der Dirigent ist nur für das Konzert, für die Aufführung verantwortlich –, der Chef darüber hinaus noch für das Orchester und im gewissen Sinne auch für das Konzertleben einer Stadt. Der Chefdirigent hat eine Erziehungsarbeit zu leisten, er trägt die künstlerische Verantwortung und muß bestrebt sein, das beste aus dem Orchester herauszuholen.

Jedes Orchester braucht einen Verantwortlichen, der sich um die Qualität bemüht und gegen das Phänomen der Trägheit ankämpft. Die Notwendigkeit dieser Maßnahme bestätigen eine Reihe großer Musiker wie Nikisch, Mahler, Furtwängler oder Karajan, die nicht nur hervorragende Dirigenten, sondern auch bedeutende Orchestererzieher waren oder sind. Und die Orchester, die durch sie berühmt geworden sind, geben ihnen recht.

In Salzburg hat es seinerzeit gar nicht schlecht angefangen. Hundert Jahre lang war ja das Orchester mit der Schule, dem Mozarteum verbunden und die jeweiligen Direktoren waren gleichzeitig Chef des Orchesters. Sie waren es zum Teil auf Lebenszeit: Aloys Taux zwanzig Jahre, von 1841 bis 1861, Josef Friedrich Hummel sogar 27 Jahre, von 1880 bis zu seiner Pensionierung. Dazwischen allerdings gab es kürzere Engagements etwa von Hans Schläger oder Otto Bach, von Josef Reiter oder Paul Graener, die beide nur drei Jahre lang wirkten, und von Franz Ledwinka, der die Geschicke des Orchesters im Ersten Weltkrieg lenkte.

Bernhard Paumgartner wiederum nahm den Anlauf zu lebenslanger Tätigkeit in Salzburg. Er hatte es immer noch mit einem Orchester zu tun, das nur zum Teil aus Berufsmusikern bestand. Zudem setzten ihm die Zeitumstände besonders zu. Ein Jahr nach seinem Einstand in Salzburg erlebte er den Zusammenbruch der alten Monarchie, 1922 die Inflation, die plötzliche Aktionsunfähigkeit der Internationalen Stiftung Mozarteum, und ein wenig später die wirtschaftliche Rezession der dreißiger Jahre. Der »Umbruch« führte schließlich zu seiner Entlassung.

Ihm folgte als letzter Direktor der Schule mit Orchesterverpflichtung Willem van Hoogstraten, dem bereits ein Berufsorchester zur Verfügung stand –, der also ein sorgloses Arbeiten gehabt hätte, wäre nicht ein halbes Jahr danach der Zweite Weltkrieg ausgebrochen.

Auftakt zur Uraufführung der Oper »Judith« im Salzburger Festspielhaus am 16. Dez. 1952. Die Ausführenden waren die Salzburger Liedertafel und das Mozarteum-Orchester unter Paul Walter.

Die konzertante Präsentation der Oper hatte noch einen besonderen Neben-Effekt. Zum Dank für die gelungene Aufführung schenkte der Komponist Vittorio Gnecchi der Stadt Salzburg ein Gemälde von Paolo Veronese, Judith darstellend.

Was die Arbeitsbedingungen betraf, erlebten die ersten beiden »Nachkriegschefs«, Robert Wagner und Paul Walter, einen absoluten Tiefpunkt. Walter meinte einmal: »Hunger ist schlimm, aber für sich allein noch erträglich. Kälte allein auch –, aber beides zusammen bringt mich auf die Dauer um«.
Zu dieser Zeit hätte man sich gewünscht, daß das Publikum schon bei den Proben anwesend gewesen wäre – um den Saal zu temperieren. Bei den wöchentlichen Rundfunkaufnahmen im Saal der Liedertafel mußten die Musiker überdies noch völlig ruhig sitzen, weil zu allem Überdruß auch noch die Sessel knarrten.
Nach dem Krieg begannen sich die engen Beziehungen des Orchesters zur Schule Mozarteum allmählich zu lösen. Das betraf vor allem den Künstlerischen Leiter, der bisher immer auch der Direktor des Mozarteums gewesen war. Paumgartner, der bei den ersten Nachkriegsfestspielen wieder mitgewirkt hat und auch als Direktor des Institutes wieder eingesetzt worden ist, hatte sich in die Schweiz begeben, wo er im Tessin sein Domizil besaß. Er kam daher als Chef des Orchesters genauso wenig in Frage wie sein Stellvertreter Johann Nepomuk David, der sich neben seinen Aufgaben am Mozarteum nur der Komposition widmete. Somit war also das Orchester gezwungen, sich seinen Chef vom Theater zu holen, und die Personalunion blieb bis zum heutigen Tag.
Damals war es ein Versuch, der nahelang, denn als Opern- und Orchesterchef konnte ein Dirigent da und dort mit dem Orchester arbeiten und auf Disziplin und Spielkultur einwirken.
Eine zusätzliche Gage gab es jedoch nicht. Der Opernchef bezog sein Gehalt vom Theater und für die Betreuung des Orchesters erhielt er eine Anzahl von Konzerten, da das Orchester nicht mehr bieten konnte.
Dies scheint im Widerspruch zu stehen zu den großen Dirigenten, die sich das Orchester »leisten« konnte, doch wurden diese ja nur für ein Gastkonzert engagiert. Wenn sie in Salzburg dirigierten, konnte man auf ein volles Haus zählen. Das Orchester ging kein Risiko ein –, ja gelegentlich verdiente es sogar noch dabei, aber leider nicht so viel, daß es einen eigenen Chef damit hätte bezahlen können.
Nur hinsichtlich der Konzertreisen ergab die Verquikkung beider Posten zuweilen Probleme. Ich erinnere mich beispielsweise, wie Paul Walter sechs Jahre lang zusehen mußte, wenn andere Dirigenten mit dem Orchester auf Reisen gingen, weil er an das Haus gebunden war. Unter solchen Umständen mag es nicht verwundern, wenn er nach Wien, an seine frühere Wirkungsstätte, die Volksoper zurückverlangte, wo man ihn gerne wieder aufnahm.
In den ersten acht Jahren nach dem Zweiten Weltkrieg haben sich drei Dirigenten besonders um das Orchester bemüht: Robert Wagner, Paul Walter und Meinhard von Zallinger. In diese Zeit fällt die Gründung des Vereins »Mozarteum-Orchester«, dessen Früchte allerdings erst Ernst Märzendorfer ernten konnte.
Einer kontinuierlichen Orchestererziehung stand damals der ständige Wechsel in der Besetzung entgegen. Das änderte sich, als durch den neuen Verein wieder ein regelrechtes Angestelltenverhältnis zustandegekommen war. Nun konnte man sich wenigstens auf eine Kerntruppe von dreißig bis vierzig Musikern verlassen, die dem Orchester auch die Treue gehalten haben. Sie hatte sich vor allem während der Ära Märzendorfer ab 1953 zu bewähren, als durch die Aufstokkung neuerdings Zuzug von außen kam. Ein fieberhafter Betrieb setzte nun ein, höchste Aktivität und äußerste Hingabe waren gefordert. Ständige Überdienste und gelegentlich fünfzehn, auch zwanzig Proben für ein Konzert machten den Musikern einigermaßen zu schaffen, denn Märzendorfers Arbeitsweise war erfüllt von einem kaum zu stillenden Hang zum Perfektionismus. Er ging spieltechnischen Problemen auf den Grund, nahm sich viel Zeit und probte äußerst intensiv. Selbst in ruhigen Abschnitten forderte er stete Hochspannung. Kein Wunder, wenn dabei des öfteren die Sicherungen durchbrannten.
Als das Orchester im Mozart-Jahr 1956 eine Tournee nach Amerika machte, in die Städte New York, Boston, Chikago, Cleveland und andere Orte (insgesamt waren 42 Konzerte zu absolvieren), war sich Märzendorfer seiner großen Aufgabe durchaus bewußt und das Ensemble ließ ihn nicht im Stich. In dreißig Proben wurden die wenigen Stücke so einstudiert, daß nicht nur alles nach dem Willen des Dirigenten lief, sondern jeder Musiker darüberhinaus seine Stimme fast auswendig beherrschte. Nachdem die musikalische Reisegesellschaft in einem Charterflugzeug das Land der unbegrenzten Möglichkeiten in 32 Stunden erreicht hatte, erwies sich der Probenaufwand alsbald als gerechtfertigt, denn die Tagesreisen blieben keineswegs auf die vertraglich festgelegten dreihundert Meilen beschränkt. Sie nahmen oft den ganzen Tag in Anspruch, mitunter bis knapp vor Konzertbeginn. Da zeigte sich dann, was gute Vorbereitung wert ist: Märzendorfer brauchte nur den Taktstock zu heben und das Räderwerk begann klaglos zu laufen.

Das Mozarteum-Orchester mit Ernst Märzendorfer 1956.

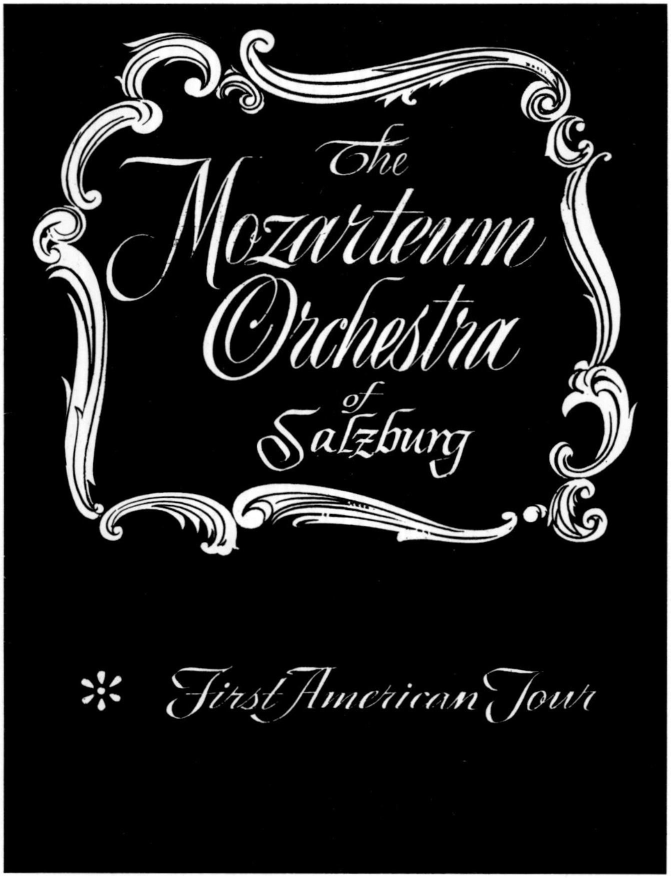

Programmtitel der 1. Amerika-Tournee 1956.

Die USA-Tournee verlief übrigens künstlerisch höchst erfolgreich, wirtschaftlich aber schloß man mit einem Defizit von über einer halben Million Schilling ab.
Von den 43 Musikern, die die Reise mitmachten (einschließlich der Substituten), gehörten nach einem Jahr nur noch zwei Drittel dem Orchester an. Immer wieder kamen andere Musiker, die A-Dur-Symphonie, KV 201, von Mozart, unser Paradestück mußte beispielsweise jedesmal wieder zur Gänze geprobt werden, weil so viele neue Kollegen im Orchester saßen. Zeitweise war es sogar unmöglich, mit Deutsch als Umgangssprache auszukommen und auch in der Musik fehlte oft der gemeinsame Nenner, weil die Zeit für einen Assimilierungsprozeß oft nicht reichte. Viele hervorragende Musiker verließen bald wieder Salzburg: Es bot nicht das, was sie erwartet hatten. Wir ließen sie ungern ziehen: Dino Asciolla, Ferenc Vizcey, Lina Lama, Conny Klemm, André Lardrot, Karl Österreicher und viele andere.
Diesem Zug schloß sich schließlich auch Ernst Märzendorfer an. Damit endete eine Phase, die zweifellos nach dem Zweiten Weltkrieg einen ersten Höhepunkt für das Orchester dargestellt hatte. Aufführungen von besonderem Format bleiben in Erinnerung: die »Sinfonia domestica« von Strauss, Ravels »Daphnis«-Suite, Strawinskys »Sacre du Printemps«, in der Oper vor allem »Die schweigsame Frau«.
Märzendorfers Nachfolge trat für kurze Zeit, genau ein Jahr lang, Meinhard von Zallinger an. Im Jahre 1960 kam schließlich Mladen Basic.
In der Zwischenzeit ereignete sich eine wesentliche Änderung in der Organisationsform des Orchesters. Der Verein »Mozarteum-Orchester«, der sich sieben Jahre lang über Gebühr angestrengt hatte, übergab das Ensemble an die Subventionsträger Land und Stadt. Besser gesagt: Er hielt so lange durch, bis die Subventionsträger bereit waren, es zu übernehmen. Die Musiker kamen in den Status eines Magistrats- bzw. Landesbeamten und waren damit praktisch pragmatisiert. Ein neuer Vertrag wurde erstellt und ein neuer Mann trat auf den Plan: der Landeskontrollbeamte, der nun über die Einhaltung des Vertrags und die Geschäftsgebarung zu wachen hatte. Er bekundete von allem Anfang an ein außerordentliches Interesse für alles, was ihm unter die Augen, gelegentlich auch zu Ohren kam. Selbst als Musiker fühlte man sich von ihm überwacht. Sein »Geheimdienst« funktionierte bestens, informierte ihn laufend über alles, was geschah. Wir nannten ihn daher den »Klein-Inquisitor«. An dem fachlich versierten Beamten gab es

Albert Linder, der hervorragende Hornist.

Ralph Herbert, der Sängersolist der USA-Tournee, Rudolf Klepac und Ernst Märzendorfer.

Rudolf Klepac kam in der Aera Märzendorfer ans Mozarteum-Orchester. Er war nicht nur ein begehrter Fagott-Solist, sondern auch ein Orchestermusiker von hoher Moral, und als solcher unstreitbar der »Primo Uomo« unter den Bläsern des Orchesters.

Professor Franz Gerstendörfer, der legendäre Hornlehrer des Mozarteums, mit zweien seiner Schüler, 1961.

Mladen Basic, künstlerischer Leiter des Mozarteum-Orchesters und Opernchef des Salzburger Landestheaters, ab 1959.

kaum etwas auszusetzen, wenngleich es auch der Kunst nicht immer zum Nutzen gereicht, wenn man den Schilling zwei- oder dreimal umdreht, bevor man ihn ausgibt.
Sein »Steckenpferd«, die einheitliche Dienstauslastung innerhalb des Orchesters durchzusetzen, mußte allerdings an der Unlösbarkeit des Problems scheitern. Wenn die Posaunisten beispielsweise bei den Festspielen nicht auf ihr Dienstsoll kamen, weil in sämtlichen Symphonien, Serenaden und Divertimenti Mozarts keine Posaunen vorkommen, dann war das nicht ihre Schuld. Das sah schließlich auch der gestrenge Kontrollbeamte ein.
Diesen streng überwachten Betrieb übernahm also Mladen Basic. Er blieb acht Jahre und brachte die ersehnte Ruhe nach aufregenden Jahren. Seine aufrichtige und herzliche Art, mit den Kollegen umzugehen, verschaffte ihm sogleich die Sympathie des geamten Orchesters. Selbst heute noch, wenn er als Gast ans Pult tritt, empfängt ihn stets freundlicher Applaus.
War Basic so viel bedeutender als seine Vorgänger und Nachfolger? In einem Punkte ja, denn in allen seinen Überlegungen ließ er dem Orchester den Vorrang und stellte seine eigene Person hintan. Er sah im Orchester eine respektgebietende Institution, der man zu dienen hatte.
Diese Einstellung, keineswegs unautoritär, hat das Orchester für ihn eingenommen, das hat ihm die gebührende Achtung aller eingetragen. Künstlerisch hatte sich Basic besonders in der Oper hervorgetan, denn auch er war Opernchef am Landestheater. Er brachte »Salome«, »Walküre«, den »Holländer«, »Ariadne auf Naxos«, Weills »Mahagonny«, Verdis »Falstaff«, alle großen Mozart-Opern und den einzigen »Fidelio«, den es seit 1922 außerhalb der Festspiele in Salzburg gegeben hat, heraus.
In den Konzerten brachte Basic mit Vorliebe (außer dem gängigen Repertoire) moderne slawische Meister, Janácek, Schostakowitsch, Prokofieff und andere, die er alle staunenswerterweise auswendig dirigierte. Auf den Konzertreisen war es ihm möglich, außer den Mozart-Programmen auch Stücke mit großem Orchester durchzusetzen – etwa Brahms' Erste und Tschaikowskys' Fünfte sowie Solokonzerte mit Shura Cherkassky, Jakob Gimpel, Karl Engel, Jury Bukoff und anderen. Nach acht Jahren verließ Mladen Basic Salzburg, denn ein neuer Intendant (Gandolf Buschbeck) und ein neuer Opernchef (Paul Angerer) wurden engagiert. Der Künstlerische Leiter des Mozarteum-Orchesters wäre damit im Theater zum Er-

Leopold Hager, Chefdirigent des Orchesters von 1969 bis 1981.

Im Jahre 1981 begann Ralf Weikert seine Tätigkeit als Chefdirigent des Mozarteum-Orchesters.

sten Kapellmeister degradiert worden, was Basic wohl nicht hinnehmen mochte.
Im Jahre 1969 wurde Leopold Hager zum Chefdirigenten ernannt. Er war Absolvent des Mozarteums, ein hervorragender Orgelspieler und ein ebenso begabter Dirigent. Nach jahrelanger erfolgreicher Tätigkeit in Linz, Mainz und Freiburg, wo er bereits die erste Position innegehabt hatte, kehrte er in seine Heimatstadt zurück. Mit hoher Verantwortung führte er zwölf Jahre lang ein recht strenges Regiment, nicht immer vergnüglich, aber ehrlich bemüht um technische Perfektion, instrumentalen Glanz und die Hebung des allgemeinen Niveaus. Einstudierungen von Opern im Großen Festspielhaus mit ausgesuchten Sängergästen, besonders aber die liebevolle Pflege der Mozartschen Werke, der späten und auch der frühen, für die Festspiele, für die Mozart-Wochen und für Plattenproduktionen waren Marksteine seiner Ära. Große Reisen führten das Orchester durch ganz Europa, in die USA, nach Japan, sogar nach Südamerika.
Als Nachfolger von Leopold Hager begann im Jahre 1981 Ralf Weikert seine Tätigkeit als Chefdirigent des Mozarteum-Orchesters. Er bekam bald das Angebot, die erste Position am Opernhaus Zürich (mit Beginn der Saison 1984/85) anzunehmen. Nur drei Jahre also blieben Weikert für Salzburg und dennoch hat er in dieser kurzen Zeit viel geleistet: Für das Landestheater wurde ein Mozart-Zyklus mit lange unterschätzten Werken (»Bastien und Bastienne«, »Idomeneo«, »Titus«) erarbeitet, in der Kollegienkirche wurde im Sommer 1983 zum ersten Mal seit vielen Jahren wieder eine Kirchenoper gegeben: Händels »Jephtha« (der jetzt von den Festspielen übernommen wurde, weiterhin unter Weikerts Leitung). Bemerkenswerte Programmzusammenstellungen vor allem im Mozart-Zyklus der Stiftung, aber auch bei der Kulturvereinigung (wo Weikert, ein gebürtiger Oberösterreicher, mit Werken von seinen Landsleuten Helmut Eder und Anton Bruckner begonnen hat) zeigten auch, wie sehr sich das Orchester auf seinen neuen Chefdirigenten einzustellen und große Leistungen zu bringen wußte.
Mit Beginn der Saison 1984/85 wird der junge, aus Marchtrenk gebürtige, in Graz ausgebildete Böhm-Preisträger Hans Graf die Leitung des Mozarteum-Orchesters übernehmen.

Meinhard von Zallinger

Eine Sonderstellung unter den Künstlerischen Leitern nahm Meinhard von Zallinger ein. Als er mit 23 Jahren zum ersten Mal als Dirigent vor die Öffentlichkeit trat, leitete er das Mozarteums-Orchester und als er sich mit 80 Jahren verabschiedete, stand er auch am Pult dieses Ensembles. Beide Male war es in Salzburger Kirchen – seinerzeit in der Kollegienkirche und zuletzt in der Stiftskirche von St. Peter – und beide Male trat er mit einer Messe von Mozart hervor. Er kannte das Orchester in all seinen Phasen, stand ihm zweimal als Chef vor und dirigierte es oft und oft als Gast.

Obwohl sich Zallingers Berufsleben im Wesentlichen in Wien, Köln und vor allem in München abgespielt hat, war doch Salzburg die eigentliche Heimat des gebürtigen Wieners. Hier hatte er studiert, hieher ist er immer wieder zurückgekehrt, vor allem in den Sommermonaten zu den Kursen am Mozarteum hier hatte er Jahrzehnte lang die Opernschule geleitet und hier hat er sich auch zur Ruhe gesetzt. Seine erste Tätigkeit war die eines Studienleiters der Mozarteums-Oper von 1920 bis 1922. Wahrscheinlich hatte man ihn seiner besonderen Fähigkeiten wegen für dieses Amt ausersehen, galt er doch schon in jungen Jahren als unbestechlicher, überaus gewissenhafter und subtiler Sachwalter der Musik. Diese Verpflichtung zur Werktreue, die man von ihm forderte, hat auch entscheidend seinen Charakter als Musiker geprägt. Man spürte dies in den Orchesterproben, wenn er ganz ohne Allüren ans Pult trat und vorerst einmal den »Text« verlangte, auf den Buchstaben, die Note genau, wenn er Details ziselierte und das beliebte spontane Gehaben auf das richtige Maß reduzierte. Kein »accellerando«, wo keines steht, keine hastigen Triolen, »kurz« bei Noten mit einem Punkt darüber und »punktierte« Rhythmen stets auf das Sechzehntel präzis.

Größere Gegensätze wie zwischen Zallinger und Paumgartner hat es wohl selten gegeben. Und bei keinem Werk sind sie so deutlich zutage getreten wie bei der Messe in c-Moll von Mozart, die beide oft bei den Salzburger Festspielen geleitet haben.

Die Paumgartnersche Elegie mit dem Trauerflor zu Beginn des Kyrie, das festliche Credo »mit den himmlischen Rössern« und die barocke Pracht der vielstimmigen Chorsätze – all das erhielt bei Zallinger eine gebändigte Form von fast Bachscher Strenge und eine Durchsichtigkeit, die von innen her zu leuchten

Meinhard von Zallinger.

schien. Beide Deutungen waren in ihrer Art eindrucksvoll und vermochten das Publikum in ihren Bann zu ziehen.
Als Zallinger mit 80 Jahren das Werk zum letzten Mal dirigierte, meinte er: »Einmal muß Schluß sein!« Er legte den Taktstock hin und verabschiedete sich so wie der große Sohn der Stadt sich seinerzeit von seinen Salzburgern verabschiedet hatte, nachdem er die Messe 1783 in derselben Kirche aus der Taufe gehoben hatte.

DONNERSTAG, DEN 5. MAI 1949, MOZARTEUM, GROSSER SAAL
19.30 UHR

FESTKONZERT

UNTER DEM EHRENSCHUTZ DES LANDES UND DER STADT SALZBURG

ZUM 80. GEBURTSTAG VON

HANS PFITZNER

DIRIGENT:

MEINHARD ZALLINGER

SOLIST:

GILBERT SCHUCHTER, Klavier

OUVERTURE ZU „KÄTHCHEN VON HEILBRONN", OP. 17a

KLAVIERKONZERT ES-DUR, OP. 31

POMPHAFT MIT KRAFT UND SCHWUNG
HEITERER SATZ
ÄUSSERST RUHIG, VERSONNEN, SCHWÄRMERISCH
RASCH, UNGESCHLACHT, LAUNIG

PAUSE

SYMPHONIE CIS-MOLL, OP. 36a

ZIEMLICH RUHIG
SEHR SCHNELL
LANGSAM, AUSDRUCKSVOLL
ZIEMLICH SCHNELL

KONZERTFLÜGEL STEINWAY & SONS, ALLEINVERTRETUNG Fa. H. KATHOLNIGG
SALZBURG, SIGMUND-HAFFNER-GASSE 16

Clemens Krauss

Diesen Namen bei den Künstlerischen Leitern des Orchesters anzuführen, ist sicherlich etwas vermessen. Ihn im Zusammenhang mit Meinhard von Zallinger zu erwähnen, ist hingegen berechtigt, denn dieser hatte seinerzeit eine Verbindung mit dem Mozarteum hergestellt, die 1939 zur Generalintendanz geführt hatte. Zu dieser Zeit war Clemens Krauss auch Chef des Orchesters, denn er gebot über Schule, Theater und alles, was mit Musik in Salzburg zu tun hatte. Er hielt sich zwar nur sporadisch in Salzburg auf, sein Geist jedoch war stets präsent. Er ließ sich über alles informieren, und eine kleine Nebenbemerkung genügte oft, um Dinge ins rechte Lot zu rücken, die nicht ganz in seinem Sinne waren. »Sagen'S mir nicht wieviele Schüler Blockflöte lernen, sagen'S mir lieber, wieviele ein ordentliches Instrument spielen.« Ebenso ließ er sich über das Orchester berichten, und als er sich davon überzugt hatte, daß der neue Flötist Kurt Redl ein ausgezeichneter Bläser sei, nahm er ihn mit an die Münchener Staatsoper. Clemens Krauss war sozusagen »Gott Vater« in der Kunst, und dieses Odium haftete ihm zeitlebens an. Auch als es ihm nach dem Krieg verboten war, öffentlich aufzutreten, blieb er eine angesehene Persönlichkeit. Als er dann wieder dirigieren durfte, gab er sein erstes Konzert im Mozarteum mit dem Mozarteum-Orchester. Er zauberte aus ihm eine Art »philharmonischen« Klang und man konnte sich gut vorstellen, daß unter der ständigen Leitung eines solchen Meisters das Orchester bald über sich hinausgewachsen wäre.
Was Clemens Krauss für Salzburg vorschwebte, als Karl Böhm ihm als Direktor der Wiener Staatsoper vorgezogen worden war, war eine »hochkultivierte« Stadt, die gleichberechtigt neben Wien stehen sollte, durch eigene Leistung, durch eigene Initiative. Was hätte Salzburg daraus für einen Gewinn ziehen können, hätte die Pläne nicht Krauss' plötzlicher Tod 1954 in Mexico-City zunichte gemacht.

Probe mit Clemens Krauss 1949.

Joseph Messner und die Dommusik

»Joseph Messner, geb. am 27. Febr. 1893 in Schwaz in Tirol, besuchte in Innsbruck humanistisches Gymnasium und Universität, dann die Akademie der Tonkunst in München (Hauptfächer Komposition und Orgel), schrieb Lieder, eine Sinfonie in c-Moll, Oper »Hadassa« in einem Vorspiel und einem Akt, ferner eine Messe in D, Missa poetica und andere kirchenmusikalische Werke. Er gehört zu den fortschrittlichsten Vertretern der Kirchenmusik.«

Dies schrieb Alfred Einstein 1922 im Riemann-Lexikon. Damals war Messner noch nicht dreißig Jahre alt. Es war jenes Jahr, in dem er als Domorganist an die Salzburger Metropolitankirche kam. 1926 wurde er als Nachfolger von Franz Xaver Gruber, dem Enkel des »Stille Nacht«-Komponisten, Domkapellmeister.

Schon ein Jahr darauf begann er mit seinen Domkonzerten bei den Salzburger Festspielen. Ihm lag die Wiederbelebung der alten Tradition der Dommusik am Herzen. Nach den großen Rückschlägen des »Cäcilianismus«, dem vor allen Kardinal Johannes Katschthaler anhing, war einiges gut zu machen. Messner wurden keine Vorschriften bezüglich der Instrumentalmessen mehr auferlegt. »Weibsbilder, junge oder alte, die auf dem Domchor überhaupt nichts zu suchen« hatten, waren ihm höchstens willkommen und im Orchester auch die Pauken, die nach Katschthalers Meinung ein »unausstehliches, unkeusches Spektakelinstrument« seien.

Messner stellte wieder ein enges Verhältnis zum Mozarteum-Orchester her und hielt es auch bis zu seinem Tod im Jahre 1969 aufrecht. Der Klangkörper, der bis auf wenige Ausnahmen mit dem Mozarteums-Orchester identisch war, hieß als kirchliche Formation »Orchester des Dommusikvereins«.

Messner und Paumgartner waren nicht füreinander geschaffen. Sie waren klug genug, um ihren Machtbereich genau abzustecken und sich aus dem Weg zu gehen. Einig waren sie sich nur, wenn es galt, berechtigte Wünsche Dritten gegenüber durchzusetzen. Aber sonst waren sie ihrem Charakter nach und in der Behandlung des Orchesters grundverschieden. Messner war insoferne im Nachteil, als er seine Konzerte aus eigenem veranstalten mußte und natürlich nicht großzügig sein konnte. Dafür glich er das mit Freundlichkeit und Entgegenkommen in jeder Weise aus. Nach dem Zweiten Weltkrieg merkte man, wie sehr er das Mozarteum-Orchester schätzte. In den ersten Wochen nach dem Zusammenbruch fuhr er auf dem Fahrrad von einem Musiker zum anderen, um wieder ein Orchester zusammenzubringen, das schließlich die »Amerikaner« veranlaßte, schon 1945 wieder »Festspiele« durchzuführen, ohne die Wiener Philharmoniker.

Die Ära Messner von 1926 bis 1969 ist, was die Dommusik betrifft, als die »instrumentalreichste« zu bezeichnen. Heute könnte man sich so etwas nicht mehr leisten. Heute kämpft sein Nachfolger Anton Dawidowicz mit einem so kleinen Budget, daß eine Figuralmesse nur an besonderen Feiertagen oder während des Sommers aufgeführt werden kann.

†

Das Metropolitankapitel von Salzburg gibt hiermit die traurige Nachricht vom plötzlichen Hinscheiden des hochw. Herrn

Professor Dr. h. c. Joseph Messner

Domkapellmeister in Salzburg

Geboren am 27. Februar 1893 in Schwaz kam der Verewigte schon in früher Jugend als Sängerknabe an den Salzburger Dom, wurde 1916 zum Priester geweiht und nach Abschluß seiner Studien an der Akademie der Tonkunst in München 1922 zum Domorganisten und 1926 zum Domkapellmeister ernannt. Diese Stelle hatte er ununterbrochen bis zu seinem Tode am 23. Februar 1969 inne.

Domkapellmeister Messner hat durch sein künstlerisches und kompositorisches Wirken dem Salzburger Domchor weltweites Ansehen verschafft. Seine Verdienste um die kirchliche und profane Musik wurden durch höchste Auszeichnungen seitens der Republik Österreich, des Landes und der Stadt Salzburg, durch Verleihung der Ehrendoktorate in Musik durch das Whitman-College und der Theologie durch die Theol. Fakultät der Universität Salzburg und durch zahlreiche andere Ehrungen seitens inländischer und ausländischer Kulturvereinigungen gewürdigt.

Der Verstorbene ist in der Margarethenkapelle des Petersfriedhofes aufgebahrt. Donnerstag, 27. Februar 1969, 11 Uhr, findet im Dom das feierliche Pontifikalrequiem und um 15.30 Uhr auf dem Kommunalfriedhof das Begräbnis statt.

Das Metropolitankapitel bittet um Ihr ehrendes Gedenken und um Ihr Gebet für den Dahingeschiedenen.

Salzburg, 24. Februar 1969

Das Konzertleben in Salzburg

Die Veranstaltung der Orchesterkonzerte in Salzburg lag bis 1952 fast ausschließlich bei der Internationalen Stiftung Mozarteum. Seit 1881 war diese Institution hauptsächlich darum bemüht, seit 1914 hatte sie sogar einen eigenen Saal. Die Besucher dieser Konzerte waren meist alteingesessene Bürger der Stadt: sozusagen ein ehrwürdiges Auditorium.

Die Stadt, die 1890 noch 27.000 Einwohner gezählt hatte, ist seither um 100.000 Bewohner angewachsen, Angebot und Nachfrage waren also aus dem Gleichgewicht geraten. Dadurch entstand eine Lücke, die zu schließen sich die Salzburger Kulturvereinigung vorgenommen hat. Sie beauftragte Heinz Klier, einen Konzertring, ein Orchester-Abonnement zu organisieren. Man wollte versuchen, für den Anfang mindestens so viele Abonnenten zu werben, daß damit ein Drittel der Ausgaben zu decken war. Das hieß also, einerseits möglichst viele Karten zu verkaufen, andererseits die Kosten so gering wie nur möglich zu halten. Da es sich um Konzerte mit Orchester handeln sollte, schien es geraten, mit dem heimischen Klangkörper in Verbindung zu treten, der mit großer Ambition darauf einging, sowohl weil die künstlerischen Möglichkeiten lockten, als auch durch die erfreuliche Einnahmequelle, die der neue Verein »Mozarteum-Orchester« dringend brauchte. Darüberhinaus war die Lösung patriotisch und das Geld blieb im Lande.

Ernst Märzendorfer, der damals der Chefdirigent war, und Walter Hofstötter vermeinten, dem Konzertring am besten damit zu dienen, die Stiftungskonzerte zu wiederholen. Das wäre künstlerisch und ökonomisch sinnvoll gewesen, hätte aber Heinz Klier zu sehr in Abhängigkeit zur Stiftung gebracht. Er ging daher seinen eigenen Weg, setzte eigene Vorstellungen durch, bestimmte die Programme, die Dirigenten und Solisten, und er holte sich sogar Gastorchester, sobald er es sich leisten konnte. (Sie waren zum Teil sogar billiger als das Mozarteum-Orchester.)

Dort, wo die ersten Musikfeste der Stiftung durchgeführt worden waren, in der Großen Aula der Universität, fanden die Konzerte, die anfangs 620 Abonnenten hatten, ihre erste Heimstätte. Eine weitere Möglichkeit bot nach wenigen Jahren der Saal des neuen Kongreßhauses, der eben fertiggestellt worden war und bei dieser Gelegenheit auch die »Weihe« durch das Mozarteum-Orchester erhalten hatte.

Aula und Kongreßhaus waren akustisch zwei Extremfälle. Die fast unerträgliche Überakustik der Aula stand im Gegensatz zu der geradezu peinlichen Trokkenheit des Saales an der Auerspergstraße. Dieses Problem wurde aber bald gelöst: durch die Abonnenten, deren Zahl so schnell angestiegen war, daß man bald ins (Kleine) Festspielhaus übersiedeln konnte. Als 1960 das Große Festspielhaus vollendet war, konnte es die Kulturvereinigung noch im gleichen Jahr mitbeziehen. Es war »maßgeschneidert« mit seinen etwas über zweitausend Plätzen, denn genauso viele Abonnenten hatte auch der Konzertring. Doch die Besucherzahl stieg noch weiter an, so daß sich Heinz Klier zu einem zweiten Zyklus veranlaßt sah. Das Publikum hatte nun die Möglichkeit, zwischen der »Großen Symphonie« und der »Musik der Meister« zu wählen. Leider konnten dies die Musiker nicht. Für sie bedeutete dies doppelte Anstrengung, denn nun mußten sie zwei verschiedene Programme studieren. Das traf umso mehr, als das Orchester ja eigentlich kein Repertoire hatte, auf das es hätte zurückgreifen können.

So mußte sich das Mozarteum-Orchester in minimaler Probenzeit an Dinge heranwagen, für die es gerne mehr Vorbereitungen aufgewendet hätte.

Zum 25-Jahre-Jubiläum wurde es nötig, einen dritten Zyklus einzurichten: »Die Welt der Musik«. Aus den sechs Konzerten des Jahres 1953 waren nun dreißig geworden. Heinz Kliers Politik scheint also doch richtig gewesen zu sein, denn so etwas hatte bisher noch niemand zuwege gebracht. Und ab nun ließ er auch mit sich reden.

Das Gesamtprogramm war durch die vielen, zum Teil illustren Gastorchester so abwechslungsreich geworden, daß es keine Rolle mehr spielte, wenn das Mozarteum-Orchester sich gelegentlich im Programm wiederholte und der Reiz der Vielfalt zugunsten der künstlerischen Qualität etwas eingedämmt wurde. Selbst das Publikum, weit davon entfernt, darin eine Einschränkung zu sehen, hatte nichts einzuwenden. Es war geradezu erregend, festzustellen, wie aus ein paar Liebhabern von anno dazumal ein großes Auditorium erwuchs. Heute gibt es bereits rund 5700 Abonnenten: eine stolze Leistung für Salzburg.

In Salzburg wird Musik das ganze Jahr über groß geschrieben. In die Reihe der Festivals (Mozart-Woche, Osterfestspiele, Pfingstkonzerte, Sommerfestspiele) reiht sich auch die Kulturvereinigung mit Kulturtagen im Oktober ein: Das sind »Festspiele für jedermann«, das Publikum, vorwiegend aus Land und Stadt Salzburg, bekommt nicht nur verschiedene Konzerte und andere Veranstaltungen geboten, sondern auch, im

Das Salzburger Serenaden-Ensemble bei einem der ersten Salzburger Schloßkonzerte 1954. Von links nach rechts: Georg Weigl, Franz Gerstendörfer, Erich Klein, Alfred Letitzky, Wolfgang Billeb, Joseph Schröcksnadel, Dino Asciolla und Arnold Hintz.

Festspielhaus, eine große Oper pro Jahr, die das Landestheater produziert. Da kann dann das Mozarteum-Orchester in »philharmonischer« Besetzung aufspielen: »Aida«, »Turandot«, »Lohengrin«, »Tannhäuser«, »Tosca«, »Jenufa«, »Der fliegende Holländer« sind nur einige Titel, die im Lauf der Jahre auf dem Programm standen.
330 Konzerte spielte das Mozarteum-Orchester für die Kulturvereinigung (Stand 1981), neunzig verschiedene Dirigenten standen am Pult, unter ihnen so bedeutende wie Klaus Tennstedt, Levre von Matacic, Jan Krenz, Georg Ludwig Jochum oder Rudolf Barshai. Die künstlerischen Leiter des Ensembles konnten sich dabei besonders profilieren: Leopold Hager leitete 41 Konzerte, Mladen Basic 36, Ernst Märzendorfer 19, Robert Wagner elf, und Ernst Hinreiner stand als Chordirigent 22 mal auf dem Podium. Demgegenüber gaben Gastorchester nur rund 250 Konzerte. Das Gewicht verlagerte sich jedoch, denn von den nun jährlich 27 Abenden entfielen in der letzten Zeit nur mehr je elf auf den heimischen Klangkörper. In über dreißig ßig Jahren hat sich also die Kulturvereinigung zu einer äußerst attraktiven Institution entwickelt.
Obwohl sie nicht unmittelbar mit dem Mozarteum-Orchester zu tun haben, verdienen in diesem Buch auch die Salzburger Schloßkonzerte eine gebührende Erwähnung. Denn die Betätigung in der Kammermusik ist für jeden Orchestermusiker unerläßlich. Die Konzertdirektion Hummer, die die Schloßkonzerte veranstaltet, erschloß damit den Salzburger Künstlern ungeahnte Möglichkeiten. Das trug wohl auch zur gedeihlichen künstlerischen Entwicklung des Orchesters wesentlich bei. 250 Kammerkonzerte im Jahr zu präsentieren ist eine gewaltige Anstrengung. Siegfried Hummer begann mit seiner Reihe im Jahre 1954, zu einer Zeit, als dies durchaus in Salzburg noch ein Wagnis gewesen war. Hummer kam zugute, daß er Fremdenverkehrs-Fachmann war und wußte, was der Gast von Salzburg erwartete. Mit den Veranstaltungsorten in der Residenz und im Schloß Mirabell konnte er den Besuchern schon von den Räumen her Außergewöhnliches bieten: Musikstätten, in welchen ehemals Mozart und Michael Haydn musiziert hatten. Das »Risiko« machte sich alsbald bezahlt, die Zahl der Musikfreunde aus nah und – vor allem – fern, stieg von Jahr zu Jahr.
Am Beginn glaubten die »erfahrenen« Salzburger, sie hätten es mit einem Träumer zu tun. Selbst die zuständigen Behörden verhielten sich reserviert, taten die Schloßkonzerte als bloße Fremdenverkehrs-Attraktion ab. Die künstlerische Qualität aber ist mittlerweile unbestritten, die Veranstalter fühlten sich einem anspruchsvollen Publikum verpflichtet und der Kreis der mitwirkenden Künstler wurde von Jahr zu Jahr illustrer, die Programme immer interessanter. Zyklen mit sämtlichen Beethoven- oder Mozart-Quartetten hat es bis dahin in Salzburg ja noch nie gegeben.

Innerhalb von 25 Jahren hatten sich in Salzburg fast dreißig Kammermusik-Ensembles gebildet. Die Musiker haben mit Freuden die Chance ergriffen, die Siegfried Hummer ihnen bot, nicht nur zum eigenen, sondern auch zum Vorteil des Orchesters.
Außer den Konzerten der Kulturvereinigung und denen Siegfried Hummers ging unbehindert das Veranstaltungsprogramm der Internationalen Stiftung Mozarteum weiter. Eine Zeit lang hatte man den Eindruck von kühler Distanzierung. Nach wenigen Jahren aber war die Überzeugung zu gewinnen, daß die Veranstalter sich ihrer speziellen Aufgaben bewußt wurden und schließlich zu einer guten Koordination gefunden haben.
Die Stiftung verlegte sich in verstärktem Maße auf Mozart, dem sie seit 1956 ein bedeutsames Geburtstags-Festival, die »Mozart-Woche«, widmet. In ihren Abonnementkonzerten konzentriert sie sich mehr denn je auf moderne Stücke und ist wesentlich avantgardistischer, als dies der Kulturvereinigung möglich ist. An ihrer Treue zum Mozarteum-Orchester hält sie unerschütterlich fest, nun schon über hundert Jahre lang. Sie hütet damit eine gemeinsame Tradition.

Der Aufgabenbereich jeder einzelnen Institution hat sich wie von selbst abgesteckt und die Aktivitäten scheinen in »kollegialer« Weise aufeinander abgestimmt.
Die Musikstadt Salzburg ist gesamt gesehen von Persönlichkeiten geprägt worden, die zur rechten Zeit immer die Dringlichkeit des unbedingt Notwendigen erkannten. Jeder half auf seine Weise und auf seinem »Gebiet« mit, ein Ganzes zu schaffen.
Franz von Hilleprandt kümmerte sich um das bürgerliche Musikleben, Carl von Sterneck begründete die Internationalen Musikfeste, J. F. Hummel spezialisierte sich auf die Orchestererziehung, Bernhard Paumgartner wies als erster auf die Universalität Mozarts hin, die Festspielhaus-Gemeinde holte die Welt in die Stadt, Heinz Klier widmete sich der musikliebenden Bevölkerung und führte sie »en masse« in die Konzertsäle und Siegfried Hummer schuf der Kammermusik eine Heimstatt.

Das Theater – eine der wesentlichsten Wirkungsstätten des Orchesters

Das ehemalige Theater am Hannibalplatz, das umgebaute alte Ballhaus, verdankte seine Entstehung einer Initiative des Fürsterzbischofs Colloredo. Im Jahre 1775 bestand zwar noch das Hoftheater, das Theater an der Benediktiner-Universität und für das »niedere Volk« sorgten durchreisende Wander-Truppen mit der »derben Kost ihrer Hanswurstiaden«. Aber im Grunde entsprach das alles nicht dem Geschmack des aufgeklärten Fürsten und auch nicht seinem Niveau. Vor allem fehlte die Breitenwirkung, die Erfassung der Allgemeinheit und jedwede Möglichkeit zur Animation. Theater im Dienste der Aufklärung, Theater als Bildungsstätte – dieses Ziel schwebte Colloredo vor (nebenbei spielten natürlich auch wirtschaftliche Überlegungen eine Rolle: Einsparung durch Auflösung des kostspieligen Hoftheaters; Verteilung der Lasten auf breiter Basis mit Einbeziehung des Magistrats.)

Auf das Theater wollte Colloredo jedenfalls nicht verzichten. Im Gegenteil: Er wollte es ausbauen und warb um Helfer. Großzügig vermachte er das Ballhaus nächst dem Mirabellgarten den Bürgern der Stadt, was sie mit dem Geschenk nun anfangen sollten, fügte er gleich einer Urkunde bei: Daraus möge ein Theater, ein Komödienhaus entstehen. Der Magistrat brauche es für diesen Zweck nur herzurichten. Auch dabei wollte Colloredo behilflich sein und nach Einverständnis die Genehmigung für Maskenbälle im Rathaus erteilen, zum Vorteil der Stadt. Die Reaktion vonseiten der Bürger war aber nicht so positiv wie erwartet. Die Aufklärung im Lande war noch nicht genügend fortgeschritten. Theater war für die zugeknöpften Salzburger ein »unnöthiger Luxus« und dazu wollten sie bestenfalls ein »Leidentliches« beitragen. Doch der Fürst hatte es sich nun einmal in den Kopf gesetzt. Er insistierte weiter und allmählich wurde aus dem wohlgemeinten Vorschlag fast eine Drohung: »... so soll er sich innerhalb vierzehn Tägen erklären, ob er jährlich 500 fl zu dem Theaterfundo geben will oder nicht, sonsten werden wir mit solchem anders disponieren, indem schon Liebhaber dazu vorhanden sind!«

Ein Vorschuß von 12.000 fl aus der Kameralkassa machte die Angelegenheit etwas schmackhafter. Damit hatte schließlich das Tauziehen ein Ende.

Das Haus wurde also eingerichtet. Damit aber das erzbischöfliche Siegel nicht fehlte und die Aufklärung zu weit ginge, wurde eine Theater-Kommission bestimmt. Die Zensur behielt sich der Fürst höchstpersönlich, zumindest aber seinem Kabinett vor. Über allem waltete demnach die fürsterzbischöfliche Autorität. Doch so engstirnig, wie dies gelegentlich dargelegt wird, war sie auch wieder nicht. »Kabale und Liebe«, »Don Carlos« und ähnliches genehmigt, wenn nicht gar befohlen zu haben, stellt dem Erzbischof kein schlechtes Zeugnis aus – selbst im Vergleich zu Wien, wo diese Stücke wesentlich später herauskamen.

Das neue Theater am Hannibalplatz, dessen Umbau unter der Aufsicht des fürsterzbischöflichen Hofbauamtes vollendet wurde, konnte bereits 1775 eröffnet werden. Dazu hatte man die Karl Wahrsche Theatertruppe verpflichtet, ein Ensemble von sieben Damen, elf Herren und drei Kindern, das am 16. November seine erste Vorstellung gab.

Die Spielzeiten vom Herbst bis zur Fastenzeit, oft sogar unter Ausschluß der Adventszeit, waren äußerst kurz. Deshalb behalf man sich für die ersten zwei Jahrzehnte mit Wandertruppen, die durch die Lande zogen, von einem Engagement zum anderen. Der Theaterfundo von 500 fl ließ natürlich keine großen Sprünge zu, daß der sparsame Erzbischof da noch viel zugeschossen hätte, kann man sich nicht recht vorstellen. Schon bei der ersten Truppe, die nach einer erfolgreichen Saison für die nächste eine Subvention von 20 Dukaten begehrte, hielt er sich zurück, und ließ sie lieber weiterziehen. So löste dann eine renommierte Truppe die andere ab. Johann Heinrich Böhm, für den Mozart die Musik zu »Thamos« schrieb, machte in Salzburg Station, 1780/81 kam Emanuel Schickaneder (die ganze Familie Mozart, die er hier kennenlernte, hatte bei ihm freien Eintritt). Die Schmidtsche Truppe führte erstmals die »Entführung« auf (1784), und die Feldersche 1787 sogar den »Figaro«. Daß dies in Salzburg möglich war, zeigt, daß der Erzbischof seinem »enfant terrible« Mozart gegenüber gar nicht so intolerant gewesen sein konnte.

Die letzte Truppe, die zwei Jahre lang hier blieb, war die des »Hochfürstl. Schauspieldirektors« Franz Anton von Weber, des Vaters von Carl Maria und Onkels von Aloysia und Constanze. Der etwas hochstaplerische Direktor, der sich seinen Titel selbst zugelegt hatte und sein Adelsprädikat samt Wappen einer längst ausgestorbenen Familie »von Weber« entlehnte, bereitete wie überall, so auch in Salzburg Schwierigkeiten und übergab schon die zweite Spielzeit seinem Sohn Edmund.

Das Helmer und Fellner'sche Theater in seiner ursprünglichen Form – mit Auffahrt – auf einer Postkarte aus dem Jahre 1910. Links Mozarts Wohnhaus am Makartplatz.

Sonntag den 15. Dezember 1912, vormittags 11 Uhr, in der

Aula academica zu Salzburg

Außerordentliches

Sinfonie-Konzert

Das Mozarteums-Orchester
Dirigent: Paul Graener
Solistische Mitwirkung: Fräulein Marie Peregrinus

Programm:

1. Richard Wagner: Ouvertüre „Der fliegende Holländer"
2. Gustav Mahler: Drei Gesänge mit Orchester-Begleitung
   a) Um Mitternacht
   b) Rheinlegendchen
   c) Wo die schönen Trompeten blasen
3. Paul Graener: I. Sinfonie D-moll, op. 39 (auf Verlangen). Larghetto-Allegro apassionato — Adagio — Allegro energetico-Largo

Während der Dauer eines Musikstückes bleiben die Saaltüren geschlossen. Die P. T. Damen werden dringendst ersucht, die Hüte abzunehmen

Preise der Plätze:

Sitze in den Vorderreihen K 4.–, in den Mittelreihen K 3.–, in den rückwärtigen Reihen K 2.–, auf der Galerie K 2.–, Stehparterre K 1.20

Karten-Vorverkauf in der Buchhandlung Eduard Höllrigl, vorm. Herm. Kerber, Sigmund Haffnergasse 10. Am Konzerttage an der Kasse.

DRUCK R. KIESEL SALZBURG

Die Wandertruppen-Zeit hatte damit ihr Ende. Ab 1796 übertrug man die Leitung des Theaters einem Prinzipal, der für die wirtschaftlichen Belange, für das künstlerische Personal und für den reibungslosen Ablauf des Geschehens verantwortlich zeichnete. Darum bemühten sich für die ersten Jahre gleich zwei prädestinierte »Einheimische«: der Journalist Lorenz Hübner und der feb. Sänger Giuseppe Tomaselli. Der eine war Herausgeber der weit über die Grenzen bekannten »Oberdeutschen Literaturzeitung«, der andere Hoftenorist der feb. Kapelle. Sie führten das Theater sehr erfolgreich, drei Jahre lang, und brachten es dabei auf 238 Vorstellungen: Gegeben wurden unter anderem »Don Juan«, »Die Zauberflöte«, »Der Schauspieldirektor« und für die Zeit fast revolutionäre Schauspiele. Die beiden Leiter traten 1798 zurück, aller Wahrscheinlichkeit nach nicht nur wegen eines Defizits von rund 800 fl, sondern auch wegen der drohenden Kriegsgefahr. Das Domkapitel, die Mönche von St. Peter und die Damen des Stiftes Nonnberg hatten schon ihre Zufluchtsorte bestimmt und noch bevor die Franzosen kamen, flüchtete auch der Erzbischof. Damit änderte sich die Situation grundlegend. Das galt aber bemerkenswerterweise nicht für das Theater, das trotz Besetzung und ständigem Regierungswechsel seine Pforten offen hielt.

So verdienstvoll Colloredo für das Salzburger Theater gewesen sein mag: Er war zeitlebens ein Sparmeister, und das tut keinem Theater gut. Als Direktor Heuberger um die Jahrhundertwende in Schwierigkeiten kam und die Theaterkommission helfen wollte, da im Fundo noch Geld vorhanden war, winkte Colloredo ab und meinte: »Da wir in Nichts in Neuerungen einzugehen gedenken, so ist auch hier bey der alten Ordnung zu bleiben!« Das war zu einer Zeit, als er bereits in Wien weilte.

Konnte man da nicht aufatmen, als mit der Säkularisation solche Kaprizen aufhörten und der ständige Wechsel in der Leitung einer langfristigen Planung Platz machte?

Fast bis zur Jahrhundertmitte, bis 1847, leiteten nur drei Direktoren das Haus. Anton Ferrari allein schon über zwanzig Jahre lang. In wirtschaftlich schlimmer Zeit stand er bis 1806 dem Kurfürstlichen Theater, ab 1808 dem k.k. National-, dann dem Königlich Bayrischen und ab 1816 dem k.k. Stadttheater vor. Kurfürst Ferdinand stellte ihm seine Hofkapelle zur Verfügung und genehmigte zusätzlich, wenigstens im ersten Jahr seiner Regierung, eine Subvention. Auch Kronprinz Ludwig von Bayern unterstützte das Theater stärker, als das Colloredo jemals getan hatte. Man mußte nur immer wieder fordern. Zu seinem Abschied führte Ferrari sogar den »Freischütz« auf, ein Jahr nach der Uraufführung am Gendarmenmarkt in Berlin.

In den nächsten 25 Jahren – mit Ausnahme von acht Jahren, in denen Joseph Glöggl Direktor war – bestimmte eine Frau die Geschicke des hiesigen Theaters: Katharina Hain. Sie engagierte 1839 Aloys Taux als Kapellmeister, der zwei Jahre danach Mozarteums-Direktor wurde. Die Opernpflege am Theater erreichte einen ersten Höhepunkt, als Denemy und Clement gemeinsam die Direktion führten. Unter Heinrich Jenke gingen in Salzburg die ersten Wagner-Opern in Szene: 1876 der »Fliegende Holländer«, 1877 »Lohengrin«.

Der junge Carl Muck trat 1880 hier seinen zweiten Kapellmeisterposten an und ein Jahr darauf wurde dem überlasteten Chef auch ein Assistent zur Verfügung gestellt: Hugo Wolf.

Im Jahre 1890 war während der Saison plötzlich das Geld knapp geworden (das erste, aber nicht das letzte Mal im Verlauf der weiteren Geschichte). Man löste das Problem, indem man auf »Teilung« weiterspielen ließ. Am 11. April 1892 fand die letzte Vorstellung im alten Haus statt. Fast 120 Jahre lang hatte man in diesem »Musenstall« Theater gespielt, in einem engen, langgezogenen Raum mit drei Galerien. Nur zwölf Plätze faßten die Reihen im Parkett, das zusammen mit den zwei Logen-Kränzen für das vornehmere Publikum gedient hat, während Galerie und Stehplatz den »Volksmassen« zur Verfügung standen.

Diesem langjährigen Provisorium folgte jetzt ein regelrechter Theaterbau, der von den routinierten Architekten Helmer und Fellner entworfen wurde. Fast sechzig Theater in ganz Europa, von Klagenfurt bis Wiesbaden und Hamburg, von Preßburg, Prag, Wien bis Zürich, hatten sie gebaut. Ein Risiko ging man dabei also nicht ein. Nach nur vierzehn Monaten stand der Bau bereits, im Vergleich zu früher ein ausgesprochenes Schmuckkästchen, auf das die Salzburger heute noch stolz sind.

Im Jahre 1893 konnte es eingeweiht werden, höchst feierlich mit einem neuen Ensemble, das Direktor Anton C. Lechner ausgewählt hatte, mit dem damals noch unbekannten Charakterdarsteller Max Goldmann, der als Max Reinhardt in die Theatergeschichte eingegangen ist. Er blieb allerdings nur ein Jahr.

Sowohl zur Winterzeit, als auch in den Sommermonaten wurde gespielt. In Laufen, Tittmoning, Kuchl und

anderen »Sommermetropolen« fanden Aufführungen statt.
Nach anfänglichen Versuchen mit der Oper, die das Budget zu sehr belasteten, fand Direktor Lechner eine interessante Lösung: die Monatsoper, eine Stagione im Anschluß an die Hauptspielzeit, für jenen Teil des Publikums, der das Jahr über auf die Oper verzichten mußte. Um sie zu realisieren, brauchte sich Lechner nicht sehr anzustrengen, denn um in einer so schönen Stadt wie Salzburg zu gastieren, war bald eine Truppe bereit, beispielsweise die Würzburger Oper, die ihr Repertoire im Sommer hier zeigte. Sogar noch während des Ersten Weltkrieges gastierte die Truppe an der Salzach. Bernhard Paumgartner erlebte sie noch, und er versuchte dann auch selbst, diese lang geübte Praxis mit eigenen Kräften fortzusetzen. Dazu beschäftigte er Mitglieder der Opernschule des Mozarteums und einige illustre Gäste. Er ging sogar noch weiter und forderte eine ständige Oper für Salzburg. Aber das war zunächst zu hoch gegriffen, jedenfalls so lange Paul Blasel das Theater leitete. Paumgartner ließ nicht locker, im Gegenteil: Je mehr er den Widerstand spürte, umso mehr bemühte er sich. Blasel demissionierte. Ebenso schied auch der Dresdner Oberspielleiter Alois Mora, den man für Paumgartners Idee gewonnen hatte, als er einsah, daß die finanziellen Mittel dazu nicht ausreichten. Der immer optimistische junge Direktor des Mozarteums verfolgte aber weiter seinen Plan, überzeugte schließlich den Magistrat und erhielt einen Vertrag – und einen neuen Direktor, der ihm willig zu Diensten war: Alexander Strial. Die Mozarteumsoper war geboren, Paumgartner zog als Opernchef ins Theater und nahm alle Kräfte, die er benötigte, vom Mozarteum mit hinüber ins »Nebenhaus«, wo nun für die nächsten zwei Jahre ein hektischer Betrieb einsetzte. Es gab zwei Opernvorstellungen in der Woche, achtzig in der Saison. In der ersten Spielzeit 1920/21 wurden schon 22 verschiedene Werke gespielt, in der zweiten sogar dreißig.
Für Alexander Strial war das keine Kleinigkeit. Er hielt zwar mit, legte aber mit Freuden sein Amt wieder in die Hände seines Vorgängers, als das Intermezzo vorbei war. Opernaufführungen kamen für die nächste Zeit nicht mehr in Frage. Dafür stand Blasel ein. Aber umso mehr wurden Operetten herausgebracht. Das Interesse eines breiten Publikums an der sogenannten »silbernen« Operettenzeit, in der Franz Lehar, Kalman, Leo Fall, Edmund Eysler, Oskar Straus und Robert Stolz jährlich ihre neuesten Schlager lieferten, mußte entsprechend befriedigt werden. Danach war auch der Spielplan auf musikalischem Gebiet ausgerichtet.
Am Pult standen damals die Kapellmeister Nico Dostal, Leo Körner, Karl Bischof, Franz Strasser, Fritz Schmid und Henry Krips, der Bruder von Josef Krips. Sogar der größte Operettentenor, der Star der Zeit, Richard Tauber, schwang gelegentlich den Taktstock, durchaus fachmännisch, denn er war ein hervorragend gebildeter Musiker. In den dreißiger Jahren feierte auch der junge Johannes Heesters am Stadttheater seine ersten Triumphe.

Paul Blasel hatte damals die Leitung des Theaters schon abgegeben, 1932 an Hermann Wlach, einen ausgezeichneten Fachmann, der auch einen Bühnenbildner nach Salzburg brachte, den Berliner Leo Dahl. Das war auch notwendig, denn um Bühnenbild und Ausstattung hatte man sich bis dahin nur wenig gekümmert. Man sparte auf diesem Gebiet zu sehr und holte einfach aus dem alten Fundus die noch brauchbaren Kulissen.
Die Bühnenarbeiter hatten nichts anderes zu tun als Kulissen zu schieben. Diese Zeit war jetzt um. Dahl stellte Neues auf die Bühne und ließ dafür in der Werkstatt arbeiten. Er tat das leider nicht sehr lange, denn es fehlte zu viel, vor allem das nötige Geld. Er nahm zusammen mit Wlach seinen Abschied: das »Dahl-ab«, wie sich ein Betriebsrat ausdrückte.

In den nächsten beiden Jahren wurde das Theater von einem Dreierkollegium geführt, bis es 1935 der Schauspieler Franz Wettig als kommissarischer Leiter übernahm und in rührender Weise für seine Leute sorgte, in einer schlechten Zeit, in der sich die Spielzeiten in ihrer Kürze bedenklich denen zu Colloredos Zeit näherten.
Die Musiker, die nicht in der Gnade Paumgartners standen, gingen im Sommer nach Gastein ins Kurorchester, um die lange Zeit der Arbeitslosigkeit etwas zu verkürzen. Bis es schließlich 1937 so weit kam, daß man kein Ensemble mehr ans Theater verpflichtete und sich auf Gastspiele verlegte. Engagiert (soweit man diesen Zustand überhaupt so bezeichnen kann), waren nur mehr ein paar Bühnenarbeiter und etliche Personen in der Kanzlei. Das Orchester hatte nur noch vierzehn Musiker.
Im Herbst 1938 ging man daran, das Haus umzubauen, denn alles mußte nun »grundlegend« geändert werden. Da das Mozarteum-Orchester mit 1. Mai 1939 neu formiert und als Berufsorchester auch den Theaterdienst zu versehen hatte, wurde das ehemalige

MOZARTEUM ✫ GROSSER SAAL

Mittwoch, 10. Mai 1922, ¾8 Uhr abends

I. ordentliches

Symphonie-Konzert

Leitung: **Dr. Bernhard Paumgartner.**
Mitwirkend: **Hedda Jordis-Lohausen** (Sopran),
Konzertleiter **Franz Ledwinka** (Klavier).
Ausführend: **Das Mozarteumsorchester.**

VORTRAGS-FOLGE:

1. L. v. Beethoven: op. 60, Symphonie Nr. 4, B-Dur (komp. 1806)
   Adagio — Allegro vivace — Adagio ¾
   Scherzo: Allegro vivace ¾ — Trio: Un poco meno Allegro ¾
   Finale: Allegro, ma non troppo ²⁄₄
2. W. A. Mozart: (K. V. 504) Szene mit Rondo
   „Ch'io mi scordi di te" für Sopran mit obligatem Klavier und Orchester
   (komp. 26. Dezember 1786)

PAUSE

3. Rich. Strauß: op. 28, „Till Eulenspiegels lustige Streiche"
   (komp. 1895)

Klavier Bösendorfer, Wien.

Beginn ¾8 Uhr. Kassa-Eröffnung 7¼ Uhr. Ende ¾10 Uhr.

Die Damen erscheinen im Saale ohne Hut.
Während der einzelnen Nummern bleiben die Saaltüren geschlossen.
Zuspätkommen stört.

Theaterorchester, dessen Mitglieder fast zur Gänze ins Mozarteum-Orchester überwechselten, aufgelöst.
Bei der Eröffnung des »neuen« Hauses, anläßlich der Festspiele 1939, saß aber nicht das Salzburger Orchester im Graben, sondern es waren die Wiener Philharmoniker, die mit Mozarts »Entführung« das umgebaute Theater einweihten. Dazu hatte auch Adolf Hitler sein Erscheinen zugesagt. Seine Pünktlichkeit ließ aber zu wünschen übrig. Der Dirigent des Abends, Karl Böhm, ging nervös auf und ab und herrschte schließlich den Inspizienten an: »Sag'n S, wann kumt den der Mann endlich?« Ein Ausspruch, der noch Wochen danach die Runde machte.
Mit Beginn der Saison 1939/40 kam auch wieder die Oper zu Ehren. Es gab nach vielen Jahren wieder Werke von Mozart. Seit der Mozarteums-Oper wurden sie nicht mehr im Salzburger Theater gespielt. Walter Hofstötter war bei seinen Operngastspielen Mozart bewußt aus dem Weg gegangen. Nur einmal führte Bernhard Paumgartner die »Zauberflöte« auf, 1929 im Festspielhaus, mit der sogenannten »Österreichischen Städteoper«. Ein Versuch, die Oper in der Provinz wieder heimisch zu machen, der aber nicht über das Anfangsstadium hinauskam.
Im Jahre 1942 übernahm der Generalsekretär der Festspiele, Erwin Kerber, die Intendanz. Sein Amt konnte er nur ein Jahr lang ausüben, denn er erlag 1943 einem Herzinfarkt. Als neuer Intendant (seit 1939 gab es keine Direktoren mehr) folgte ihm Peter Stanchina, der aber auch nur (wegen der kriegsbedingten Schließung aller Kulturinstitute im Herbst 1944) ein Jahr lang tätig sein konnte.
Nach dem Krieg, im Dezember 1945, begann das Theaterleben in Salzburg von neuem. Intendant wurde Johannes van Hamme. Ihm folgten bis heute Bernau, Groh, Schulz-Dornburg, Leisner, Stanchina, Klingenbeck, Helmuth Matiasek, Fritz Herterich, Gandolf Buschbeck, Karlheinz Haberland und Federik Mirdita.
Als Opernchef wirkten ab 1945 Paul Walter, Meinhard von Zallinger, Ernst Märzendorfer, Gustav Wiese, Mladen Basic, Paul Angerer, Leopold Hager und Ralf Weikert. Von den Ersten Kapellmeistern sind Theodor Guschlbauer, Bernhard Klee, Franz Bauer-Theussl, Alexander Paulmüller und Friedemann Leyer hervorzuheben. In der Zeit von 1945 bis heute wurden über hundert verschiedene Opern im Salzburger Landestheater aufgeführt (einschließlich jener Werke, die vom Ensemble des Theaters im Festspielhaus geboten wurden). Stücke von Mozart überwogen, ihm folgt mit zehn Werken Giuseppe Verdi. Je fünf Opern von Giacomo Puccini, Richard Strauss und Richard Wagner, vier von Rossini, drei von Lortzing schließen sich statistisch an.
In den Jahren von 1946 bis 1981 wurden »Carmen« und »La Traviata« am öftesten inszeniert. Es folgen »Hoffmanns Erzählungen«, »Tosca«, »Die Zauberflöte«, »La Bohème«, »Troubadour«, »Die verkaufte Braut«, »Der Wildschütz« und »Martha«. »Fidelio« wurde seit 1922 nur einmal, unter der Leitung von Mladen Basic, gegeben.
Vielen bekannten Opern ist man am Salzburger Landestheater bisher aus dem Weg gegangen, vielleicht deshalb, weil sie des öfteren bei den Festspielen gebracht wurden: »Rosenkavalier«, »Elektra«, »Othello«, »Palestrina«. Bemerkenswert ist vor allem das Fehlen fast der ganzen slawischen und auch französischen Literatur. Sie war bisher in Salzburg nur durch »Carmen«, »Die verkaufte Braut«, »Jenufa«, Tschaikowskys »Eugen Onegin« und ein paar kleine »französische Spielopern« vertreten.

Das Mozarteum-Orchester und die Salzburger Festspiele

Mit einer Aufführung des »Jedermann« von Hugo von Hofmannsthal begannen am 22. August 1920 die Salzburger Festspiele. Und von Anfang an war das Mozarteum-Orchester dabei. Es war das Schauspiel-Orchester Max Reinhardts in »Jedermann« (das heimische Ensemble hat mit den Fanfaren zu Beginn sozusagen die Festspiele eingeblasen), im »Großen Welttheater«, das 1922 in der Kollegienkirche zwölfmal gegeben wurde, in Karl Vollmoellers »Mirakel« (1925), in der »Turandot« von Carlo Gozzi (1926) und anderen Stücken. Im Jahre 1921 bot die Stiftung Mozarteum, um die Musik voll in ihre Rechte treten zu lassen, ein kleines Mozart-Fest an: drei Abendkonzerte, eine Serenade, eine Matinee, ein Kirchenkonzert (mit dem »Requiem«) und drei Kammermusikabende. Das Orchester bestand aus Mitgliedern des Wiener Staatsopern- und des Mozarteum-Orchesters.

Als 1925 die Salzburger Festspiele auch in musikalischer Hinsicht mehr zu bieten hatten, sah sich das Mozarteum-Orchester, etwas in den Hintergrund gedrängt. Die beiden Salzburger Dirigenten, Bernhard Paumgartner und Domkapellmeister Joseph Messner, bemühten sich daher, Einfluß auf das Festspielprogramm zu nehmen, nicht nur des Orchesters wegen, sondern auch im eigenen Interesse. Es gelang ihnen auch auf dem Gebiet der Kirchenmusik. Messner setzte seine Konzerte im Dom durch und Paumgartner führte als Beitrag der Stiftung 1927 in der Kirche von St. Peter Mozarts c-Moll-Messe auf. Damit vermochte er einen so gewaltigen Erfolg zu erzielen, daß die Messe alljährlich wiederholt werden konnte. Außer hervorragenden Solisten standen ihm Sänger des Staatsopernchores und auch Mitglieder der Wiener Philharmoniker (hauptsächlich Bläser) zur Verfügung, die im Zusammenwirken mit dem Salzburger Orchester ein überraschend homogenes Ensemble bildeten.

Die Eingliederung der Mozart-Serenaden ins Programm, für die Paumgartner von allem Anfang an geworben hatte, ergab sich fast von selbst. Mozart hatte ja den wesentlichsten Teil seiner Serenadenmusik für Salzburg geschrieben. Es lag daher nahe, diese alte Salzburger Musiktradition wieder aufleben zu lassen, noch dazu, wo der akustisch herrliche Hof der Residenz als historische Spielstätte benutzt werden konnte. Das Unternehmen fand auch den Beifall Reinhardts (Serenaden für geladene Gäste gab es auch auf seinem Wohnsitz, im Schloß von Leopoldskron.)
»Ehe ich selbst die Serenaden in Salzburg leitete«, schrieb Paumgartner, »hatte man die Gattung in unserem Zeitalter fast ganz vergessen. Man kannte von Mozart nur die großen Sinfonien, kaum etwas von seinen sinfonischen Jugendwerken und von den Serenaden, Cassationen und Divertimenti natürlich noch weniger. Meine Mühe, all diese Werke im festlichen Salzburg dem Publikum wieder nahe zu bringen, hat sich gelohnt«.
Die Domkonzerte veranstaltete der Domkapellmeister in Eigenregie. Das tat auch die Stiftung mit der c-Moll-Messe in St. Peter. Die dadurch geschaffenen Möglichkeiten, das Salzburger Orchester künstlerisch bedeutsamer als bisher in Erscheinung treten zu lassen, belasteten die Festspiele wirtschaftlich nicht. Wenngleich auch die Serenaden anfangs zur künstlerischen Domäne der Philharmoniker gehörten, gingen sie Mitte der dreißiger Jahre auf das Mozarteum-Orchester, genauer gesagt das »Mozart-Orchester« über. Das blieb so bis zum heutigen Tag.
Die erste Serenade fand 1921 im Hof der Residenz statt. Die Musiker des damals noch »gemischten« Ensembles standen in der rechten vorderen Ecke. Sie gruppierten sich genauso zwanglos, wie das Publikum, das gleichfalls stand oder promenierte (es gab noch keine Sitzplätze). Wenn Wind aufkam, übersiedelte man in die Arkaden vor den Herkulesbrunnen, bei Schlechtwetter in den Carabinieri-Saal. Diese Spielplätze haben ja ihren ganz besonderen Reiz. Die Geschlossenheit des Raumes, die Akustik und der historische »Hintergrund« vermitteln einen Zauber, den kaum eine andere Stadt zu bieten vermag. Freilich mußte man gefaßt sein, daß es im August schon empfindlich kalt sein kann, was für die Musiker ebenso unangenehm war wie für das Publikum. »Wie kommt man dazu, sich hier abzufrieren«, meinte Paumgartner, wenn Präsident Puthon wegen einiger Plätze mehr auch bei 13 Grad im Hof spielen ließ. Als Paumgartner selbst Präsident geworden war, traf er jedoch dieselben Anordnungen. Solche Überlegungen sind heute längst vergessen. Die Residenz als Festspielstätte gibt es nicht mehr. Heute spielt man in der Felsenreitschule, wo ehemals Tierhatzen und Turniere stattgefunden hatten, niemals aber Serenaden. Der Zauber von früher ist – fast – dahin.
Die Saison 1928 wurde durch das Gastspiel des Leningrader Opern-Studios besonders geprägt. Das Mozarteums-Orchester wirkte erstmals unter der Leitung

Das Programm der ersten »Jedermann«-Aufführung

Salzburger Festspiele 1933

Im Festspielhaus

FAUST

von Goethe

Der Tragödie erster Teil

Regie: Max Reinhardt

Musikalische Gestaltung: Bernhard Paumgartner

Tanz- und Bewegungsgestaltung:
Margarete Wallmann

Der Herr	Luis Rainer
Raphael	Fred Liewehr
Gabriel	Hedwig Pistorius
Michael	Raul Lange
Mephistopheles	Max Pallenberg
Faust	Ewald Balser
Erdgeist	Raul Lange
Wagner	Franz Pfaudler
Ein Schüler	Richard Tomaselli
Margarethe	Paula Wessely
Marthe	Lotte Medelsky
Lieschen	Nora Minor
Valentin	Fred Liewehr
Frosch	Harry Horner
Brander	Richard Eybner
Siebel	Karl Norbert
Altmeyer	Franz Pfaudler
Die Hexe	Frieda Richard
Der Meerkater	Gerty Klein
Die Meerkatze	Trude Ploy
Böser Geist	Helene Thimig
Bürger	Wieland, Richard Binder, Kasznar
Bürgermädchen	Singer, Granigg, Liesl Ploy, Katherine Sibley, Diana Sanger
Dienstmädchen	Leddihn
Handwerksburschen	Habel, Chaudoir Namkhoff, Trabauer, Winner, Handowsky
Die Alte	Poldi Czernitz-Renn
Der Bettler	Karl Groß
Ein Irrlicht	Trude Ploy
Die Schöne	Beatrix Flesch
Chor-Solostimmen	Lilly Hochhäusl, Erna Krumpholz, Gretl Welz, Suse v. Yonak

Tänzergruppe Margarete Wallmann:

Jaroslav Berger, Ernest H. Berk, Willy Borrmann, Marianne Fischl, Arthur Frederix, Paul Hanke, Liselotte Hempel, Grete Hummel, Hans R. Joop, Andrei Jerschik Helene Kavalir, Ilse Kell, Fritzi Krueger, Iwa Langentels, Heinz Lieker, Gertrud Nettel, Lisa Ney, Vera Paulin, Tamara Rauser, Traute Reuter, Marx Runzler, Hanna L. Schäfer, Harriet Schering, Ruth Maria Schmidt, Toni Suitner, Edith Türckheim, Hjalmar Weigel, Margit Werres, Gustav Wieandt, Christel Wieck, Barbara v. Wussow.

Dirigenten:

Karl Hudez, Heribert von Karajan

Der Mozarteums-Chor

Das Mozarteums-Orchester

An der Orgel: Franz Sauer

Bühnenbauten: Clemens Holzmeister

Ausführung der Bauten: Michael Gstür

Kostüme: Herbert Ploberger

Beleuchtung: Eduard Dinkel

Serge Elzin, der hervorragende Dirigent des Leningrader Opernstudios, 1928 bei den Salzburger Festspielen.

der russischen Dirigenten Serge Elzin und S. Prusha in Mozarts »Bastien und Bastienne«, in Dragomyschkijs »Steinernem Gast« und Rimskij Korsakoffs »Unsterblichem Kaschtschey« als Opernorchester mit. Daneben gab es noch acht Serenaden, Domkonzerte und Mozarts c-Moll-Messe sowie die üblichen Schauspiel- und Bühnenmusiken. Das war nicht nur künstlerisch, sondern auch wirtschaftlich von Belang. Ohne die jährlichen Festspiel-Honorare hätte das Orchester einiges an Reiz verloren.

Solche Sorgen gab es ab 1939 nicht mehr. Nun gehörte die Mitwirkung bei den Festspielen zum Dienst. Das dauerte vorerst allerdings nur vier Jahre, denn die letzte Festspiel-Verpflichtung während des Krieges erfolgte 1942. Es war eine Serenade am 26. August.

Als 1945 die Festspiele von neuem begannen, war, wie schon weiter vorne gesagt, das Mozarteum-Orchester das einzige, das zur Verfügung stand. Das war für die heimischen Musiker von großer Bedeutung. Nach der kriegsbedingten Pause fanden sie wieder zusammen und konnten gleich prominent in Erscheinung treten: mit Mozarts »Entführung«, vier Orchesterkonzerten und drei Serenaden. Am Pult standen Felix Prohaska, Bertl Wetzelsberger, Eugen Jochum und Bernhard Paumgartner.

Schon 1946 aber kamen die Gäste aus Wien wieder. Sie spielten Konzerte und Opern, die Serenaden jedoch verblieben dem Mozarteum-Orchester. Außer einer steigenden Zahl von Domkonzerten eröffneten sich für das Ensemble durch die Einführung der Mozart-Matineen neue Möglichkeiten. Seit 1949 erfreuen sie sich großer Beliebtheit, und das ist bis heute so geblieben.

Das Programm unterschied sich wesentlich von dem der Serenaden. Paumgartner traf wiederum genau das Richtige. Es waren zum Teil unbekannte Stücke, Jugendwerke, frühe Symphonien. Hinzu kamen aber auch reife Meisterwerke dieser Gattung sowie zwei Solo-Darbietungen für Gesang, Klavier, ein Streich- oder ein Blasinstrument. An sich waren Matineen nichts neues. Sie hatten zuvor mit den Philharmonikern schon an Sonntagvormittagen stattgefunden. Die Paumgartnerschen Matineen unterschieden sich dadurch, daß sie einem Komponisten allein vorbehalten blieben: Wolfgang Amadeus Mozart. Auch die Person des Dirigenten blieb stets die gleiche: Bernhard Paumgartner, und es musizierten das Mozarteum-Orchester oder die Camerata Academica.

Nach Paumgartners Tod im Jahre 1971 stellte sich die Frage, wie es weitergehen sollte. Zunächst war daran

Die »Entführung« im Hof der Residenz, Dirigent Istvan Kertesz.

SALZBURGER FESTSPIELE 1958

INTERNATIONAL BALLET
OF THE
MARQUIS DE CUEVAS

Directeur: Marquis de Cuevas
Directeur Assistant: Horacio Guerrico

ROSELLA HIGHTOWER
NINA VYROUBOVA — SERGE GOLOVINE
JACQUELINE MOREAU — GÉNIA MELIKOVA
NICHOLAS POLAJENKO — WASIL TUPIN — GEORGES GOVILOFF
MARIA SANTESTEVAN — DANIEL SEILLIER

Béatriz CONSUELO — Daphne DALE — Olga MAKCHEEVA

Victoria BELLER — Arlette CASTANIER — Eliane CREVIER — Josette GATINEAU — Marcia HAYDÉE — Carmen MATHÉ — Margo MIKLOSY — Lyde PERALTA — Nicole RAGUIS — Marlene RIZZO — Judith SCOTT — Dzinta VANAGS — Calliope VENIERIS — Milena VUKOTIC — Lillian WELLEIN

Michel NUNES — Philip SALEM — Armando NAVARRO

Yellé BETTENCOURT — Carlos CARVAJAL — Léo GUERARD — Henry HOLTH — Roberto OSSORIO — Jean SIVLINE — Edward STINNETT — Imre VARADY

JOHN TARAS
Maître de Ballet

JEAN DOUSSARD
Chef d'Orchestre

Daniel SEILLIER
Régisseur du Ballet

Claude POTHIER
Pianiste

DAS MOZARTEUM-ORCHESTER

R. KIESEL SALZBURG

gedacht, internationale Kammerensembles zu engagieren, doch hätten dadurch die Salzburger Musiker eine ihrer letzten Bastionen bei den Festspielen verloren. Die Entscheidung fiel endgültig zugunsten des Mozarteum-Orchesters, wofür den Direktoriumsmitgliedern Friedrich Gehmacher und Gerhard Wimberger zu danken ist. Anstelle eines einzigen kamen nun mehrere Dirigenten zum Zug. Damit war zwar die stilistische Einheitlichkeit dahin, dafür forderten aber unterschiedliche Auffassungen zur Stellungnahme heraus. Das wirkte durchaus als belebendes Element.

Im Sommer 1960 begann Bernhard Paumgartner mit dem von ihm so genannten »Zweiten Geleise«, einer Erweiterung des Salzburger Beitrags zu den Festspielen. Er versuchte, Mozarts frühe Opern im Residenzhof (bei Regen im Carabinieri-Saal) mit jungen, noch nicht arrivierten Sängern, aber unter bewährter Regie und ebensolcher musikalischer Leitung in Szene zu setzen.

Das Mozarteum-Orchester hatte dabei die Freude, mit Bernhard Conz, Istvan Kertesz, Mladen Basic und Leopold Hager zu arbeiten. Allmählich kamen auch hier prominente Sänger auf die Bühne und das Publikum zeigte großes Interesse. Nach zehn Jahren jedoch wurde das Unternehmen eingestellt. Mozarts frühe Opern gab es dann nur mehr konzertant bei den Mozart-Wochen der Internationalen Stiftung.

Noch einmal meldete sich das »zweite Geleise« mit der Aufführung von Cavalieris »Rappresentatione di Anima de di Corpo« in der Kollegienkirche, Paumgartners letzter künstlerischer Beitrag nach fünfzig Jahren gestaltender Mitarbeit. Sie wurde von 1968 bis 1973 gezeigt.

Im Jahre 1953 begann man plötzlich auch der Tanzkunst die gebührende Aufmerksamkeit zu widmen. Zwar hatte Margarete Wallmann schon 1931/32 mit einer eigenen Truppe »Das jüngste Gericht«, eine Art Tanz-Mysterien-Spiel mit Musik von Händel, geboten, doch seither war auf diesem Gebiet nichts mehr geschehen. Für das Mozarteum-Orchester war die Begegnung mit den hervorragenden Ballett-Compagnien, mit großen Stars erfreulich, lehrreich und faszinierend.

Bedeutende Choreographen wie Serge Lifar, George Balanchine oder Jerome Robbins waren am Werk, Tänzer höchsten Ranges wie Sabine Leblanc, Boris Trailine, Maria Tallchief, Tanaquil LeClerq, Melissa Hayden, Diana Adams, Andre Eglevsky, Nicholas Magallanes wirkten mit, zu Gastspielen kamen unter anderen das Ballett der Pariser Oper, das Wiener Staats-

SALZBURGER
FESTSPIELE
1959

MONTAG, DEN 24. AUGUST 1959, 21 UHR
RESIDENZHOF

SIEBENTE SERENADE

DAS MOZARTEUM-ORCHESTER

Dirigent:
BERNHARD PAUMGARTNER

Violinsolo:
JOSEPH SCHRÖCKSNADEL

R. KIESEL SALZBURG

SALZBURGER
FESTSPIELE
1960

40 JAHRE SALZBURGER FESTSPIELE

LA FINTA SEMPLICE

OPERA BUFFA IN ZWEI AKTEN NACH CARLO GOLDONI

MUSIK VON
WOLFGANG AMADEUS MOZART

DIRIGENT
BERNHARD CONZ

INSZENIERUNG
GEORG REINHARDT

BÜHNENBILD
HEINRICH WENDEL

KOSTÜME
XENIA CHRIS

DAS MOZARTEUM-ORCHESTER

R. KIESEL SALZBURG

opern-Ballett, das New York City Ballet, das International Ballet of the Marquis de Cuevas oder Jerome Robbinis' »Ballets: U.S.A.«.
Das führte auch zu aufschlußreichen Begegnungen mit guten »Kapellmeistern«: Louis Forestier, Leon Barzin, Hugo Fiorato, Werner Torkanowsky, André Presser.
Forestier, den Chefdirigenten der Pariser Oper, lernte ich vor der ersten Probe 1953 im Künstlerzimmer des Großen Mozarteum-Saales kennen. Er blickte zum Fenster hinaus: »Was ist denn das?«, fragte er, und ich antwortete ihm: »Sie haben sicher schon davon gehört: Es ist das ›Zauberflöten-Häuschen‹«. Lange Zeit blieb er am Fenster stehen, und als er sich wieder zu mir gewendet hatte, hatte er Tränen in den Augen.
Die Ballett-Programme waren erfreulich fortschrittlich und umgingen vielfach das übliche Repertoire. Außer großen Meisterwerken von Strawinsky, Prokofieff, Bartók oder de Falla gab es immer wieder auch kleinere, nichtsdestoweniger beeindruckende Stücke (von Debussy, Ravel, Webern und anderen).
Ebenso plötzlich, wie es begonnen hatte mit den Balletten, ebenso plötzlich hörte es im Sommer 1964 wieder auf.

Erinnerungen an die Festspiele vor und nach dem Krieg

Max Reinhardt bei der Arbeit zu sehen, war immer faszinierend. Er saß zumeist in einer der vorderen Reihen, umgeben von seinen Assistenten. Man hörte kaum je ein lautes Wort und es gab nie Widerspruch, denn was er von seinen Schauspielern verlangte, schien das natürlichste von der Welt. Mit geradezu magischer Kraft, einem Dirigenten gleich, leitete er das Geschehen auf der Bühne, auf der jeder Statist genauso wichtig war wie ein Mime. Unsere Beziehung zum Theater erhielt dadurch gewissermaßen eine höhere Weihe. Sowohl unser Blick als auch unsere Ohren waren geschärft, unsere Anteilnahme an dem, was sich auf der Bühne abspielte, wuchs von Tag zu Tag. Wir machten nicht »Dienst«, sondern versuchten, uns behutsam den großen Künstlern anzugleichen, zumindest entsprechenden Anteil zu nehmen.
Beim Gluckschen »Orpheus« hatten wir in kleiner Besetzung im ersten Akt die »Sphärenmusik« zu spielen, hoch oben im Bühnenhaus hinter der Orgel (ungefähr dort, wo Karajan einmal Toscanini bei der Probe beobachtet hatte). Auch wir sahen gut auf Orchester und Dirigenten und genossen von dort die Philharmoniker bei der Ouvertüre, sahen Bruno Walter beim Dirigieren zu und warteten auf unseren Einsatz. Doch plötzlich verschlug es uns fast den Atem. Wir hörten eine Stimme: »Eurydike« – einen Klagelaut, menschliche Verzweiflung, in vier Noten ausgedrückt, gesungen von der großen Sigrid Onegin. Eine Stimme aus der Ewigkeit.
Eine weitere Begegnung mit der großen Kunst war für uns der »Rosenkavalier«, bei dem wir im letzten Akt den bekannten Walzer zu spielen hatten. Da waren wir junge Eleven schon immer beim Vorspiel da, an dem wir uns begeisterten. Wir bewunderten gleichermaßen die Farbigkeit der Instrumentation wie die virtuose Orchesterleistung, vor allem aber die Selbstverständlichkeit, mit der die Philharmoniker diese Musik exekutierten. Wir fühlten uns damit schon im voraus für unseren Dienst hinter der Szene honoriert.
Im Sommer 1950 dirigierte Wilhelm Furtwängler den »Don Giovanni«. Wir waren für die Bühnenmusik im ersten Finale engagiert: ein größeres Ensemble auf dem Balkon, zwei kleinere links und rechts an der Rampe, alle in Kostüm und Maske. Furtwängler gab den Einsatz zur berühmten Tanzszene mit Menuett, Kontratanz und »Deutschem«, das sorgfältig abge-

nommene Tempo schien aber den Meister am Pult nicht ganz zu befriedigen. Es wurde unterbrochen. Was hatten wir falsch gemacht? Es zeigte sich, daß es nicht nur notwendig war, das richtige Tempo einzuschlagen, sondern auch ständig in Kontakt mit dem Dirigenten zu bleiben, denn Furtwängler ließ es sich nicht nehmen, auch bei den paar Takten des Menuetts seine »freie Meinung« zu äußern. Als Zuhörer merkte man das vielleicht nicht so deutlich, aber tatsächlich glich kein Takt dem anderen. Und doch war alles logisch und zwingend.
Wenn man Furtwängler zusah und gebannt seinem Taktstock folgte, spürte man seine gestaltende Kraft und war ihr in einer Art Hypnose erlegen.

Unterhaltung mit Dirigenten

Hans Knappertsbusch aus Wuppertal (damals hieß die Stadt noch Barmen-Elberfeld), wo es eine große Schnapsbrennerei gleichen Namens gegeben hat, kam Anfang der zwanziger Jahre als Nachfolger Bruno Walters an die Staatsoper nach München. Ein Journalist kommentierte die Ablöse: »Bisher hatten wir einen Dirigenten von Geist, nun haben wir einen von Spiritus.«
Dieser ausgezeichnete Dirigent, der tatsächlich etwas von »spirituoso« an sich hatte, dirigierte einmal im Festspielhaus Bruckners VIII. Symphonie. Nachdem er sich zum Schluß kurz verneigt und mir den Befehl erteilt hatte: »Nun aber raus«, folgte ich ihm ins Künstlerzimmer, um ihn um ein Autogramm zu bitten. Da sah er mich verwundert an und sagte: »Mensch, Sie sind wohl ein Gefühlsathlet. Jetzt soll ich nach so einer langen Symphonie noch so einen langen Namen schreiben?«
Einer seiner Nachfolger in München nach dem Zweiten Weltkrieg, Joseph Keilberth, war ganz anderer Art: ein stiller, in sich gekehrter, warmherziger Musiker. »Ich weiss nicht, warum heut' alle Dirigenten auswendig dirigieren, wo doch eine Partitur so anregend ist. Man kommt immer wieder auf etwas Neues und lernt dabei. Fragen Sie einmal einen dieser Leute, wo die erste Temporückung im Meistersinger-Vorspiel ist und wie sie heißt?«
Einer von der »alten Garde« kam aus Zürich: der Bruckner-Apostel Volkmar Andreae. »Nun, meine Herren, machen wir wieder ein bißchen ›antonale‹ Musik!« Ein »bißchen« war natürlich übertrieben: Er studierte alle Symphonien des Meisters mit uns ein, auch die »Nullte«.
Er erzählte zur Entspannung mit Vorliebe Anekdoten. »Ich habe seinerzeit die Erstaufführung von Honeggers »Pacific« in Zürich gemacht. Bei der Generalprobe saßen zwei Damen im Zuschauerraum, die sich lebhaft unterhielten und sich hineinsteigerten, wie die Musik, die auch immer lauter und lauter wird und dann plötzlich abbricht. Und in diese Pause hinein rief eine der beiden laut: ›Und ich koch' sie mit Zwiebeln!‹«
Als junger Bub wurde Andreae einmal Johannes Brahms vorgestellt, als er in Bern seine 2. Symphonie dirigierte. »Er war reizend zu mir: ›Na, wie hat's Dir denn gefallen?‹ ›Meister‹, hab ich zu ihm gesagt, ›es war wunderbar, aber warum haben Sie die Wiederholung im ersten Satz nicht gemacht, die Sie doch in der Partitur vorschreiben?‹ ›Weißt Du, mein Kleiner, die

braucht man hier nicht mehr zu machen, denn die Symphonie ist ja in Bern schon bekannt.‹«

Bernhard Paumgartner, der geistig ständig in Bewegung war, der an jeder Debatte, an jedem Gespräch schöpferischen Anteil nahm, war oft, wenn er in die Probe kam, mit den Gedanken ganz woanders. Er hatte die Programme zwar selbst zusammengestellt, brachte sie aber immer wieder durcheinander. Dann hieß es: »Schröxi! Was hab'n wa heut' drauf?« Dann begann er in der Mozart-Gesamtausgabe zu blättern – bei welcher Gelegenheit wir erheitert feststellen konnten, wie es mit seiner Tagesverfassung steht. Dann ging es los, und obwohl er diese Repertoire-Stücke schon viele Male dirigiert hatte, begann er so, als würde er das zum ersten Mal tun. Einmal stand ich auf und flüsterte ihm ins Ohr: »Herr Hofrat, das ist aber nicht Ihr Tempo!« »Wieso?« »Das letzte Mal haben Sie's genau doppelt so schnell gemacht.« Daraufhin wandte er sich grinsend ans Orchester und meinte: »Der Schröxi mecht's doppelt so schnell hab'n – Na, paß auf!« Nachdem wir eine zeitlang gespielt hatten, zwinkerte er mit den Augen, was hieß, daß ich recht hatte.

Bei der »Kleinen Nachtmusik« gab es immer Auftaktprobleme im letzten Satz. Paumgartner hatte da seine eigene Methode. Er blieb stets auf »eins« doppelt solange stehen und begann erst auf »zwei« mit dem richtigen Tempo. Man brauchte also nur »eins-und-zwei« zu zählen und lag damit richtig. Nachdem er darüber kein Wort verloren hatte, dauerte es einige Zeit, bis die anderen Kollegen hinter das »Geheimnis« kamen. Das spielte aber keine Rolle, denn der Auftakt war immer einwandfrei, wie von einem Mann gespielt, denn es spielte ihn auch nur einer. Und damit es nicht auffiel, hielt ich mich nicht ganz an das vorgeschriebene Piano.

In Salzburg wurde seinerzeit im Sommer immer Tracht getragen. Die Damen kleideten sich in schicke, weiße Leinenkostüme, die Herren kamen mit Lederhosen. Man trug sie wie heute die Jeans – sie durften nicht neu aussehen. Auch Karajan hatte so ein Kleidungsstück und dazu auch den passenden Hut, einen, an dem man sehen konnte, wie lange er schon getragen wurde. Das ließ einem seiner Freunde keine Ruhe: »Herbertl, jetzt kannst aber den Huat bald wegschmeiß'n!« Worauf der Angsprochene erwiderte: »Ka Spur! Den verkauf i no für viel Geld einem reichen Amerikaner und sag, dös is a Huat vom Andreas Hofer!«

Im langsamen Satz einer Symphonie beim Doppelstrich aufzuhören und den zweiten Teil einfach zu »kassieren«, in einem Konzert mit Rundfunkübertragung, ist sicherlich eine Angelegenheit von Seltenheitswert.
Ein Dirigent, der ein ausgezeichneter Musiker und als solcher mit ganzer Seele bei der Sache war, hatte in den langsamen Satz einer Mozart-Symphonie ein bißchen zu viel Seele hineingelegt, denn er beendete bereits den ersten Teil mit so viel Schlußempfinden und mit einer »Endgültigkeit«, der nichts mehr folgen konnte. Das verstörte Orchester wartete gespannt auf einen Einsatz, um weiterzuspielen. Doch er blieb aus. Der Meister lächelte zufrieden seinen Musikern zu, ehe er das Menuett begann. Doch nachdem er umgeblättert hatte, sah er plötzlich in der Partitur den zweiten Teil des eben beendeten Satzes vor sich. Ein leiser Schatten flog über sein Gesicht und dann ging es weiter, als wäre nichts passiert. »Kann man das so stehen lassen?«, sprach ich nach dem Konzert den Aufnahmeleiter an. »Freilich. Es war gut und tadellos beieinander.« Nicht einmal er hatte es bemerkt.
Clemens Krauss versuchte bei den Dirigentenkursen mit einer bestimmten Schlagart über den Anfang der Fünften von Beethoven hinwegzukommen und seine Schüler zu animieren, es mit der einfachsten Lösung zu versuchen. Er machte es immer wieder vor, aber der Erfolg blieb aus. Krauss erklärte dann: »Ja, über den Anfang der Fünften haben sich schon viele Dirigenten den Kopf zerbrochen. Leider nicht die Hand.«
Hermann von Schmeidel war immer glücklich, wenn er musizierte. Er fühlte sich als Vater im Kreise einer großen Familie. Feindseligkeit gab es bei ihm nicht. Er bemühte sich vielmehr um eine gelöste Atmosphäre, fand anerkennende Worte, wenn ihm etwas gefiel und spendete häufig Lob, dem man anmerkte, daß es als eine Aufforderung zum Bessermachen gedacht war. Er wußte, wann der Moment zu einem kleinen Späßchen fällig war, mitunter schon zu Beginn der Probe.
»Jahrtausende schauen auf mich herab«, begrüßte er einmal seinen Chor, den er zu verjüngen wünschte.
»Morgen kommt meine Eroica« (Er meinte seine dritte Frau.) Verschmitzt fügte er dann hinzu: »Ich freu' mich schon auf die Neunte. Die ist mit Chor.« (Das sagte er aber nicht vor dem Orchester.)
Seine Beschäftigung mit Sigmund Freud verführte ihn zu dem herrlichen Bonmot: »Freud, du bist mein Zillertal!« Der Text des Tiroler Jodlers lautet: »Zillertal, du bis mei Freud«.

Die Geschäftsführer

Die administrative Betreuung des Orchesters lag zunächst bei dem Künstlerischen Leiter selbst, der in Verbindung mit dem Sekretär des Vereins, Franz von Hilleprandt, die internen Probleme zu lösen hatte. Bezügnich der Konzerte und ihrer Programme sprachen sich beide mit dem Museumsverein ab und wenn das Geld reichte, engagierten sie auch reisende Künstler, vornehmlich, wenn der gute Name auch eine gute Einnahme erwarten ließ.

Mit der Gründung der Internationalen Mozart-Stiftung scheint sich schon eine Art Konzertausschuß gebildet zu haben, an dem vorerst ein Künstlerischer Leiter nicht beteiligt gewesen war, etwa bei den ersten zwei Musikfesten in den Jahren 1877 und 1879. In diesem Ausschuß spielte natürlich Carl von Sterneck als Präsident die dominierende Rolle. Er kümmerte sich wohl nicht um Kleinigkeiten, wie dies Franz von Hilleprandt noch machen mußte, sondern fühlte sich für die Kulturpolitik verantwortlich. Mit Josef Friedrich Hummel erschien 1880 ein Musikdirektor alten Schlags. Als Künstler, aber nebenbei auch als Impresario traf er seine Anordnungen, die zeigten, wie sehr er mit seinem Metier vertraut war. Hummel verstand es, sich der Realität anzupassen, weil er nicht nur ein musischer Mensch, sondern auch ein geschickter Organisator war, weil er dirigieren, aber auch rechnen konnte, besser jedenfalls als sein Nachfolger Josef Reiter, der eine weniger gute Figur machte. Orchestereigene Sekretäre gab es damals noch nicht. Das war wohl auch für die wenigen Konzerte im Jahr nicht nötig.

Die Tarife waren seit 1908 ausgehandelt, vorher bestand ein Vertrag mit dem Dommusikverein und jeder Musiker wußte, was er zu bekommen hatte.

Das änderte sich, als 1918 der Dommusikverein aufgelöst wurde und Bernhard Paumgartner den Leiter der Schulkanzlei des Mozarteums gleichzeitig zum Geschäftsführer des Orchesters bestellte. Es lag zwar keine Geschäftsordnung vor, aber die beiden hatten sich bald geeinigt: Was der Chef wollte, hatte zu geschehen und danach hatte sich das Orchester zu richten. Der österreichische Musikverband, als Vertreter der Musikerschaft, hütete sich einzugreifen, denn es gab ja keinen Vertrag, auf den man sich hätte stützen können.

Dieser Zustand währte zwanzig Jahre lang, Josef Holzherr wurde 1933 von Franz Posch abgelöst, der ebenfalls in Doppelfunktion tätig war.

Durch die Gründung des Vereins »Mozarteum-Orchester« im Jahre 1936 wurden zwar die Ziele des Vereins statutenmäßig festgehalten, der Betrieb ging aber ohne Vertrag weiter.

In den Jahren 1939 bis 1944 hatte sich der neue Geschäftsführer wenig um die Geschäfte zu sorgen. Karl Edl, der auch als Violaspieler im Orchester engagiert war, kümmerte sich als Orchestersekretär nur um die internen Angelegenheiten. Die Lohnverrechnung wurde zentral über den Rechnungsdirektor des Mozarteums abgewickelt. Bestimmenden Einfluß reservierte sich das NS-Propaganda-Amt. Sein Leiter verfügte, daß die Instrumente »geputzt und eingestimmt« zu sein und »jedes Präludieren und Stimmen am Podium« zu unterbleiben hätte.

Als 1945 das Propaganda-Amt aufgelöst und das Präludieren auf dem Podium wieder erlaubt war, blieb leider das Wichtigste aus: die Gage. Es gab keinen Arbeitgeber mehr. Alles Augenmerk richtete sich nun auf einen Geschäftsführer, der bereit war, den Musikern, die sich zu einer Arbeitsgemeinschaft zusammengeschlossen hatten, wenigstens über die nächsten Jahre zu helfen.

Die Wahl fiel auf Walter Muck, den Zweiten Oboisten. Mit Intelligenz und eiserner Energie gelang es ihm fast sechs Jahre lang, das Orchester über die schlimmste Zeit hinwegzuhelfen. Es gereicht ihm zur Ehre, in Zusammenarbeit mit dem Konzertbüro-Leiter Julius Gmachl Abonnementkonzerte organisiert zu haben, die hinsichtlich der Dirigenten niemand mehr nach ihm zustandegebracht hat.

Die Finanzlage des Orchesters war allerdings nach wenigen Jahren bereits trostlos, trotz der vielen Dienste und Strapazen, die die Musiker auf sich genommen hatten. Walter Muck wurde deshalb kritisiert und schließlich seines Amtes enthoben. Eigentlich hätte das Orchester in diesem Moment den Konkurs anmelden müssen, denn es stand ja auch bei der Krankenkasse bereits ein volles Jahr im Rückstand.

Um dies zu verhindern, hatte sich ein Verein gebildet, der den Entschluß faßte, diesen vollkommen defizitären Betrieb zu übernehmen, seine Schulden zu tilgen und die Musiker in ein Angestelltenverhältnis zu überführen. Dieser Verein hat, wenngleich das noch nicht die endgültige Lösung war, das Orchester gerettet. Die Musiker hatten nun wieder einen Vertrag und waren ihrer finanziellen Sorgen ledig. Dafür mußten sie aber auch Tribut zahlen. Sie hatten damit ihre Freiheit eingebüßt.

Kulturpolitik konnte das Orchester nun nicht mehr betreiben. Die Konzerte veranstaltete wieder die Internationale Stiftung (nachdem sie 1950 wieder tätig werden konnte) und zwei Jahre darauf kamen auch noch die Konzerte der Kulturvereinigung hinzu. Das war sehr erfreulich für das Orchester, aber einen Einfluß auf die Programmgestaltung und auf die Dirigenten hatte es nicht mehr. Bestenfalls war dies dem Künstlerischen Leiter möglich, der in der Oper und bei seinen eigenen Konzerten mitbestimmen konnte und nach Möglichkeit noch kann.

Der Posten eines administrativen »Direktors« (wie nun der Geschäftsführer hieß) war durch die vielen Einschränkungen jedoch kaum weniger anziehend, sondern immer noch faszinierend und attraktiv genug. Acht Direktoren hat es in der Zeit zwischen 1945 und 1978 gegeben. Heute führt mit viel Geschick Sigune Neureiter die Geschäfte des Orchesters.

Die Zusammenarbeit mit dem Rundfunk

Am 30. September 1924 wurde die RAVAG, die Radio Verkehrs-AG, Österreichs erste Rundfunkanstalt, gegründet. Die Salzburger Sendestation wurde als letzte im Dezember 1930 in Betrieb genommen; sie befand sich auf dem Mönchsberg und war nicht viel größer als ein Einfamilienhaus mit Garten. Es gab keinen Senderaum, Festspiel-Veranstaltungen wurden an Ort und Stelle aufgenommen, gelegentlich auch andere Konzerte und Kirchenmusik. Für kammermusikalische Aufnahmen mußten die Musiker aus der »Provinz« nach Wien fahren.

Als nach dem Zweiten Weltkrieg der Sender Rot-Weiß-Rot gegründet wurde, hat die Orchester-Arbeitsgemeinschaft 1946 sofort Kontakt zu dem Medium hergestellt. Das Mozarteum-Orchester wurde regelmäßig zu Sendungen verpflichtet, wöchentlich einmal, was wenigstens zu einer sicheren Einnahme führte. Denn künstlerisch blieb der Erfolg bescheiden; aufgezeichnet wurde im Saal der Liedertafel, der denkbar schlechte Bedingungen bot, reine Unterhaltungsmusik. Mitunter gab es auch Mitschnitte von öffentlichen Konzerten, von Festspiel-Serenaden und später der Matineen.

Ernst Märzendorfer erreichte als Chefdirigent des Orchesters in Zusammenarbeit mit Hans Rutz, dem damaligen Abteilungsleiter für Musik I, eine wesentliche künstlerische Intensivierung der Aufnahmetätigkeit. Durch die Neuorganisation des Rundfunks nach dem Staatsvertrag, vor allem aber durch den Abgang Märzendorfers und Rutz', lockerten sich die eng geknüpften Bande.

Heute ist das Mozarteum-Orchester allsommerlich bei den Übertragungen der Festspiel-Matineen zu hören, was immer auch eine künstlerische Herausforderung darstellt. Und schließlich muß wohl die Reihe der konzertanten Aufführungen der Jugend-Opern Mozarts zu den Mozart-Wochen der letzten Jahre genannt werden, die in Zusammenarbeit mit dem Österreichischen Rundfunk und der BASF zu einem Unternehmen wurden, das den Ruf des Mozarteum-Orchesters in alle Welt ausstrahlte.

"HEURES MUSICALES de S^T-EUSTACHE"

SAMEDI 14 MARS 1953

ORCHESTRE

DU

MOZARTEUM DE SALZBOURG

PROGRAMME

★

SALUT SOLENNEL

Ouverture K 318 .... MOZART

Sonate d'église K 278 .... MOZART
Aux orgues : DE VALLOMBROSA

Sonate d'église K 329 .... MOZART
Aux orgues : DE VALLOMBROSA

Symphonie n° 39 en mi bémol majeur K 543.. MOZART
1er mouvement : Allegro.
2e mouvement : Andante.
3e mouvement : Allegretto et Trio.
4e mouvement : Final Allegro.

★

CHEF D'ORCHESTRE

VAN REMOORTEL

★

Die Tourneen des Mozarteum-Orchesters

Die Aktivitäten des Mozarteum-Orchesters waren neunzig Jahre lang ausschließlich auf Salzburg beschränkt. Erst 1931 fand die erste Tournee statt, musikalisch geleitet von Bernhard Paumgartner, arrangiert von Walter Hofstötter, sie führte über Linz nach Prag. Dazwischen gab es Konzerte in Pilsen, Komotau und Reichenberg. Die beiden Reisen von 1937, einmal nach England, das andere Mal nach Budapest und Bukarest, wiederum unter Paumgartner, wurden von ausländischen Managern organisiert. In der NS-Zeit war das Orchester ganz an Salzburg gebunden.

Nach dem Krieg führte Hermann von Schmeidel mit einer ausgezeichnet studierten »Johannes-Passion« das Orchester (mit der Salzburger Liedertafel und sehr guten Gesangssolisten) nach Perugia (1948) und ein Jahr darauf nach Neapel, wo Händels »Messias« gegeben wurde.
Im Jahre 1950 wurden bereits drei Reisen gemacht: nach Oberitalien (mit Pierluigi Sampietro), nach Paris (mit Jonathan Sternberg) und nach Lindau. Diese Reise wird wohl allen Teilnehmern in Erinnerung bleiben. Sie hat sicherlich dem Dirigenten Meinhard von Zallinger alle weiteren Gelüste dieser Art genommen. Um die Stadt am Bodensee zu erreichen, brauchte damals der gemietete Bus neun Stunden. Das Fahrzeug war wohl nicht das beste Modell, denn auf der Rückreise gab es bei Memmingen seinen Geist auf und die Heimreise mußte per Bahn fortgesetzt werden. Das wäre nicht so schlimm gewesen, hätte es abends nicht »Don Giovanni« unter Furtwängler bei den Festspielen gegeben, bei dem das Orchester die Bühnenmusik zu spielen hatte.
Die Fahrt von Memmingen mit Umsteigen in München dauerte so lange, daß wir in Freilassing (der Zug fuhr zu allem Unglück nach Berchtesgaden und nicht nach Salzburg) angekommen waren, als die Oper im Festspielhaus bereits begonnen hatte. In letzter Sekunde erreichten wir doch noch die Bühne.

Im Herbst 1951 fand die schon erwähnte Italien-Reise mit Bernhard Paumgartner und Clara Haskil statt, hervorragend organisiert von Walter Hofstötter. Unvergeßlich ist mir das kleine Konzert in der »Casa Verdi« in Mailand, ein Auftreten vor ehemaligen Stars, unter ihnen der Konzertmeister, der die Uraufführung von Verdis »Othello« gespielt hatte. An dieser Reise nahm

NUITS MUSICALES DE PARIS
SONNTAG, Représentant du MOZARTEUM
17, Rue du Cherche-Midi, PARIS
LIT. 46-91
THÉATRE DES CHAMPS-ÉLYSÉES
MERCREDI 29 NOVEMBRE
VENDREDI 1er DÉCEMBRE
SOUS LE HAUT PATRONAGE DE LA RADIODIFFUSION FRANÇAISE
POUR LA PREMIÈRE FOIS A PARIS
ORCHESTRE DU
MOZARTEUM
SALZBOURG
(ORCHESTRE DU FESTIVAL)
DIRECTION :
JONATHAN STERNBERG
PROGRAMMES
29 NOVEMBRE
Sérénade "Post-Horn" MOZART
Symphonie n° 82 "l'Ours" HAYDN
Symphonie n° 40 MOZART
1er DÉCEMBRE
Symphonie n° 35 "Haffner" MOZART
Symphonie n° 44 "La Mort" HAYDN
Symphonie n° 39 MOZART
PLACES DE 200 fr. à 800 fr. — PRIX SPÉCIAUX J. M. F. & ÉTUDIANTS
LOCATION : Théâtre des Champs-Élysées — DURAND, 4, place de la Madeleine
MALESHERBES-MUSIQUE, 40, boulevard de la Madeleine, Agences et Hôtels
UNE PRODUCTION DE LA CHAINE FRANÇAISE DE CONCERTS, 79, RUE JOUFFROY, PARIS-XVIIe

Auf der Fahrt nach Paris, 1950 – Jonathan Sternberg, Walter Muck und der Verfasser.

SALLE DU CONSERVATOIRE ROYAL DE MUSIQUE

LES AMIS DE MOZART

FILIALE DE BELGIQUE DU MOZARTGEMEINDE DE SALZBOURG

Sous le Haut Patronage de S. M. la Reine Elisabeth

Sous le Patronage de l'Ambassadeur d'Autriche et du Ministre de l'Instruction Publique

ORCHESTRE DU MOZARTEUM DE SALZBOURG

SOUS LA DIRECTION DE

EDOUARD VAN REMOORTEL

MERCREDI 7 OCTOBRE 1953

auch schon Ernst Märzendorfer teil, der zwei Konzerte leitete.
Bis zu seiner Berufung als Künstlerischer Leiter führte Hermann von Schmeidel zwei umfangreiche Deutschland-Tourneen durch.
Im Oktober 1953 leitete Edouard van Remoortel eine Reise nach Belgien, Paris und England, einen Monat später fuhr das Orchester mit Arture Goldschmidt in die Schweiz und nach Frankreich. Das Konzert in Paris fand in der schönen gotischen Kirche von St. Eustache statt. Auf dem Friedhof (der allerdings schon aufgelöst war) hatte die Mutter Mozarts ihre letzte Ruhestätte gefunden.
Im Jahre 1954 begannen die Reisen mit Ernst Märzendorfer. Sie führten nach Graz und Klagenfurt, dann nach Bregenz, Lindau, Isserlohn und im Mozart-Jahr 1956 für 42 Konzerte in die USA.
1960 brachte die Konzertdirektion Schlote das Orchester mit Georg Ludwig Jochum zusammen, der eine Reihe sehr schöner Auslandskonzerte (hauptsächlich in der Bundesrepublik Deutschland) durchführte.
Bevor Mladen Basic, der neue Chef des Orchesters, 1961 mit dem Orchester auf Reisen ging, spielte eine Kammerbesetzung (Leitung: Joseph Schröcksnadel) dreizehn Konzerte bei einem Musikfest in Marokko und ein Jahr darauf vier Konzerte in Versailles. Mladen Basic führte das Orchester nach Italien, Frankreich, Holland, in die Schweiz und auch durch Österreich, einmal auch nach Barcelona.
Im Mai 1965 fand nach einer England-Tournee (unter Basic) die bedeutende Gastspielreise nach Moskau, Kiew und Prag statt. Drei Konzerte dirigierte Bernhard Paumgartner, zwei Kurt Wöss.
Im September 1966 spielte das Orchester vier Konzerte in Griechenland, zwei davon in Athen (Herodes Attikus) unter Agrafiotis und Paumgartner.
Einen Monat darauf bescherte uns die Konzertdirektion Elisabeth Röwer eine Reise durch drei Staaten: die Schweiz, die Bundesrepublik Deutschland und Polen. Insgesamt gab es fünfzehn Konzerte. Ein Jahr darauf wurde in Bern, Basel, Genf und Hamburg musiziert. Diese Konzertagentur jlöste die Konzertdirektion Schlote ab.
Im Jahre 1970 setzte Leopold Hager die Reisetätigkeit fort, die immer größere Formen annahm: Zwei Reisen nach Japan, eine in die USA, einige in die Bundesrepublik Deutschland, nach Italien, England, Jugoslawien, Argentinien, Frankreich – es gab sogar Operngastspiele und drei herrliche Konzerte in Svjatoslav Richters »Grange« in Meslay. In der dreijährigen

ENTE MANIFESTAZIONI MANTOVANE

TEATRO ACCADEMICO
DEL BIBBIENA

CONCERTI INAUGURALI

MANTOVA · APRILE - MAGGIO · 1972

Das »Teatrino« von Mantua

Das Bauwerk von dem bekannten Architekten Fernando Galli-Bibiena wurde 1769 feierlich eröffnet. Das dritte der Eröffnungskonzerte am 16. Jänner 1770, an dem der vierzehnjährige W. A. Mozart mitgewirkt hatte und als »Wunder der Musik« gefeiert worden war, ging in die Musikgeschichte Mantuas ein. Als zweihundert Jahre später das restaurierte »Teatrino« wiedereröffnet wurde, erinnerte man sich an das Auftreten Mozarts und übertrug diesmal das Eröffnungskonzert dem Salzburger Mozarteum-Orchester, das unter Leopold Hager ein Mozart-Programm brachte.

Ära Weikert waren die wichtigsten Tourneestationen Mexiko, Venezuela, zweimal Frankreich, die Bundesrepublik Deutschland und Italien.
Die großen Erfolge im Ausland verdankt das Mozarteum-Orchester aber nicht nur seinem Ruf, seinen künstlerischen Bemühungen und seinen ausgezeichneten Dirigenten, sondern auch den hervorragenden Solisten, die dabei mitwirkten: Clara Haskil, Alfred Brendel, Elena Gilels, Ingrid Haebler, Karl Engel, Walter Klien, Paul Badura-Skoda, Christoph Eschenbach, Justus Frantz, Wladimir Ashkenasy, Shura Cherkassky, Zino Francescati, Leonid Kogan, Oleg Kagan, Jakob Gimpel und anderen, auch aus den Reihen des Orchesters.

ASSOCIAZIONE « A. SCARLATTI » (ANNO 54°)

ASSOCIAZIONE ALESSANDRO SCARLATTI

STAGIONE DI CONCERTI
1971 - 1972

Ventesimo Concerto

DIRETTORE

LEOPOLD HAGER

PIANISTI

CHRISTOPH ESCHENBACH
JUSTUS FRANTZ

ORCHESTRA DEL MOZARTEUM
DI SALISBURGO

Sala « Scarlatti » del Conservatorio
Lunedì 1° maggio 1972 - ore 21,00

1953 am Salzburger Hauptbahnhof – Straznicky, Köhler, Landeshauptmann Rehrl, Edouard v. Remoortel und der Verfasser.

Die Orchester-Mitglieder mit dem Dirigenten Edouard v. Remoortel in ihrer Mitte.

Mozarteum-Orchester
Salzburg

Das Mozarteum-Orchester heute

Nach dem Stand von 1984 zählt das Mozarteum-Orchester nun neunzig Musiker. Schon allein dies belegt, welche Entwicklung dieses Ensemble genommen hat, wenn man bedenkt, daß vor fünfzig Jahren das einzige Berufsorchester der Stadt, das Theaterorchester, 23 Mitglieder hatte. Als das Mozarteum-Orchester Berufsorchester wurde, waren es genau doppelt so viel und bis heute wurde die Zahl also vervierfacht.

Das hat sicherlich auch damit zu tun, daß das Interesse an der Musik selbst gewaltig gestiegen ist, etwa im Vergleich zu den zwanziger und dreißiger Jahren, wo es in Salzburg nur geringe Möglichkeiten für das Orchester gegeben hat. Die Medien (Radio, Fernsehen, Schallplatte) hatten bedeutenden Anteil an der Vertiefung des Musikverständnisses, immer mehr Menschen fanden den Weg in den Konzertsaal. Was früher Vorrecht einer auserwählten Gesellschaft gewesen war, wurde jetzt zum Allgemeingut.

Und schließlich konnte man sich auch nicht mehr damit abfinden, große Werke der Musikliteratur in irgendwelchen fragwürdigen »Arrangements« zu spielen (»Tosca« hat es, wie erwähnt, in Berchtesgaden mit 17 Mann gegeben). Die Ansprüche sind allgemein gestiegen, sowohl hinsichtlich der partiturgetreuen Wiedergabe der Instrumentation, wie auch der Fülle des Streicherklangs. Das bedeutet für ein Orchester immer wieder höchste Herausforderung und benötigt die entsprechende Qualifikation der Orchestermusiker. Gerade in dieser Hinsicht hat das Mozarteum-Orchester in den letzten Jahren eine glückliche Entwicklung genommen. Es ist nicht nur größer, es ist auch besser geworden.

Betrachtet man die Besetzung heute, so zeigt sich auch, wie schnell ein Wandel im Orchester vor sich gehen kann: Zwischen 1980 und 1984 fand ein Wechsel von fünfzehn Musikern statt. Heuer spielen im Mozarteum-Orchester 62 Inländer (davon dreizehn »eingebürgerte« Ausländer) und 28 Ausländer, die vorwiegend aus der Bundesrepublik Deutschland, aus Amerika, der Schweiz, der CSSR, Ungarn und Rumänien stammen. Von 56 Streichern sind 36 Ausländer, von 26 Bläsern nur neun; bei den 17 Ersten Geigen sind nur vier, bei den 17 Zweiten Geigen nur zwei Inländer.

Von den sechs Konzertmeistern kam 1984 fast jeder aus einem anderen Land, das heißt auch aus einer anderen Schule: Karlheinz Franke aus der Bundesrepublik Deutschland, Georg Homoki aus Ungarn, Grigory Eskin aus der UdSSR, Markus Tomasi und Hermann Herzl aus Österreich, Jela Spitkova aus der CSSR.

Ein Blick in die Geschichte ist aufschlußreich: Der Salzburger Musikologe Ernst Hintermaier hat in seiner Arbeit über das »Künstlerische Personal der ehemaligen fürsterzbischöflichen Hofkapelle in Salzburg« festgestellt, daß während der Zeit ihres Bestehenw prozentuell folgende Nationen vertreten waren: 28 Prozent Salzburger, 21 Prozent Bayern (einschließlich Innviertel), 11 Prozent aus Böhmen, Mähren und Schlesien, zehn Prozent aus Italien, sieben Prozent aus dem österreichischen Gebiet, vier Prozent aus Schwaben. Neunzehn Prozent waren anderer Herkunft.

Das Orchester unter Walter Hornsteiner im Passauer Dom.

Statistisches:

Von Herbst 1952 bis Frühjahr 1983 spielte das Mozarteum-Orchester 330 Konzerte der Salzburger Kulturvereinigung unter folgenden Dirigenten:

Aeschbacher Niklaus 1965
Amaducci Bruno 1976, 1980
Arends Henri 1964
Agrafiotis Dimitri 1980
Barshai Rudolf 1980 (2)
Basic Mladen 1957 – 1983 (38)
Boettcher Wilfried 1965
Brediceanu Mihai 1965, 1969
Büchel Matthias 1977 (2)
Caridis Miltiades 1958
Dammer Karl 1962
David Thomas-Christian 1962, 1965 (2)
Delogu Gaetano 1973
Eder Helmut 1971, 1974
Egk Werner 1972
Erede Alberto 1976
Farbermann Harold 1980
Fuente Luis Herrera de la 1982
Gelmini Hortense von 1979
Gielen Michael 1958
Gillesberger Hans 1963
Goslich Siegfried 1955
Hager Leopold 1966 bis 1981 (40)
Hildebrandt Hermann 1959
Hinreiner Ernst 1956 bis 1982 (24)
Hofmann Wolfgang 1966
Hornsteiner Walter 1968, 1974
Horvath Milan 1968
Huter Alois 1963, 1968
Hutterstrasser Michael 1960
Janigro Antonio 1959
Jakus Jean 1961, 1965
Jochum Georg Ludwig 1961
Kaempfel Hans Walter 1962, 1965, 1967, 1981
Kamecke Ernst Ulrich von 1978
Kegel Herbert 1971
Keuschnig Peter 1973
Koehler Siegfried 1977 (2)
Koslik Gustav 1964
Krenz Jan 1972, 1974, 1977
Lacovich Peter 1957, 1959, 1972
Layer Friedemann 1974
Lippe Anton 1966
Madeira Francis 1958
Märzendorfer Ernst 1953 bis 1979 (17)
Maga Othmar 76
Mander Francesco 1956, 1959
Matacic Lovro von 1955
Mechkat Fahrad 1979
Melichar Alois 1960, 1964
Moltkau Hans 1953
Moralt Rudolf 1956
Müller-Kray Hans 1957
Nazareth Daniel 1981 (2)
Overhoff Kurt 1962
Österreicher Karl 1974
Olivier Jaques 1960
Opela Jaroslaw 1969
Pahlen Kurt von 1966
Patzak Julius 1953
Paulmüller Alexander 1959
Prohaska Felix 1960
Rahbari Ali 1982
Rapf Kurt 1957
Romansky Ljubomir 1964, 1965, 1967, 1970, 1972, 1975, 1978 (2), 1983
Rucht Carl 1954
Schaefer Hans Georg 1979
Schmid Erich 1975, 1976 (2)
Schneider Hans 1954, 1965, 1966
Schreier Peter 1972, 1974
Schuchter Gilbert 1959, 1961, 1964 (2), 1967
Stepp Christoph 1960, 1964, 1969, 1974
Strauss Eduard 1955
Suitner Othmar 1978
Swarowsky Hans 1952, 1953
Tennstedt Klaus 1968, 1971, 1975
Treiber Richard 1964, 1967
Ungar Thomas 1969, 1970
Vogt Carl August 1959, 1960, 1967, 1969
Wagner Robert 1953, 1954, 1956, 1960, 1966, 1967 (2), 1969, 1970, 1971
Wallberg Heinz 1975, 1983 (2)
Walter Paul 1953 (2), 1954
Wangenheim Volker 1961, 1962, 1969
Weller Walter 1969, 1971 (2), 1973, 1976, 1977, 1982
Weikert Ralf 1967, 1973, 1981 ,1982 (8), 1983
Wich Günther 1960, 1962, 1963, 1967
Wislocki Stanislaw 1968, 1973
Wiese Gustav 1958 (3), 1959
Wöss Kurt 1964, 1967, 1970
Worm Dieter 1981 (2)
Wyss Niklaus 1976, 1979
Zallinger Meinhard von 1960 (2)
Zaun Fritz 1962, 1963, 1965, 1966

Innerhalb der Konzertreihen wurden folgende Chorwerke aufgeführt:

J. S. Bach: »Johannes- und Matthäus-Passion«
G. F. Händel: »Messias«
Joseph Haydn: »Schöpfung« und »Jahreszeiten«
Cherubini: »Missa pro defunctis« (Requiem)
W. A. Mozart: »Requiem« (KV 626)
L. v. Beethoven: Missa Solemnis, und »Christus auf dem Ölberg«
Franz Schubert: Messe in Es-Dur
Rossini: »Stabat mater«
Verdi: »Requiem«
Franz Martin: »Golgatha«, »Et in Terra pax«
A. Honegger: »König David» und »Johanna auf dem Scheiterhaufen«
Carl Orff: »Trionfi«
Brahms: »Ein Deutsches Requiem«
Pfitzner: »Von Deutscher Seele«, »Das dunkle Reich«

Die Instrumental-Solisten der Kulturvereinigungskonzerte:

Klavier:

Aramak Mimu 1982
Badura-Skoda Paul 1977
Bartok Dita 1973, 1980
Bernette Yara 1966
Bohnenstingl Hans 1953, 1961, 1963
Bolet Jorge 1982
Brendel Alfred 1959
Boukoff Yuri 1971
Buchbinder Rudolf 1970
Bulva Josef 1982
Bunge Sas 1964
Czerny-Stefanska Halina 1960
Dammert Udo 1958
dell'Agnola Giovanni 1958
Engel Karl 1963
Eresko Victor 1975
Frager Macolm 1980
Fry Barbara 1973
Gabos Gabor 1972
Gardon Oliver 1976, 1981
Gilels Elena 1975
Graf Hans 1963
Grünfeld Friederika 1972
Grychtolowna Lidia 1977
Gulda Friedrich 1969
Haebler Ingrid 1972, 1979
Harasiewicz Adam 1959
Heidsieck Eric 1967, 1971
Hokanson Leonard 1968
Iliew Dianko 1964
Jenner Alexander 1961, 1968, 1976
Kaan Gertie von 1959, 1964, 1969, 1974

Kahn Claude 1975
Kallir Lilian 1972, 1973, 1980
Karolyi Julian von 1965, 1971
Klien Walter 1957
Kocsis Zoltan 1972
Küchler Ingeborg 1962
Küchler Reimer 1962
Lamport Brian 1969
Lang Peter 1969 bis 1983 (10)
Lorkovic Melita 1956, 1962
Ludwig Joachim 1982
Maedel Rolf 1954
Mayerhofer-Langner Inge 1965, 1967, 1975
Miki Hiroko 1982
Müller Stephan 1982
Musulin Branka 1961, 1964
Pokorna Mirka 1960, 1961, 1964, 1967, 1973
Rademacher 1965
Ranki Deszö 1981
Roemelt Christine 1960
Sagara Akido 1979, 1983
Schilhawsky Paul 1970
Schuchter Gilbert 1955, 1979, 1981
Seemann Carl 1970
Sieber Gernot 1960, 1964, 1967, 1971, 1974, 1979
Szipanalskik Stanislaw 1956
Tomsic Dubravka 1979
Tschaikowsky André 1965
Tusa Erszebeth 1973, 1980
Varsi Dinorah 1978
Wagner Karl 1960, 1962, 1966, 1974
Wolf Doris 1964, 1974, 1976
Würer Friedrich 1955

Violine:

Abel Jenny 1973
Andreas Erich 1959
Barbieri Renato de 1963
Bruckbauer Franz 1954, 1958
Cerha Friedrich 1954
Christian Thomas 1980
David Ludas 1962, 1965, 1966
Diedrichsen Annegret 1965
Edinger Christine 1981
Franke Karlheinz 1956 (2), 1959, 1960, 1964, 1967, 1968, 1970, 1980
Frischenschlager Michael 1965, 1970, 1971
Fournier Jean 1964
Fujikawa Mayumi 1972
Gitlis Ivry 1970
Herzl Harald 1982
Homoky György 1979
Kan Suna 1977
Kakuska Thomas 1969
Kasteliz Ella 1965
Kienzl Hermann 1963
Kovacic Ernst 1971, 1976, 1979
Kurosaki Hiro 1982
Leskowitz Luz 1977
Mezger Ferdinand 1962, 1963
Odnoposoff Ricardo 1968, 1974
Parschkevov Vesselin 1974
Prokop Eugen 1960, 1962
Schneiderhan Walter 1953
Schneiderhan Wolfgang 1963
Scherzer Manfred 1975
Schneider Gottfried 1977
Spitkowa Jela 1981
Steinhäusler Josef 1953
Szigmondi Denes 1967
Villa Carlos 1971
Voicu Jon 1964
Weiner Stanley 1957
Weldon Elaine 1960 (2)
Wilhelmi Irene 1966
Wilkomirska Wanda 1955, 1958
Wisata Roman 1957, 1958
Zehetmair Thomas 1978, 1980 und 1981 (je 2)
Zwiauer Florian 1977

Violoncello:

Beckerath Hermann von 1960
Blöndal Erling 1973
Boettcher Wolfgang 1982
Chuchro Josef 1966
Dorner Mirko 1976
Filippini Rocco 1980
Finke Eberhard 1964, 1970, 1975, 1982
Frischenlager Georg 1965, 1970
Janigro Antonio 1959
Klug Heinrich 1971
Lübke Barbara 1982
May Angelica 1967
Sadlo Milos 1955, 1957
Schiff Heinrich 1979

Flöte:

Glas Willy 1959
Tripp Werner 1961, 1963, 1967
Zangerle Helmut 1973, 1980

Klarinette:

Birsak Kurt 1979, 1980
Lang Otto 1964, 1965, 1973
Schmidl Peter 1982 (2mal)

Horn:

Aigner Alois 1973
Hoetzel Michael 1979
Linder Albert 1955

Viola:

Barsony Laszlo 1969, 1972
Hagen Oskar 1968
Hagen Veronika 1980
Ostheim Dieter von 1960

Cembalo:

Mauriello Marina 1970

Oboe:

Faber Lothar 1962
Bantay Tivadar 1959
Lardrot Andre 1963, 1966
Ruprecht Otfried 1973
Schlachter Wolfgang 1980

Fagott:

Klepac Rudolf 1956 bis 1980 (1911)
Wimmer Eduard 1980

Trompete:

Güttler Ludwig 1977, 1979
Novicki August 1957

Harfe:

Oberrascher Marianne 1967
Zangerle Annemarie 1973

Guitarre:

Behrend Siegfried 1975

Orgel:

Metzger Herbert 1980

In der Konzertreihe wurden acht Opern »konzertant« gegeben:

Gluck: »Orpheus« (Mladen Basic)
Mozart: »Entführung« (Carl August Vogt)
Beethoven: »Fidelio« (Robert Wagner)
Rossini: »Barbier« (Mladen Basic)
Wagner: »Lohengrin« (Walter Hornsteiner)
Weber: »Freischütz« (Christoph Stepp)
Offenbach: »Hoffmanns Erzählungen« (Carl August Vogt)
Verdi: »Don Carlos« (Mladen Basic)

Die Opern bei den Kulturtagen (gemeinsam mit dem Landestheater):

»Lohengrin« (1971)
»Aida« (1972)
»Turandot« (1973)
»Salome« (1974)
»Tannhäuser« (1975)
»Tosca« (1976)
»Jolanta« u. »Mozart und Salieri« (1977)
»Jenufa« (1978)
»Fliegender Holländer« (1979)
»Manon Lescaut« (1980)
»Simone Boccanegro« (1981)
»La Traviata« (1983)

Das Orchester-Personal ab 1841

Die Besetzung von 1841:

Künstlerischer Leiter: Aloys Taux

Orchester:

I. Vl.	Seiss, Kzm.
	Stummer
	Bergmayr
II. Vl.	Blumlachner
	Stecher Ant.
	Pirchl
Vc	Köck
Kb	Mayer Dionys
Fl	Huemer
Ob	Jelinek
Kl	Knapp – Burda
Fag	Fröhlich
Blech	Heldenberg
	Hermann
	Mangelberger
	Bruckschlögl

Chorsänger:
6 Tenöre (einer davon auch Oboist)
7 Bässe
10 Kapellknaben

3 Organisten (einer davon Aspirant)
2 Chordirektoren
2 Kalkanten (Orgelbalgtreter)
2 Orchesterdiener
1 Pensionist (Joachim Fuetsch)

Die Besetzung von 1880:

Künstlerischer Leiter: Otto Bach

I. Vl.	Walter
	Kubena
	Fischlhammer
	Schifferer
II. Vl.	?
Vc	Schweinitzer
Kb	Laschek
	Laschenzky
Bläser	
Fl	Kepler
Ob	Eringer, Sperr
Kl	Schubert
Fag	Kubena
	Mayer Joh.
Blech	Petrik
	Michaczek
	Scheffl
	Reindl
	Schneider
	Jahn

Die engagierten Geiger des Orchesters von 1841 bis 1918:

Seiss
Eller
Stummer
Bermayer
Blumlachner
Anton Stecher
Plainer
Zeller
Pirchl
Schnaubelt
Passer
Bennewitz
Achleitner
Walter
von Joanelli
Reiter
Nossek
Zednik
Anton Stecher jun.
Blau
Sitt
Jedinger
Sevcik
Thaller
Kopecky
Unterberger
Nowak
Lenk
Cantani
Brosche
Schifferer
Haibitsch
Kalkhoff
Fischlhammer
Alois Stamberg
Zinke
Graf Colloredo
Radlegger
Kamelli
Nussbaumer
Jellouschek
Möchl
Mayrwieser
Laschensky
Hyner
Klement
Famera
Stingl
Schönauer
Neubacher
Bittner

Die Violoncellisten (Solocellisten und Lehrer am Mozarteum):

Koeck
Tietz
Müller
Hegenbart
La Croix
Caspar
Kretschmann
Wihan
Boerngen
Meissner
Schweinitzer
Schreiber

Die engagierten Bläser des Orchesters von 1841 – 1918

Flöte:

Huemer
Metzger
Kepler
Leyer
Schöner
Zinober

Oboe:

Jelinek
Walz
Moser
Stern
Sperr
Eringer
Gruber
Burggraf
Strasser

Klarinette:

Knapp
Burda
Walz
Tiefenbeck
Hartmann
Starauschek
Klupp
Schubert
Hausner
Burggraf
Egger

Fagott:

Fröhlich
Heinrich
Röder
Duda
Mayr
Ortmayer
Kubena Sim.
Lify
Perchel
Kubena K.
Kubena H.
Grömer
Stückler
Edl

Blech:
(Nur wenige Blechbläser hatten sich auf ein Instrument spezialisiert, die meisten von ihnen spielten sowohl Horn als auch Trompete und Posaune.)

Lenk
Heldenberg
Herrmann
Mangelberger
Bruckschlögl
Harrer
Segel
Michaczek
Janatka
Jahn
Böhm
David
Reindl
Laschezky
Schneider
Schöberl
Schlesinger
Petrik
Scheffl
Huber
Winkler
Grünbart
Petran

Die Konzertmeister (Orchesterdirektoren)

1841 – 42	Seiss
1842 – 46	Plainer
1846 – 61	Zeller
1861 – 63	Bennewitz
1863 – 64	Nossek
1864 – 66	Walter
1866 – 69	Blau
1867 – 69	Sitt
1869 – 70	Walter
1870 – 73	Sevcik
1873 – 74	Kopecky
1874 – 75	Nowak
1875 – 76	Kopecky
1876 – 77	Cantani
1877 – 78	Kopecky
1879 – 81	Walter
1881 – 1914	Zinke
1914 – 16	Koch
1916 – 20	Schweyda

Die Solocellisten:

1841 – 42	Koeck
1842 – 47	Tietz
1847 – 52	Müller
1852 – 65	Hegenbart
1865 – 67	La Croix
1867 – 72	Caspar
1872 – 73	Kretschmann
1873 – 74	Wihan
1874 – 75	Boerngen
1875 – 79	Meissner
1879 – 87	Schweinitze
1887 – 1918	Schreiber

Orchestermitglieder, die mehr als zwanzig Jahre in Salzburg wirkten

Streicher:

Stamberg, 39 Jahre
Zinke, 36 Jahre
Schreiber, Schifferer, 35 Jahre
Mayr, Walter, Hyner, 32 Jahre
Achleitner, Möchl, Fischlhammer, 28 Jahre
Bittner, 26 Jahre
Schnaubelt, 25 Jahre
Stecher A., 24 Jahre
Stummer, 23 Jahre

Bläser:

Laschensky, Mayr, 47 Jahre
Michaczek, 46 Jahre
Schneider, 44 Jahre
Huber, 43 Jahre
Burggraf, 42 Jahre
Gruber, 40 Jahre
Zinober, 39 Jahre
Jelinek, Schöner, 38 Jahre
Harrer, Grünbart, 36 Jahre
Hausner, 35 Jahre
Jahn, 33 Jahre
Heldenberg, Kepler, Reinhard, Schubert, 32 Jahre
Sperr, Scheffel*, 31 Jahre
Petrik, 30 Jahre
Lenk, Huemer, 26 Jahre

* Der Musikdiener Wenzel Scheffel, der 35 Jahre lang wirkte, war von 1879 – 1914 zusätzlich als Hornist, Trompeter und Posaunist eingesetzt.
Eine Reihe von Musikern spielten sowohl Streich- wie Blasinstrumente.
Musiker, die nur vorübergehend in Salzburg wirkten, außer Louis Eller und Johann Wihan, wurden nicht in die Liste aufgenommen.

Die engagierten Orchestermitglieder Ende der zwanziger Jahre

Da der Dommusikverein 1918 aufgelöst wurde, die Musiker aber alle inzwischen ans Theater gegangen waren, bestand das Mozarteum-Orchester aus Mitgliedern des Lehrkörpers des Mozarteums und den Theatermusikern. Hinzu kamen die Schüler, die Dilettanten und einige Honorar-, d. h. Berufsmusiker.

Die Lehrer des Mozarteums:

Prof. Theodor Müller, Vl Kzm.
Heinz Lorenz, Vl
Karl Stumvoll, Va
Maria Stögmüller, Va
Prof. Wolfgang Grunsky, Vc
Josef Schmid, Kb
Prof. Anton Schöner, Fl
Prof. Robert Jäckel, Ob
Josef Burggraf, Kl
Prof. Karl Schuegraf, Fag
Ferdinand Huber, Horn

Das Theater-Orchester:

Franz Famera, Orch.-Dir.
(dessen Nachfolger 1931 Joseph Schröcksnadel wurde)
Ludwig Möchl, Kzm.
Franz Bittner, Vl I
Theo Filip, Vl I
Albert Hyner, Vl II
Bernhard Steinmassl, Vl II
Eduard Klement, Va
Anton Schönauer, Va
Josef Stamberg, Vc
Josef Schmid, Kb
Max Hinreiner, Kb
Frau Frank-Tandler, Harfe
Max Zinober, Fl
Karl Schmidt, Ob
Josef Burggraf, Kl
Josef Putzinger, Kl
Remy Leskowitz, Fag
Rudolf Standl, Horn
Wilhelm Werner, Horn
Franz Babor, Trp.
Josef Loidl, Trp.
Josef Grünbart, Pos.
Albin Broschek, Pkn. u. Schlagzeug

(siehe Bild auf Seite 58)

Salzburger Mozarteum-Orchester 1939

Chefdirigent:

Willem van Hoogstraten*

Violine I:

Richter Christa* (nur vorübergehend)
Schäffer Kurt
Berndt Heinz
Klein Bernhard
Pfleger Josef
Malsch Rolf
Mayr Bruno
Brandstätter Ernst

Violine II:

Kinz Anton
Schwaiger Primus
Bittner Franz
Filip Theo
Baumberger Hans
Steinmaßl Bernhard

Bratsche:

Reutterer Wilhelm
Edl Karl
Möchel Ludwig
Lallinger Max

Violoncello:

Weigl Georg*
Bochmann Martin
Wimmer Hans
Malsy Heinz

Kontrabaß:

Koholzer Hermann*
Hinrainer Max
Standl Rudolf
Simmeth Leopold

Flöte:

Redel Kurt*
Böning Julius
Haseke Walter

Oboe:

Jäckel Robert*:
Schmidt Karl

Klarinette:

Hermanny Alfred*
Kottmann Heinrich
Putzinger Sepp

Fagott:

Reindel Ernst*
Leskowitz Remy
Herloff Walter

Horn:

Weber Heinz
Gerstendörfer Franz
Schnitzler August

Trompete:

Babor Franz*
Stoka Stanislaus

Posaune:

Schneider Artur
Gronemeyer Emil
Klinkhammer Hubert*

Schlagzeug:

Broschek Albin*
Rainer Fritz

* Professoren bzw. Lehrer des Salzburger Mozarteums

Im Herbst 1944 wurden alle Kunstbetriebe geschlossen. Die 43 Mitglieder des Mozarteum-Orchesters hatten ein gutes halbes Jahr, bis zum Ende des Kriegs, Zivil- oder Wehrdienst zu leisten.
Als dann das Orchester wieder zusammentrat, waren von der ehemaligen Besetzung nur mehr 26 verfügbar. Bei den ersten Nachkriegs-Festspielen im Sommer 1945 war das Orchester wieder einsatzfähig, mit Hilfe von Flüchtlingen, die es in die Amerikanischen Zone verschlagen hatte (zum Teil hervorragende Künstler) und einigen Salzburger Musikern, die nach Jahren wieder in ihre Heimat zurückgekehrt waren. Wer in der ersten Nachkriegszeit im Mozarteum-Orchester gespielt hat, ist durch die ständige Fluktuation nicht mehr rekonstruierbar.

Die Orchesterbesetzung 1952

Alle diese Mitglieder, die der Arbeitsgemeinschaft Mozarteum-Orchester bis zum Schluß die Treue gehalten haben, sind Ende 1951 von neuen Verein übernommen und vertraglich verpflichtet worden.

Violine I:

Schröcksnadel
Steinhäusler
Remiger
Herzl
Pfleger
Baumberger
Maierhauser
Pöschl
Kinz
von Ostheim

Violine II:

Letitzky
Schwaiger
Aigner
Stelzhammer
Martinowsky
Köhler Fred
Steinmassl
Tessemaier

Viola:

Löffler
Straznicky
Lodinsky
Fath
Köhler Heli

Violoncello:

Weigl
Lübke
Somma
Malsy
Schäffler

Kontrabaß:

Hinreiner
Simeth
Kitzmüller
Neukirch

Harfe:

Frau Willmann-Schablass

Flöte:

Schwarzbauer
Hugo
Steinhäusler
Seiler

Matinee im Großen Saal des Mozarteums mit Géza Anda.

Oboe:

Jäckel
Schmidt
Jensen-Billeb

Klarinette:

Lang
Putzinger
Schmidt Rud.

Fagott:

Reindl
Schaffer
Hutya

Horn:

Wind-(Huber Seb.)
Gerstendörfer
Mikota
Ruderstaller

Trompete:

Kramer
Kiefer

Posaune:

Hradzdjira
Gronemeyer
Kreipel

Pauke und Schlagzeug:

Hirsch
Schweighofer
Schingerlin

Von 1945 bis heute hat sich das Mozarteum-Orchester stetig weiterentwickelt, und zwar mit einer Progression, als wäre sie von einem Computer gesteuert. Die Anzahl der engagierten Musiker ist eigenartigerweise fast identisch mit den jeweiligen Jahreszahlen (wenn man die ersten zwei Ziffern wegläßt!) – zwischen 1940 – 1950 bewegte sie sich zwischen 40 und 50, im nächsten Jahrzehnt zwischen 50 und 60, und so fort. Ende der siebziger Jahre begann diese Entwicklung sogar übers »Ziel« zu schießen, mit 86 Musikern schon im Jahre 1981, und drei Jahre danach mit 91 Musikern. Wenn das so weitergeht, wird in diesem Jahrzehnt noch die Hundertergrenze erreicht werden!

Seit 1945 haben folgende Mitglieder das Orchester verlassen:

I. Violine:
Asciolla, Kzm
Baumberger
Berndt
Blum
Hofmann, Kzm
Hostalek
Kantor
Kienzl, Kzm
Kinz
Maierhauser
Malsch
Markovic, Kzm
Pfleger
Pöschl
Remiger, Kzm
Romanenko
Schröcksnadel, Kzm
Steinhäusler, Kzm
Steinschaden, Kzm
Strub, Kzm

II. Violine:
Aigner
Bogner
Hofer
Köhler Fr.
Martinowsky
Minami
Schwaiger
Steinmaßl
Stelzhammer
Tessemaier

Viola:
Brandstetter
Donner Sigrun
Ebihara
Fath
Kadszoh
Lodynski
Löffler
Ostheim
Seiler
Straznicky
Zehentner

Violoncello:
Lübke
Malsy
Schäffler
Somma
Weigl, Solo-Vc

Kontrabaß:
Hinreiner
Hintz
Kitzmüller
Mikota
Neukirch
Petersen
Simeth

Flöte:
Böning
Feretti
Hager
Hugo
Schröcksnadel Eva
Klemen
Opalenski
Schwarzbauer
Steinhäusler-Seiler

Oboe:
Amann
Bammert
Bantay
Billeb
Bullock
Jäckel
Klapproth
Lardrot
Schmidt K.

Klarinette:
Heine
Lang
Österreicher
Putzinger
Schmidt R.

Fagott:
Hansen
Hutya
Jäger
Klepac
Reindl
Schaffer

Horn:
Gerstendörfer
Höltzel
Huber
Klein
Linder
Mayr
Meredith
Mikota
Standl

Trompete:
Babor
Kiefer
Kramer
Mesch
Nowicky

Posaune:
Gronemeyer
Hradzdjira
Kreipel
Unterberger

Pauken:
Hirsch

Schlagzeug:
Schweighofer

Harfe:
Willmann-Schablass

Mozarteum-Orchester Salzburg 1984

Künstlerischer Leiter: Ralf Weikert

Geschäftsführer: Dr. Sigune Neureiter

Direktionskanzlei:
Gertrude Kocher
Erika Herok

1. Violine:

Prof. Karlheinz Franke
Georg Homoki
Markus Tomasi
Grigoriy Eskin
Hermann Herzl
Jela Spitkova
Dimitrina Bresele
Anton Grammlinger
Adelheid Wünsche
Heinz Dummann
Akiko Herrmann
Margarita Leveceva-Sosic
Jon Marinescu
Lauro Comploj
Andreas Steinbauer
Elisabeth Wilcox
Brigitta Hofer

2. Violine:

Gabor Vadasz
Josef Smola
Klaus Cordon
Baldur Pauss
Miroslav Svoboda
Olga Homoki
Wolfgang Schüren
Silvia Krammer
Stefan Hedenborg
Susan Curry
Maria Cristina Lorza
Johannes Krall
Schuji Yokomizo

Viola:

Jiři Pospichal
Oskar Hagen
Eusebius Bresele
Siegried Meik
Hartmut Schmidt
Lee Ann Schneider-Vanderford
Gert Felin
Harald Nerat
Rupert Birsak
Louis Landsverk

Violoncello:

Josef Schneider
Cornelius Herrmann
Heinrich Amminger
Bernhard Theissing
Dieter Ammerer
Gertrud Schaller
Dieter Röhrich
Wolfgang Prähauser
Yvonne Timoianu

Kontrabaß:

Prof. Alfred Bürgschwendtner
Brigitte Bürgschwendtner
Stefan Ruhland
Paul Schmider
Michael Scharfetter
Bernhard Meusburger

Harfe:

Annemarie Zangerle

Flöte:

Prof. Helmut Zangerle
Helmut Klöckl
Beatrice Rentsch
Urs Wollenmann

Oboe:

Wolfgang Schlachter
Reinhold Malzer
Josef Mühlgrabner
Otfried Ruprecht

Klarinette:

Dr. Kurt Birsak
Franz Kittl
Gerhard Papousek
Reinhard Gutschy

Fagott:

Eduard Wimmer
Rudolf Schamberger
Yoshinori Tominaga
Edward Bartlett

Horn:

Alois Aigner
Josef Sterlinger
Helmut Rottensteiner
Olaf Bauer
Dieter Binniker
Josef Ruderstaller

Trompete:

Harald Sowa
Gottfried Menth
Lothar Warscher
Johann Spitzer

Posaune:

Heinrich Müller
Horst Badzong
Sebastian Hauer
Josef Seidl

Tuba:

Bruce Holcomb

Schlaginstrumente:

Rudolf Schingerlin
Bruno Hartl
Walter Neulist
Robert Hutya

Die Musikfeste der Internationalen Mozart-Stiftung und des Mozarteums

17. bis 19. Juli 1877: Zwei Konzerte und eine Matinee, Dirigent: Otto Dessoff, Wiener Philharmoniker. Werke von Mozart, Beethoven, Brahms, Bach, Händel, Haydn, Mendelssohn, Schubert, Wagner, Weber.

17. bis 19. Juli 1879: Drei Konzerte, Dirigent: Hans Richter, Wiener Philharmoniker.

1887: »Don Giovanni«, Dirigent: Hans Richter, Orchester: Das Salzburger Symphonie-Orchester, verstärkt durch Stimmführer von auswärts, Solisten der Wiener Hofoper.

1891: Mozart-Zentenarfeier, Dirigent: Wilhelm Jahn, Orchester: Wiener Philharmoniker und Salzburger Orchester. Zwei Festkonzerte. Im Stadttheater mit dem Salzburger Orchester »Figaro«, im Dom Mozarts Requiem (Dirigent: Hummel).

1901: »Don Giovanni« (mit dem Salzburger Orchester, Dirigent: Hummel), zwei Orchesterkonzerte (Dirigent: Hellmesberger, Wiener Philharmoniker), ein Kammerkonzert.

1904: Konzerte mit den Wiener Philharmonikern, Dirigent: Mottl, Werke von Mozart, Beethoven, Weber, Händel, Liszt, Bruckner, ein Kammermusikabend, c-Moll-Messe mit den Wiener Philharmonikern und dem Salzburger Chor, Dirigent: Hummel.

1906: 150. Wiederkehr des Geburtstages von Mozart. »Don Giovanni« (Dirigent: Renaldo Hahn), »Figaro« (Dirigent: Gustav Mahler), Konzerte unter Mottl (Solist: Camille Saint-Saens) und Strauss (Werke von Bruckner und Mozart), Kirchenkonzert (»Krönungsmesse« unter Hummel mit Salzburger Chor- und Orchesterkräften).

1910: Grundsteinlegung des Mozart-Hauses. »Zauberflöte«, »Don Giovanni«, drei Orchesterkonzerte, Festgottesdienst. Dirigenten: Carl Muck, Franz Mikorey, Josef Reiter, Wiener Philharmoniker und Mozarteum-Orchester.

Mitwirkung bei den Salzburger Festspielen

Schauspielmusik:

Jedermann
Großes Welttheater
Mirakel
Apostelspiel
Diener zweier Herrn
Egmont
Sommernachtstraum

Bühnenmusik:

Orpheus
Don Giovanni
Rosenkavalier
Don Carlos
Antigome
Wozzeck

Serenaden:

1921 von der Stiftung veranstaltet – Orchester der Wiener Staatsoper und Mozarteums-Orchester
1928
1933 – 1938 (1938 ohne Dirigenten)
1939, 1941, 1942
ab 1945

c-Moll-Messe von Mozart:

1927 – 1938
ab 1950

Domkonzerte (Joseph Messner):

1927 – 1938
1945 – 1969

Matineen:

1947 – 1971, bis 1952 allein, dann mit Camerata Academica ab 1971

Opern:

1928 Leningrader Opern-Studio (»Höhle von Salamanca«, »Bastien und Bastienne«, »Steinerner Gast«, »Stubender Kaschtschey«)
1945, 1961 – 1963 »Entführung aus dem Serail«
1960 »La Finta semplice«
1964 »Lucio Silla«
1965/66 »La Finta Giardiniera«
1967 »Ascanio in Alba«
1968 »Zaide«
1969/70 »Bastien und Bastienne«, »La Serva Padrona«
1971 – 73 »Rappresentatione di Anima e di Corpo« (mitwirkend)

Die Abonnements-Konzerte der Internationalen Stiftung Mozarteum von 1946 bis 1984

(1946 begann das Moz. Orchester mit eigenen Konzerten, die 1951/52 von der »Stiftung« übernommen wurden. Ursprünglich acht im Jahr, blieb es bei dieser Anzahl bis zum heutigen Tag. Reine Orchesterkonzerte gibt es zwar nur mehr sechs – dazu kommen aber die zwei traditionellen Chorkonzerte, mit Mozarts Requiem in St. Peter, Anfang Dezember – und einer Oratorium- oder Passions-Aufführung im Frühjahr!)

Die ungefähr dreihundert Konzerte leiteten folgende Dirigenten:

Dimitri Agrafiotis 1968
Geza Anda 1972
Volkmar Andreae 1951 – 1958 (7)
Paul Angerer 1960
Matthias Bamert 1980
Mladen Basic 1960 bis 1968 (6)
Anton von Bavier 1959
Karl Böhm 1947 bis 1950 (4)
Wilfried Boettcher 1968
Miltiades Caridis 1947, 1976
Eleazar de Carvalho 1957
Pierre Colombo 1946, 1947
Dean Dixon 1959, 60, 69
Nico Dostal 1946, 1947
Helmut Eder 1974
Zoltan Fekete 1951
Carlo Franc 1973
Massimo Freccia 1961
Louis de Froment 1976
Alceo Galliera 1954, 1969
Hans Graf 1983
Gustav Gruber 1946
Theodor Guschlbauer 1973, 1979
Leopold Hager 1969 bis 1982 (37)
Rudolf Hanzl 1960
Robert Heger 1951
Ernst Hinreiner 1958 bis 1984 (50)
Heinrich Hollreiser 1959, 1962
Wilhelm Jerger 1961
Eugen Jochum 1949, 53, 66
Joseph Keilberth 1950, 51, 52, 54
Hans Knappertsbusch 1953, 54, 55 (4)
Clemens Krauss 1947, 49, 50, 52
Josef Krips 1948, 49, 50 (5)
Gustav Kuhn 1977
Matthias Kuntsch 1979
Ferdinand Leitner 1967, 1982
Zdenek Macal 1984
Ernst Märzendorfer 1951 bis 1959, 1967, 1969 (20)
Lovro von Matacic 1955, 56, 66, 67
Alois Melichar 1946
Joseph Meßner 1946, 1948

Rudolf Moralt 1950 bis 1958 (7)
Gibson Morrissey 1951
Uwe Mund 1984
Rudolf Nilius 1949
Otmar Nussio 1946, 1947 (4)
Gabor Ötvös 1975
Kurt Overhoff 1965
Bernhard Paumgartner 1956 (2)
Felix Prohaska 1974
Renato Raffaeli 1947
Edward Renton 1946
Eduard van Remoortel 1953, 1957
Fritz Rieger 1951, 1959
Hans Rosbaud 1947
Mario Rossi 1963, 64, 66, 68
Jacques Roussel 1947
Paul Sacher 1950, 61, 69, 70
Franz Sauer 1951
Wolfgang Sawallisch 1960
Hermann v. Scherchen 1961
Hermann v. Schmeidel 1946/52 (11)
Erich Schmid 1975
Hans-Mart. Schneidt 1980
Max Schönherr 1947
Gilbert Schuchter 1963
Vassilij Sinaiskij 1983
Othmar Suitner 1947
Hans Swarowsky 1955
Michel Tabachnik 1981
Günther Theuring 1975
Robert Wagner 1946/50, 67, 70 (10)
Hans Wallat 1978
Paul Walter 1946/53 (14)
Ralf Weikert 1978, 81/84 (8)
Gerhard Wimberger 1962, 68, 74
Kurt Wöss 1947
Hans Wolf 1946
Lothar Zagrosek 1976, 1980
Meinh. v. Zallinger 1947/60 (14)
Fritz Zaun 1961, 62, 63
Carlo Zecchi 1949, 1950

Die Solisten der Konzerte der Internationalen Stiftung Mozarteum:

Pianisten:

Stefan Askenase 1976
Ilse v. Alpenheim 1950
Jorge Bolet 1974
Jörg Demus 1969, 1973
Karl Engel 1969, 1977
Till, Engel 1977
Viktor Eresko 1977
Gilles Guilbert 1946
Friedrich Gulda 1970
Ingrid Haebler 1970
Josef Maria Horvath 1960
Veronika v. Jochum-Moltke 1966
Maureen Jones 1968
Alfred Kitchin 1947
Jacques Klein 1957
Walter Klien 1960, 1981
Margret Knittel 1951, 1959
Germaine Leroux 1960
David Lively 1981
Yvonne Loriod 1981
Oleg Maisenberg 1983
Tito Mendoza 1950
Karl Herm. Mrongovius 1977, 1982
Georgia u. Rio Nardi 1948
Kurt Neumüller 1959
Dezsö Ranki 1983
Friderike Ratzer 1946
Paul v. Schilhawsky 1947/62 (9)
Gilbert Schuchter 1948/66 (5)
Othar Suitner 1946
Begonia Uriarte 1977, 1982
Andrzey Wasowski 1946
Tibor v. Wehner 1946
Winfried Wolff 1946, 1965 (3)
Friedrich Wührer 1949

Bratschisten:

Atar Arad 1979
Alfred Letizky 1954
Dieter v. Ostheim 1955
Emil Seiler 1946, 1948
Walter Straznicky 1954
Rudolf Streng 1963

Kontrabassisten:

Klaus Stoll 1979
Ludwig Streicher 1975

Harfe:

Adelheid Miller 1984
Helga Storck 1979
Annemarie Zangerle 1982
Nicanor Zabaleta 1954

Violinisten:

Christian Altenburger 1978
Renato de Barbieri 1956
Walter Barylli 1948, 1954
Thomas Brandis 1968, 1979
Annegret Diedrichsen 1974
Karlheinz Franke 1955, 1962
Franz Bruckbauer 1946
Michael Frischenschlager 1973
Ivry Gitlis 1972
Artur Grumiaux 1971
Liana Issakadse 1983
Anny Jodry 1960
Ernst Kovacic 1981
Wolfgang Marschner 1971, 1983
Martin Mumelter 1975
Ricardo Odnoposoff 1957
Christa Richter-Steiner 1947, 49, 51
Jaro Schmied 1947
Nelly Schkolnikowa 1967
Walter Schneiderhan 1950
Wolfgang Schneiderhan 1948
Joseph Schröcksnadel 1954, 1955
Miriam Solovieff 1953
Rene Staar 1982
Max Strub 1946/54 (4)
Denes Szigmondi 1953
Arve Telleffsen 1979
Uto Ughi 1962, 65, 70
Tibor v. Varga 1953, 1955
Christian Zehetmair 1979
Florian Zwiauer 1979

Violoncellisten:

Jörg Baumann 1979
Wolfgang Boettcher 1968
Ottomar Borwitzky 1979
Christian Florea 1984
Wolfgang Herzer 1974
Ludwig Hoelscher 1951, 1954
Henri Honegger 1947
Enrico Mainardi 1949, 1955
Walther Nothas 1973
Esther Nyffenegger 1979
Carl Maria Schwamberger 1946

Das Streichqartett der Deutschen Staatsoper in Berlin 1969
Das Livschitz-Trio 1984

Cembalo:

Marina Mauriello 1973

Vibraphon:

Kurt Prihoda 1975

Flöte:

Franz Opalensky 1947
Gerard Schaub 1956
Wolfgang Schulz 1979

Oboe:

Andre Lardrot 1955/56
Jürg Schaeftlein 1978
Gerhard Turetschek 1982

Klarinetten:

Friedr. Wildgans 1946
Christ. Cubasch 1975
Walter Boeykens 1980
Kurt Birsak 1983

Fagott:

Rudolf Klepac 1956/80 (8)
Milan Turkovic 1978/1984

Trompete:

Carole Dawn-Reinart 1980
Helmuth Wobisch 1954

Horn:

Hermann Baumann 1978
Peter Damm 1982
Michael Höltzel 1972
Franz Koch 1959
Albert Linder 1956

Sänger:

Rosette Anday 1951
Francesco Araiza 1981
Peter Baillie 1972
Hans Braun 1949, 1951
Eberhard Buchner 1981
Maria Fedora 1946
Annie Felbermayer 1956
Res Fischer 1950
Edita Gruberova 1980, 1981
Hilde Güden 1951
Roland Hermann 1982
Robert Holl 1981
Sena Jurinac 1974
Herbert Lackner 1972
Krisztina Laki 1981
Charlotte Lehmann 1974
Wilma Lipp 1949
Emmy Loose 1949
Edith Mathis 1979
Ingrid Mayr 1971
Marianne Mendt 1978
Kurt Moll 1981
Georg Monthi 1947
Thomas Moser 1980
Julius Patzak 1949, 1950
Alfred Pöll 1951
Lucia Popp 1980, 1982
Anna Reynolds 1972
Lilian Sakis 1982
Martha Schlager-Haustein 1947, 1949
Michael Schopper 1970
Ernst Gerold Schramm 1976, 1978
Elisabeth Schwarzkopf 1949
Gerard Souzay 1962
Elisabeth Speiser 1978
Maria Stader 1949, 1951
Teresa Stich-Randall 1959
Helene Taschek 1948
Viorica Ursuleac 1950, 1952
Hermann Uhde 1951
Ortrud Wenkel 1983
Lucrezia West 1955, 57, 61

Neben den Abonnementskonzerten ist das Mozarteum-Orchester auch bei der jährlichen Mozart-Woche mitwirkend – und zwar seit 1956, seit Beginn.
In der Aera Leopold Hager spielte es zusätzlich noch das sogenannte »Mozart-Abonnement«, in dem alle Solo-Konzerte des Meisters vorgestellt wurden. (Anläßlich der Gesamtaufnahme der Klavierkonzerte mit dem Pianisten Karl Engel!)

Konzert mit Bernhard Paumgartner im »Herodes Attikus«, in Athen, 1966.

Reisen des Mozarteum-Orchesters ab 1948:

1948

27. September	Perugia: Johannes-Passion Dirigent: Hermann von Schmeidel; Salzburger Liedertafel.

1949

19. März	Neapel: Johannes-Passion
20. März	Neapel: »Messias«; Dirigent: Hermann von Schmeidel, Salzburger Liedertafel

1950

September	Italien Dirigent: Pierluigi Sanpietro
4. 9.	Vicevano
5. 9.	Gargano
6. 9.	Mailand

1950

November – Dezember	Paris Dirigent: Jonathan Sternberg
27., 28., 29.	3 Konzerte Champs Elysees

1951

17. August	Konzert in Lindau Dirigent: Meinhard von Zallinger

1951

November	Italien Dirigent: Bernhard Paumgartner
5., 6., 8., 9.	Mailänder Scala Solistin: Clara Haskil
12., 13.	Neapel, San Carlo
14.	Ferrara
15.	Parma
16.	Cremona
17.	Bergamo
18.	Brescia
19.	Novara
20.	Bozen

Zwei Konzerte dirigierte Ernst Märzendorfer, zweimal spielte Gilbert Schuchter, zweimal Joseph Schröcknadel.

1952

September	Reise mit Hermann von Schmeidel Solist: Joseph Schröcksnadel
13.	Karlsruhe
14.	Wildbad
15.	Pforzheim
16.	Heilbronn
17.	Stuttgart
18.	Frankfurt
19.	Wuppertal
20.	Mühlheim
24.	Düsseldorf
25.	Köln
26.	Siegburg
27.	Bad Godesberg und Bad Neuenahr
November	
23.	Ulm und Schorndorf
24.	Reutlingen
25.	Freudenstadt
26.	Baden-Baden
27.	Mannheim
29.	Schwäbisch Gmünd
30.	Göppingen und München

1953

Oktober	Reise mit Edouard van Remoortel
6.	Namur
7.	Brüssel
8.	Gent
11.	Rhyl
12.	London (Royal Festival Hall)
13.	Walthamston

1953

November	Reise mit Arturo Goldschmidt
12.	Genf
13.	Sion
14.	Lyon
15.	Grenoble
16.	Montpellier
17.	Toulon
18.	Marseille
19.	Toulouse
20.	Pau
21.	Bordeaux
23.	Paris

1954

19. bis 25. April	Konzerte in Bregenz, Lindau, Isserlohn; Dirigent: Ernst Märzendorfer
November	Reise mit Ernst Märzendorfer
22.	Graz
23.	Klagenfurt

1956

März/April	USA-Reise mit Ernst Märzendorfer; Solisten: Emmy Loose, Ralph Herbert, Solisten des Orchesters
7.	New Britain und Northhampton
8.	Wellesley
9.	New York
12.	Princeton
13.	Reading
14.	Saratoga Springs
15.	Boston
17.	Baltimore
18.	Washington
20.	Durham
21.	Augusta
22.	Maryville
23.	Greenville
24.	Charlotte
26.	Huntington
27.	Bloomington
28.	Milwaukee
2. April	Denver
3.	Denver
4.	Boulder
6.	Kansas City
8.	Columbia
9.	Monmouth
10.	Waverley
11.	Minneapolis
13.	Cleveland
14.	Chicago
15.	Madison
16.	Marquette
18.	Toledo
19.	Toronto
20.	Geneseo
22.	Allentown
23.	New Brunswick
24.	New York

Konzert des Kammer-Ensembles des Mozarteum-Orchesters in Fez, Marokko, im Mai 1960 – Leitung: Joseph Schröcksnadel.

1960

28. Jänner	Reise nach Graz, Dirigent: Wolfgang Sawallisch, Solist: Eberhard Finke
April	Reise mit G. L. Jochum, und Karl Engel
19.	Stuttgart
20.	Hanau
21.	Kassel
22.	Eschwege
23.	Hamburg
24.	Bremen
25.	Köln
26.	Homberg
27.	Düsseldorf
28.	Frankfurt
29.	Bad Homburg
30.	Bad Kissingen
1. Mai	Nürnberg
Mai	Reise nach Marokko Kammer-Orchester des Mozarteum-Orchesters, Leitung: Joseph Schröcksnadel
18.	Rabat
19.	Casablanca
21.	Tanger
22.	Meknes
23.	Fez
25.	Casablanca
26.	Marakesch
27.	Casablanca
28.	Casablanca
29.	Rabat
31.	Mohamedia
1. Juni	Casablanca
9. November	Johannes-Passion in Monaco; Dirigent: Gillesberger

1961

April	Deutschland-Reise mit G. L. Jochum
17.	Tübingen
18.	Frankfurt
19.	Berg. Gladbach
20.	Moers
21.	Hannover
23.	Heide
24.	Hildesheim
25.	Mühlheim/Ruhr
22.	Lübeck
26.	Wülfrath
27.	Baden-Baden

Plakat zu den Königlichen Festspielen in Marokko 1960

Ein kleines Kammer-Ensemble des Mozarteum-Orchesters bestritt 1960 ein Festival mit ungefähr 10 Konzerten in Marokko. Als der Oboist Andre Lardrot das Plakat in Casablanca zum ersten Mal sah, zeigte er auf die arabischen Schriftzeichen und meinte: »Da schau, Sepp! Jetzt haben sie deinen Namen schon wieder falsch geschrieben!«

Mai	4 Konzerte des Kammerorchesters, Leitung: Schröcksnadel, Solist: Rudolf Klepac
24.	Versailles
25.	Versailles
26.	Versailles
27.	Versailles
Oktober	Frankreich-Tournee mit Mladen Basic
22.	Grenoble
23.	Lyon
24.	Toulouse
25.	Marseille
26.	Montpellier
27.	Toulon
28.	Nizza
29.	Bergamo (Italien)

1962

5. Juni	München – G. L. Jochum
September – Oktober	Deutschland-Reise mit G. L. Jochum
24.	Göppingen
25.	Memmingen
26.	Trossingen
27.	Freiburg
28.	Ettlingen
29. u. 30.	Wiesbaden
1. Oktober	Duisburg
2.	Hamm
3.	Helmstedt
4.	Hamburg
5.	Kiel
6.	Holzminden
7.	Hannover
8.	Marburg
9.	Kaufbeuren

1963

April – Mai	Tournee Holland, Frankreich, Italien, Dirigent: Mladen Basic
19.	Haarlem
21.	Lille
22.	Reims
23.	Lyon
24.	Marseille
25.	Montpellier
27.	Modena
28.	Aquila
29.	Bari
1. Mai	Rom
3.	Mailand
4.	Versailles
5.	Versailles
6.	Gurcy le Chatel
7.	Versailles
8.	Versailles
11., 12., 13. Juli	3 Konzerte in Herrenhausen b. Hannover; Dirigent: Mladen Basic
Oktober	Österreich-Tournee mit Mladen Basic, Solist: Hermann Kienzl (Violine)
19.	Wien
20.	Wien
21.	Graz
22.	Klagenfurt

1964

Februar	Konzerte in der Schweiz; Dirigent: Mladen Basic; Solist: Shura Cherkassky
25.	Aarau
26.	Zürich
27.	Lausanne
28.	Fribourg
29.	St. Gallen
April	Deutschland-Reise mit G. L. Jochum
12.	Köln
13.	Viersen
14.	Mettmann
15.	Berg. Gladbach
16.	Moers
17.	Aachen
18.	Nymwegen
19.	Deventer
20.	Wühlfrath
21.	Hamburg
22.	Hannover
23.	Wiesbaden
24.	Marburg
25.	Karlsruhe
26.	Freiburg
27.	Speyer
28.	Fulda
29.	Ansbach
30.	Friedrichshafen

1965

April	England-Tournee; Dirigent: Mladen Basic, Solist: Karl Engel
8.	Bridgend
9.	Monmouth
10.	Leeds
11.	Huddersfield
12.	Cardiff
13.	Lllanelly
14.	Milford-Haven
15.	London
Mai	Reise Moskau, Kiew, Prag; Dirigenten: Bernhard Paumgartner, Kurt Wöss, Solistin: Ingrid Haebler
15.	Moskau
16.	Moskau
19.	Kiew
20.	Kiew
23.	Prag
30. April	Konzerte in Hannover und Bad Pyrmont
30.	Herrenhausen
31.	Herrenhausen
1. Mai	Bad Pyrmont

1966

Juni	Reise Spanien und Deutschland; Dirigent: Mladen Basic
6.	Barcelona
7.	Barcelona Solist: Walter Klien
8.	Hannover-Herrenhausen
9.	Hannover-Herrenhausen
11.	Hannover-Herrenhausen
September	Griechenland; Dirigenten: Bernhard Paumgartner und Dimitri Agrafiotis, Solisten: Apostolides, Franke, Hedi Gigler
6.	Thessaloniki
7.	Volos
8.	Chalkis
11.	Athen – Herodes Attikus
12.	Athen – Herodes Attikus
Oktober	Schweiz, Deutschland, Polen; Dirigent: Mladen Basic
5.	Ascona
6.	Neuchatel
7.	Solothurn
9.	Sindelfingen
10.	Karlsruhe
11.	Stuttgart
12.	Heidelberg
13.	Frankfurt
14.	Köln
15.	Bonn
16.	Hamburg
18.	Hannover
19.	Berlin
21.	Warschau
22.	Warschau

1967

27. April	Konzert in Florenz; Dirigent: Mladen Basic; Solist: Karlheinz Franke

Vor der Basilius-Kathedrale in Moskau, Mai 1965.

1968

Mai	Zwei Konzerte in Deutschland
15.	Speyer
16.	Erkelenz
Oktober	Schweiz, Deutschland; Dirigent: Mladen Basic, Solisten: Jakob Gimpel (Schweiz), Karlheinz Franke (Wiesbaden)
10.	Bern-Zofingen
11.	Basel
12.	Genf
13.	Zürich
15.	Trier
16.	Frankfurt
17.	Marburg
18.	Viersen
19.	Wiesbaden
21.	Kiel
22.	Hamburg

1970

Mai	Konzerte in der Bundesrepublik Deutschland; Dirigent: Leopold Hager
25.	Baden-Baden
26.	Speyer
27.	Ansbach
28.	Pyrmont
29.	Hannover
30.	Emden
31.	Marburg
16. Oktober	Konzert in Zagreb; Dirigent: Leopold Hager
November – Dezember	Bundesrepublik Deutschland; Dirigent: Leopold Hager
29.	Karlsruhe
30.	Heidelberg
1. Dezember	Erkelenz
2.	Bonn
3.	Homburg
4.	Frankfurt
5.	Leverkusen

1971

April	Zagreb; Dirigent: Leopold Hager
22.	Konzert
23.	Konzert
24.	Oper (»Serva Padrona«, »Bastien und Bastienne«)
September	Belgien; Dirigent: Leopold Hager
3.	Stavelot
4.	Stavelot
5.	Stavelot

1972

10./11. Juni	Konzerte in St. Peter bei Freiburg; Dirigent: Leopold Hager
November	Reise nach Japan; Dirigent: Leopold Hager
6.	Tokio
7.	Mito
8.	Osaka
9.	Myazaki
10.	Tokujama
11.	Yamaguchi
12.	Okayama
14.	Tsu
15.	Tokio
16.	Fujisawa
17.	Sapporo
18.	Obihiro
20.	Kushiro
21.	Ashaikawa
22.	Hakodate
23.	Sendai
24.	Ishinomaki
25.	Tokio
26.	Tokio
27.	Nagano
28.	Tokio

1973

Februar	USA-Tournee; Dirigent: Leopold Hager
18.	Plainfield N. J.
19.	Hartford
20.	Midland Park, N. J.
22.	Northampton, Mass.
23.	Allentown, Pa.
24.	Brookville, N. J.
25.	Boston
26.	Princetown, N. J.
27.	Harrisburg, Pa.
28.	Erie, Pa.
März	
1.	Toledo, O.
2.	E. Lansing
4.	Chicago
5.	Madison
6.	Minneapolis
8.	Ames Ia.
9.	Decorah, Ia.
10.	Wheaton, Ill.
11.	Oahkosh, Wis.
12.	De Kalb, Ill.
13.	Urbana, Ill.
15.	Marion, Ind.
16.	Detroit, Mich.
17.	Ann Arbor, Mich.
18.	Oshawa, Ont.
19.	New-Wilmington, Pa.
20.	Greensburg, Pa.
21.	Montclair, N. J.
23.	Tarrytown

Bernhard Paumgartner mit seinen Moskauer Gastgebern im Hotel Praga, 1965.

24.	Brooklyn
25.	Hackensack
26.	N. Y. Carnegie
27.	New Rochelle
28.	Rome, N. J.
30.	Washington
31.	Washington
16./17. Juni	2 Konzerte in Freiburg; Dirigent: Leopold Hager
Oktober	Bundesrepublik Deutschland; Dirigent: Leopold Hager
11.	Braunschweig
12.	Kiel
14.	Witten
15.	Leverkusen
16.	Essen
17.	Aachen
18.	Gevelsberg
19.	Rheydt
20.	Frankfurt
21.	Wiesbaden
23.	Karlsruhe
24.	Heidelberg
25.	Esslingen
26.	Trossingen

1974

17. Mai	Konzert in Schaan, Liechtenstein; Dirigent: Leopold Hager, Solist: Paul Badura-Skoda
25. Juli	Konzert im Schloß Schleisheim

1975

Oktober	Reise in die CSSR;
4.	Trnawa
5.	Bratislawa
6.	Graz
November – Dezember	Bundesrepublik Deutschland; Luxembourg; Dirigent: Leopold Hager
16.	Stuttgart
17.	Bad Homburg
18.	Wuppertal
19.	Essen
20.	Hamm
21.	Düren
22.	Witten
23.	Luxembourg
24.	Mainz
25.	Heidelberg
26.	Gütersloh
27.	Göttingen
28.	Hildesheim
30.	Kassel

Kleines Mozart-Fest für die Prager

Triumph des Mozarteum-Orchesters und Bernhard Paumgartners

Nach überaus erfolgreichen Konzerten in Moskau und Kiew gastierte das Salzburger Mozarteum-Orchester am Sonntag auch in Prag, dessen Bewohner sich die Mozart-Verehrung ihrer Vorfahren bis auf den heutigen Tag bewahrt haben, denn nach Auskunft der Leitung des „Prager Frühlings" hätte der Saal für das Konzert des Mozarteum-Orchesters spielend ein zweites Mal gefüllt werden können. Dabei fand das Konzert wegen des regnerischen Wetters ohnehin nicht wie vorgesehen im Garten der Bertramka — der in aller Welt bekannten Prager Mozart-Gedenkstätte —, sondern in dem viel größeren Saal des Rudolfinums statt. Um dem Ansturm wenigstens teilweise gerecht zu werden, wurden neben Podiumsitzen ausnahmsweise auch Stehplätze ausgegeben, eine Maßnahme, die sich auf die Akustik des Saales, wie sich bald herausstellte, überaus vorteilhaft auswirkte. Bernhard Paumgartner, der auch dieses Konzert des Mozarteum-Orchesters leitete, hatte für Prag ein besonders schönes Programm zusammengestellt, das von den Musikfreunden dieser Stadt und den zahlreichen ausländischen Gästen des nun schon zum 20. Male stattfindenden „Prager Frühlings" geradezu enthusiastisch aufgenommen wurde.

Das Mozart-Fest im kleinen begann mit der Symphonie Es-Dur, KV. 184, deren Ouvertürencharakter von den Gästen aus Salzburg brillant herausgearbeitet wurde. Darauf folgte das Konzert für Fagott und Orchester in B-Dur, KV. 191, mit dem schon der erste Höhepunkt erreicht war, wie der begeisterte Beifall vor allem für den sich selbst überbietenden Meisterfagottisten Rudolf Klepac bewies. Zu einem weiteren Höhepunkt gestaltete sich die Wiedergabe der Konzertarie für Sopran und Orchester, KV. 272, die Mozart im Jahre 1777 der berühmten Prager Sängerin Josefine Duschek widmete, als diese auf ihrer Hochzeitsreise Salzburg besucht hatte. Es war ein glücklicher Einfall, die Arie auch diesmal einer Prager Sängerin anzuvertrauen, zumal Helene Tattermuschova sich als eine in jeder Hinsicht vorzügliche Sopranistin erwies. Beschlossen wurde das Konzert im Rudolfinum mit der Symphonie in A-Dur, KV. 201, einem Paradestück des Dirigenten und des Mozarteum-Orchesters.

Kein Wunder, daß nach dem wirklich con spirito gespielten Schluß-Allegro ein Beifall einsetzte, wie man ihn in Prag schon lange nicht mehr gehört hatte, und die Gäste aus Salzburg noch drei Zugaben gewähren mußten, ehe sie entlassen wurden. Dem Konzert wohnten neben zahlreichen prominenten Vertretern des öffentlichen und kulturellen Lebens von Prag auch der österreichische Gesandte in der Tschechoslowakei, Dr. Calice, und als Vertreter Salzburgs Kulturreferent Dr. Klier bei.

Zeitungsbericht über den großen Erfolg des Orchesters anläßlich einer Reise nach Prag im Mai 1965.

1. Dezember	Bremen
2.	Kiel
3.	Hamburg
4.	Lübeck
5.	Wolfsburg
6.	Ansbach

1976

20. März	Konzert in Laibach; Dirigent: Leopold Hager
März – April	Schweiz; Dirigent: Leopold Hager
30.	Basel
31.	Langenthal
1. April	Neuchatel
2.	Genf

1977

28. Feber	Konzert in Freiburg; Dirigent: Leopold Hager
Mai:	
12.	Straubing
13.	Hof
10./11. Juni	St. Peter bei Freiburg

1978

Feber – März	Bundesrepublik Deutschland; Dirigent: Leopold Hager, Solisten: Haebler, Poulet, Schneidermann
21.	Stuttgart
22.	Gunzenhausen
23.	Bad Homburg
25.	Saarbrücken
27.	Bremen
28.	Lübeck
1. März	Wilhelmshafen
2.	Mannheim
3.	Leverkusen
5.	Düsseldorf
6.	Bonn
7.	Esslingen
8.	Dornbirn
April	Reise nach Italien; Dirigent: Rudolf Barskai
20.	Rimini
21.	Pavia
22.	Lugano
23.	Modena
24.	Verona
September	Reise mit den Dirigenten Richard Treiber und Leopold Hager, Solisten: Karlheinz Franke und Kees Boeykens
1. u. 2.	Schwetzingen
4.	Besancon
5.	Mechelen
November	Japan und Hongkong; Dirigent: Leopold Hager, Solist: Karl Engel
4.	Tokio
5.	Takasaki
6.	Chiba
7.	Nagoya
8.	Osaka
9.	Ithoh
12.	Ube
13.	Sasebo
14.	Fukuoka
16.	Gifu
17.	Tokushima
19.	Tokio
20.	Matsumoto
21.	Tokio
24., 25., 26., 28., 29.	Hongkong

1979

Juni	Reise nach Italien; Dirigenten: Leopold Hager und Josef Wallnig
12.	Padua
13. bis 15.	Verona »Hochzeit des Figaro«
November – Dezember	Reise nach England; Dirigent: Leopold Hager, Solist: Karl Engel
25.	München
27.	Portsmouth
28.	London
29.	Manchester
30.	Northhampton
1. Dezember	Leeds
2.	Edinburgh
5.	Middlesborough
6.	Sheffield

1980

Februar – März	Reise in die Bundesrepublik Deutschland; Dirigent: Leopold Hager, Solist: Karl Engel
21.	Darmstadt
23.	Mannheim
24.	Wiesbaden
25.	Marburg/Lahn
26.	Gütersloh
27.	Kassel
28.	Hamburg
29.	Salzgitter
2. März	Göttingen
3.	Viersen
4.	Aachen
5.	Leverkusen
7.	Biel (Schweiz)
8.	Vaduz
Mai	Reise zum Flandern Festival; Dirigent: Leopold Hager, Solistin: Christa Romer
27.	Sindelfingen
28.	Frankfurt
29.	Courtray
Juni	Reise nach Frankreich; Dirigent: Leopold Hager
10. und 11.	Reims
12.	Versailles

1981

April	Reise nach Südamerika; Dirigent: Leopold Hager, Solisten: Peter Lang und Leopold Hager
9. bis 14.	Konzerte im Teatro Colon, Buenos Aires
Mai	Reise nach Mexiko; Dirigent: Thomas Sanderling
7.	Guanajuatro
9.	Guanajuatro
10. bis 13.	Mexiko City
26./27. Nov.	Konzerte in Barcelona; Dirigent: Ralf Weikert, Solist: Karl Engel

1982

März	Reise nach Frankreich und in die Schweiz; Dirigent: Ralf Weikert, Solist: Richard Good
13.	Reims
15.	Paris
17.	Monte Carlo
19.	Genf
20.	Sochaux
21.	Bern
22.	Strasbourg
23.	Macon
24.	Avignon

1983

März	Reise nach Venezuela; Dirigent: Ali Rahbari, Solisten: Rosario Marciano und Jela Spitkova
6. bis 8.	Fünf Konzerte in Caracas
Mai – Juni	Reise nach Italien; Dirigenten: Ralf Weikert und Edgar Seipenbusch, Solist: Jörg Demus
27.	Rom
28.	Piacenza
29.	Brescia
30.	Cremona
31.	Ravenna
2. Juni	Rovereto

Salzburgs musikalische Botschafter

Konzertreisen des Mozarteum-Orchester – Pläne bis 1987

Immer wieder wird das Mozarteum-Orchester als Botschafter der Musik aus Salzburg auf seinen Konzertreisen gefeiert. Erst vor kurzem waren eine Deutschland-Tournee mit Abenden unter anderem in Hamburg, Köln und Bonn unter dem Chefdirigenten Ralf Weikert und mit so prominenten Solisten wie der Klarinettistin Sabine Meyer und dem Geiger Christian Altenburger und eine Reise in die Schweiz und nach Frankreich (Solisten: Bruno Leonardo Gelber und Vladimir Spivakov) erfolgreich. Die Geschäftsführerin des Orchesters, Sigune Neureiter, hat bereits weitreichende Pläne bis ins Jahr 1987 (wiederum liegt eine Einladung in die Bundesrepublik vor). Ein besonders intensives »Reisejahr« verspricht 1985 zu werden: die Musiker begeben sich auf große Fahrten.

Fixiert ist eine vierwöchige USA-Tournee vom 7. März bis 5. April. Dreijährige Verhandlungen haben jetzt auch insofern zu einem »Vor-Erfolg« geführt, als die amerikanischen Veranstalter die Kosten tragen. Im Budget des Mozarteum-Orchesters sind lediglich rund 300.000 Schilling für Versicherungen, Ärzteflugdienst und die in Salzburg nötigen Substituten veranschlagt. Das Mozarteum-Orchester wird unter seinem neuen Chefdirigenten Hans Graf im Lincoln Center in New York, in Los Angeles, Palm Springs, Washington, Toronto und Boston konzertieren. Auf die Reise werden Werke von Mozart (unter anderem die »Prager Symphonie« und die Es-Dur-Symphonie, KV 543), Schubert und Beethoven mitgenommen. Hinzu kommt ein Auftragsstück des Orchesters, das in New York uraufgeführt wird: Helmut Eders »Concertino für klassisches Orchester«, op. 81, an dem der Komponist derzeit arbeitet.

Dieses Stück soll im September 1985 auch in Konzerten in Leningrad, Moskau und Wolgograd erklingen. Diese Reise in die UdSSR, über deren Finanzierung (600.000 Schilling) derzeit verhandelt wird, soll im Rahmen des sowjetisch-österreichischen Kulturaustausches stattfinden, der für diese Zeit eine Salzburg-Präsentation in der UdSSR vorsieht. Auch auf dieser Tournee wird Hans Graf das Orchester dirigieren. Zuvor sind Ende Mai/Anfang Juni Konzerte in oberitalienischen Städten vorgesehen.

Die dritte große Reise von 22. November bis 11. Dezember führt das Ensemble nach Japan (Osaka, Tokio, Kyoto), Hongkong, Taipeh und Seoul. Auch hier werden die Gastgeber die Kosten übernehmen. Gespielt werden die letzten beiden Mozart-Symphonien und das Klavierkonzert, KV 537.

Für 1986/87 schließlich besteht der Plan zu sechs Konzerten für Jugendliche im 2400 Personen fassenden Großen Saal des neuen Gasteig-Kulturzentrums in München. Hans Graf wird die dirigentische »Hauptlast« tragen; ein Konzert (unter anderem mit Schuberts »Unvollendeter«) wird Ralf Weikert leiten.

Aus den »Salzburger Nachrichten« vom 15. Juni 1984

Die vier Konzertmeister –
Homoki, Markovic, Eskin und Herzl.

Konzertmeister Prof. Karlheinz Franke.

Der Violoncellist Bernhard Theissing
und der Geiger Baldur Pauss.

Die Flötisten Helmut Klöckl und Urs Wollenmann,
dahinter die Fagottisten Eduard Wimmer und Edward Bartlett.

Cornelius Herrmann, Josef Schneider und Oskar Hagen.

Die Kontrabassisten Bernhard Meusburger und Michael Scharfetter.

Die Hornisten Alois Aigner und Helmut Rottensteiner.

Während der Probe zu »Zarathustra«.

Der Bratschist Eusebius Bresele und der Solobratscher Jiri Pospichal.

Die vier Oboisten des Orchesters:
Otfried Ruprecht, Reinhold Malzer, Josef Mühlgrabner und Wolfgang Schlachter.

Zum Schluß

Daß Musik Geld kostet, sollte eigentlich ein selbstverständliches Diktum sein. Bis es in Salzburg Gültigkeit erlangte, hat es lange gedauert. Seit 1842 bestand hier ein repräsentatives Symphonie-Orchester. Es war sozusagen das »Aushängeschild« der bürgerlichen Musikkultur, der Stolz des alten und später des neuen Mozarteums. Es spielte, wann es gebraucht wurde, es stand immer zur Verfügung, aber es war nicht institutionalisiert. Es besaß keine Rechte, fügte sich freiwillig den Anordnungen der jeweiligen Mozarteums-Direktoren und unterstützte diese in ihrem künstlerischen Bestreben. Es nahm Pflichten auf sich, nur um weiter zu bestehen – das war Ehrensache.
Dieses gemischte Orchester, in dem mitunter achtzig oder mehr Musiker mitwirkten, hieß ab 1908 offiziell »Mozarteum-Orchester«, dessen Mitglieder immer noch anderswo ihren Unterhalt verdienen mußten. Selbst als eigenständiger Verein noch, 1936! Drei Jahre später erst wurde es Berufsorchester, und damit hat es auch wirtschaftlich einen Rang bekommen, der ihm gebührte. Dieser Zustand dauerte kriegsbedingt nur fünf Jahre. Auf sich selbst gestellt, wurde dann eine Arbeitsgemeinschaft gegründet, ehe ein Verein das Ensemble in die Obhut von Stadt und Land überführen konnte. Von nun an hatte das Orchester endlich die entsprechende finanzielle Rückendeckung. Die Politiker des Landes und der Stadt, aber auch die Treue des Publikums haben zu dem heutigen Status wesentlich beigetragen. Ihn zu erhalten, ist Verpflichtung für die Zukunft.

Joseph Schröcksnadel, nach einer Pastellkreide-Zeichnung seines Schwiegervaters, des Malers Wilhelm Kaufmann.

Zu Dank verpflichtet fühlt sich der Verfasser:

dem feb. Konsistorial-Archiv in Salzburg, für die Einsichtnahme in die Original-Dokumente des Dommusikvereins und Mozarteums, der Internationalen Stiftung Mozarteum für die Benützung der reichhaltigen Bibliothek, vor allem der Jahresberichte, Mitteilungen und archivalischen Bestände und dem Salzburger Landes-Archiv, das ihm die Möglichkeit gab, in alten Zeitungen zu blättern und die wichtigsten musikalischen Ereignisse im Spiegel der Presse zu verfolgen.

Meinem verehrten Freund Prof. Felix Prohaska, der schon vom Vaterhaus her mit den musikgeschichtlichen Ereignissen Wiens und Salzburgs bestens vertraut ist, verdanke ich viele wesentliche Einsichten, die ich durch Literatur nicht hätte erfahren können.

Dr. Carl Bamberger schickte mir aus New York freundlicherweise eine Kopie der Rede Robert Hirschfelds anläßlich der Grundsteinlegung des Mozart-Hauses 1910 und Professor Fritz Remiger stellte mir seine Aufzeichnungen aus den Jahren kurz nach dem Zweiten Weltkrieg zur Verfügung – aus einer Zeit, über die im Mozarteum-Orchester leider nichts vorliegt.

Frau Helene Petyrek danke ich für die Kopie eines Briefes aus dem Jahre 1922, Frau Anny Helliger für Berichte und das Bild ihres Vaters Gustav Zinke und Frau Tilly Müller, der Gattin Prof. Theodor Müllers, für wichtige Hinweise und Fotos aus den frühen zwanziger Jahren.

Das Sekretariat der Salzburger Kulturvereinigung stellte mir eine Liste sämtlicher Veranstaltungen freundlichst zur Verfügung und die Direktion des Mozarteum-Orchesters gab mir bereitwilligst Auskunft über Personalien, soweit es das Datenschutzgesetz zuließ.

Sie alle haben mir geholfen, dem Buch die nötige Glaubwürdigkeit zu verleihen.

Wichtige Hinweise und Einsicht in die Akten verdanke ich dem ehemaligen Manager des Orchesters, Herrn Major a. D. Walter Hofstötter.

Dazu möchte ich auch an dieser Stelle allen Freunden und Mithelfern danken, die mir mit Rat und Tat zur Seite standen.

Zum Schluß habe ich aber ganz besonders der Salzburger Landesregierung zu danken, dem Mozarteum-Orchester und den zuständigen Gremien von Land und Stadt, für die Ermöglichung der Drucklegung des Buches. Hiebei gab Landeshauptmann-Stellvertreter Dr. Herbert Moritz den Ausschlag.

Daß aus meiner bescheidenen Arbeit ein Buch werden konnte, verdanke ich auch dem Verleger, Herrn Alfred Winter, und den beiden Gestaltern der Redaktion und Graphik, die sich besonders darum bemüht haben.

Nachwort von Herbert Moritz

Mit diesem Buch zur Geschichte des Salzburger Mozarteum-Orchesters hält der Leser ein von den Musikfreunden dieses Landes lang ersehntes Werk in der Hand. Jahre hindurch schien es geradezu ein Paradoxon des kulturellen Lebens unseres Landes zu sein, daß die Geschichte dieses Orchesters, sein wechselvolles Schicksal ungeschrieben blieb, obwohl es als Botschafter österreicher Musikpflege längst schon zu internationalem Ansehen gelangt war.
Professor Joseph Schröcksnadel kommt das unbestreitbare Verdienst zu, dieses Kapitel Salzburger Kulturgeschichte aus der Anonymität nicht dokumentierter Vergangenheit hervorgeholt zu haben, indem er sich mit der ganzen Kraft seiner Persönlichkeit und mit großem Einsatz an Energie und Zeit dem Studium der Geschichte dieses Orchesters widmete. Als sein ehemaliger Erster Konzertmeister und Mitglied seit dem Jahre 1928 war er dazu prädestiniert wie kein anderer; er hat dessen Werdegang weithin selbst miterlebt und war dazu noch in der glücklichen Lage, auf Schilderungen älterer Kollegen zurückgreifen zu können, die zum Teil noch bis in das vergangene Jahrhundert zurückreichen. Professor Joseph Schröcksnadel hat mit seinem Werk eine erhebliche Lücke in der Musikgeschichte unserer Stadt geschlossen.
Eine historische Zäsur des Mozarteum-Orchesters verdient besonders hervorgehoben zu werden: die Übernahme seiner Rechtsträgerschaft durch das Land vor rund 25 Jahren. Nach vielen Jahren der Unsicherheit wurde dadurch die Grundlage für eine kontinuierliche künstlerische Aufbauarbeit des Orchesters in sozialer Geborgenheit seiner Musiker geschaffen. Denn mit dem Land als Kollektivvertragspartner öffneten sich die Möglichkeiten zu bemerkenswerten sozialen Errungenschaften für die Orchestermitglieder; die Zusatzpension mag hier als Beispiel dienen.
Heutzutage bestimmt das Mozarteum-Orchester maßgebend das kulturelle Erscheinungsbild Salzburgs. Es setzt Maßstäbe für die Musikpflege, vor allem des Werkes Mozarts, und ist mit seinem großen Bedarf an Nachwuchsmusikern eine Herausforderung für die Musikerziehung in diesem Land. Nicht zuletzt deshalb war es längst an der Zeit, dieses Orchester vom Makel angeblicher Geschichtslosigkeit zu befreien!

Landeshauptmann-Stellvertreter Dr. Herbert Moritz ist Kulturreferent des Landes Salzburg und in dieser Eigenschaft ressortzuständig für das Mozarteum-Orchester.

Benützte Literatur:

Angermüller, Rudolf »Das Personal des Dommusikvereins und Mozarteums« 1841 – 1880, Mitteilungsblätter des ISM

Ansermet, Ernest »Gespräche über Musik«, Piper 1973

Biba, Otto »Die Unvergleichlichen«, Herder 1977

Blaukopf, Kurt »Mahler – Sein Leben, sein Werk und seine Welt in zeitgenössischen Bildern und Texten«, Univ. Edition

»Das Buch vom Salzburger Land«, Ferum Verlag

»Die Bürgerliche Musikkultur im 19. Jhdt. in Salzburg«, Int. Stftg. Moz. 19

Flesch, Carl »Erinnerungen eines Geigers«, Atlantis 1960

Hintermaier, Ernst »Das künstlerische Personal der feb. Hofkapelle zu Salzburg«, Dissertationsarbeit

»Hundert Jahre Intern. Stiftung Mozarteum«, Bärenreiter 1980

Jahresberichte – Dommusikverein und Mozarteum
Intern. Stiftung Mozarteum
Konservatorium Mozarteum

Jancik, Hans »Michael Haydn«, Amalthea 1952

Kataloge (Ausstellungs-) »Auf Ehre und Credit«, Salzburg 1981
»Zweihundert Jahre Landestheater Salzburg«, 1975
»Bernhard Paumgartner«, Mozarts Geburtshaus 1978
»Maria Theresia und ihre Zeit«, Wien 1980
»Musik in der Steiermark«, Admont 1980
»Joseph Haydn in seiner Zeit«, Eisenstadt 1982
»Tausend Jahre Oberösterreich«, Wels 1983
»Mozart in Italien«, Urania Wien 1971/72

Kaut, Josef »Festspiele in Salzburg«, Residenz Verlag

Keldorfer, Viktor »Klingendes Salzburg«, Amalthea 1979

Kolneder, Walter »Das Buch der Violine«, Atlantis 1972

Mitteilungsblatt der Intern. Bruckner Gesellschaft – 1979/16

Novelle, Vincent und Mary »Eine Wallfahrt zu Mozart«, Boosey und Hawkes, 1959

Österreichische Musikzeitschrift »Bernhard Paumgartner«, Sonderheft 1967

Paumgartner, Bernhard »Erinnerungen«, Residenz Verlag
»Salzburg«, Residenz Verlag 1966
»Das instrumentale Ensemble«, Atlantis 1966
Veröffentlichungen und Vorträge

»Franz Rehrl – Landeshauptmann von Salzburg«, SN Verlag 1975

Riemann, Hugo »Musiklexikon«, Max Hesse Verlag 1922

»Salzburg-Chronik«, Bergland Verlag 1960

Schmidt-Garre »Vom Sonnenkönig bis Balanchine«, Friedrich Verlag 1966

Strasser, Otto »Und dafür wird man noch bezahlt«, Paul Neff Verlag

Walter, Bruno »Von der Musik und vom Musizieren«, Ex Libris, Zürich 1957

»Wien-Chronik«, Bergland Verlag 1961

Schneider, Constantin »Geschichte der Musik in Salzburg«, Verlag Kiesel Salzburg

Bildnachweis:

Die Abbildungen wurden in dankenswerter Weise zur Verfügung gestellt:
vom Archiv der Internationalen Stiftung Mozarteum, vom Archiv des Mozarteum Orchesters, von Frau Prof. Anni Helliger das Bild ihres Vaters Prof. Gustav Zinke, von Frau Prof. Tilly Müller die Fotos ihres Gatten Prof. Theodor Müller, der Maturanten 1925 und des Salzburger Streichquartetts.
Die Postkarte vom Makartplatz (S. 103) wird im Salzburger Landesarchiv bewahrt.
Von der Fotografin Frigga Weber stammen die Neuaufnahmen auf den Seiten 9, 15, 19, 22, 28, 153, 154, 155.